Decisão Inteligente Para leigos

Decisão inteligente é um novo modo de incorporar fórmulas de ciências estabelecidas em uma estrutura com ordem específica para amarrar todas as ações posteriores em um resultado pretendido. Tomando primeiro a decisão e depois selecionando os processos, as ferramentas e os dados, o usuário assegura que o esforço apresente um valor de negócio predeterminado.

Resumindo, a decisão inteligente muda o processo tradicional de mineração de dados para que a ação dite os dados, ao invés de os dados recomendarem a ação. Essa técnica afasta as empresas do modelo anterior baseado em dados, adotando um modelo baseado em decisões. O raciocínio por trás da abordagem é impedir as altas taxas de falha em Inteligência Artificial (IA) e projetos baseados em dados predeterminando o resultado e trabalhando para tentar extrair valor de um processo completo e dispendioso.

PRINCÍPIOS DA DECISÃO INTELIGENTE

Os seguintes princípios se aplicam à decisão inteligente:

- **Determine suas opções.**
- **Use métodos teóricos de decisão para analisar os prováveis resultados de cada decisão.**
- **Compare os resultados esperados e escolha o resultado ideal; em outras palavras, tome a decisão.**
- **Trabalhe de trás para a frente a partir da decisão para determinar os processos necessários para tornar realidade a decisão.**
- **Determine se uma equipe é necessária e, em caso afirmativo, quais disciplinas são necessárias.**
- **Use ciências de decisão para formar, mapear e avaliar os processos a usar.**
- **Determine as ferramentas necessárias para implementar os processos.**
- **Determine os dados necessários para informar e alimentar os processos.**

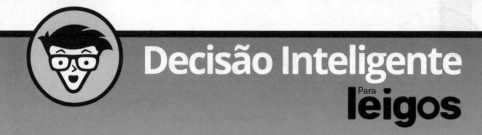

Decisão Inteligente

Para leigos

PROCESSO DE PENSAMENTO DA DECISÃO INTELIGENTE

Estas etapas, com feedbacks e testagem completa no processo, compõem a decisão inteligente:

1. Entender o problema, mas ignorar o escopo. A decisão inteligente pode ser usada para resolver os problemas mais simples ou mais complexos, portanto, o escopo do problema não importa nesse momento. Foque a compreensão da essência do problema e faça as pesquisas necessárias para entendê-lo bem.
2. Estruturar a decisão. Comece definindo os limites da decisão a ser tomada de acordo com sua vontade, seus recursos e suas capacidades. Se você considera apenas uma ação, pode parar. Você já tomou sua decisão.
3. Considerar as opções que se encaixam na estrutura de decisão. Por exemplo, se a empresa claramente não deseja nem tem orçamento para implementar uma ou mais opções de decisão, tire isso da lista, porque não faz sentido buscar essas opções.
4. Pesar as opções. Determine os prováveis custos e resultados de cada opção. Use a teoria da decisão via ferramenta adequada, que pode ser qualquer coisa na caixa de ferramentas da tomada de decisão, desde uma lista simples de prós e contras ou uma tabela SWOT (FOFA) até uma fórmula estabelecida por uma das ciências de decisão ou um algoritmo complexo.
5. Escolher o resultado preferido. O resultado preferido pode não ser ótimo, nem mesmo positivo. Afinal, algumas decisões são difíceis por natureza, quando nenhum resultado realmente bom está disponível. Porém, presume-se que o tomador de decisão seja racional e deseja racionalmente sobre o resultado preferido. É a decisão a partir da qual todo trabalho na estrutura da decisão inteligente nascerá.
6. Trabalhar de trás para a frente. Assim que tomar uma decisão, trabalhe a partir da decisão (o final) até os dados (o início) para mapear o caminho crítico. Após ter estabelecido os processos necessários, determinado as ferramentas e escolhido os dados relevantes para alimentar os processos, você terá mapeado com eficiência o caminho que precisa seguir e as ações que precisa tomar para ter o impacto que já decidiu ter.
7. Testar ao longo do caminho. Verifique se você está no curso testando os processos de DI regularmente. Ajuste quando necessário para permanecer no caminho, percebendo o valor de negócio e não aumentando o escopo.

Decisão Inteligente

Para leigos

Decisão Inteligente

Para leigos

Pam Baker

ALTA BOOKS
GRUPO EDITORIAL
Rio de Janeiro, 2023

Decisão Inteligente Para Leigos

ISBN: 978-85-508-1782-8

Impresso no Brasil – 1ª Edição, 2023 – Edição revisada conforme o Acordo Ortográfico da Língua Portuguesa de 2009.

Dados Internacionais de Catalogação na Publicação (CIP) de acordo com ISBD

B167d Baker, Pam

Decisão Inteligente Para Leigos / Pam Baker ; traduzido por Eveline Machado. - Rio de Janeiro : Alta Books, 2023.
320 p. : il. ; 16cm x 23cm. – (Para Leigos)

Tradução de: Decision Intelligence For Dummies
Inclui índice.
ISBN: 978-85-508-1782-8

1. Administração. 2. Negócios. 3. Decisão Inteligente. I. Machado, Eveline. II. Título. III. Série.

2023-292 CDD 658.4012
CDU 65.011.4

Elaborado por Vagner Rodolfo da Silva - CRB-8/9410

Índice para catálogo sistemático:
1. Administração : Negócios 658.4012
2. Administração : Negócios 65.011.4

Produção Editorial
Grupo Editorial Alta Books

Diretor Editorial
Anderson Vieira
anderson.vieira@altabooks.com.br

Editor
José Ruggeri
j.ruggeri@altabooks.com.br

Gerência Comercial
Claudio Lima
claudio@altabooks.com.br

Gerência Marketing
Andréa Guatiello
andrea@altabooks.com.br

Coordenação Comercial
Thiago Biaggi

Coordenação de Eventos
Viviane Paiva
comercial@altabooks.com.br

Coordenação ADM/Finc.
Solange Souza

Coordenação Logística
Waldir Rodrigues

Direitos Autorais
Raquel Porto
rights@altabooks.com.br

Gestão de Pessoas
Jairo Araújo

Produtor da Obra
Thiê Alves

Produtores Editoriais
Illysabelle Trajano
Maria de Lourdes Borges
Paulo Gomes
Thales Silva

Equipe Comercial
Adenir Gomes
Andrea Riccelli
Ana Claudia Lima
Daiana Costa
Everson Sete
Kaique Luiz
Luana Santos
Maira Conceição
Natasha Sales
Pablo Frazão

Equipe Editorial
Ana Clara Tambasco
Andreza Moraes
Arthur Candreva
Beatriz de Assis
Beatriz Frohe
Betânia Santos
Brenda Rodrigues
Caroline David
Erick Brandão
Elton Manhães
Fernanda Teixeira
Gabriela Paiva
Henrique Waldez
Karolayne Alves
Kelry Oliveira
Lorrahn Candido
Luana Maura
Marcelli Ferreira
Mariana Portugal
Matheus Mello
Milena Soares
Patricia Silvestre
Viviane Corrêa
Yasmin Sayonara

Marketing Editorial
Amanda Mucci
Guilherme Nunes
Livia Carvalho
Thiago Brito

Atuaram na edição desta obra:

Tradução
Eveline Machado

Copidesque
Carolina Palha

Revisão Gramatical
Alessandro Thomé
Rafael Fontes

Diagramação
Lucia Quaresma

Revisão Técnica
Adriano Antongiovanni
Cientista de Dados

Editora **afiliada à:** ABDR – Associação Brasileira de Direitos Reprográficos; ASSOCIADO CBL Câmara Brasileira do Livro

ALTA BOOKS GRUPO EDITORIAL

Rua Viúva Cláudio, 291 – Bairro Industrial do Jacaré
CEP: 20.970-031 – Rio de Janeiro (RJ)
Tels.: (21) 3278-8069 / 3278-8419
www.altabooks.com.br – altabooks@altabooks.com.br
Ouvidoria: ouvidoria@altabooks.com.br

Sobre a Autora

Pam Baker é uma experiente analista do setor e jornalista freelancer. O trabalho dela é publicado em muitos veículos importantes, inclusive, mas não limitado a *Institutional Investor*, *Ars Technica*, *CIO*, *CISO*, *InformationWeek*, *PC Magazine*, *The Economist Intelligence Unit*, *The Linux Foundation*, *TechTarget*, *Dark Reading* e muitos outros. É autora de vários livros e palestrante conhecida em conferências de ciências, saúde e tecnologia. Seu discurso sobre dados e análises de saúde em celulares foi publicado nos *Anais da New York Academy of Sciences*. As primeiras participações em análise incluem pesquisa e relatórios para ABI Research, VisionGain e Evans Research. Ela é membro do National Press Club (NPC), da Society of Professional Journalists (SPJ) e da Internet Press Guild (IPG).

Para ver a bio no LinkedIn, referências e clipes, acesse `https://www.linkedin.com/in/pambaker/` (conteúdo em inglês).

Dedicatória

A Nana Duffey, Stephanie Baker Forston e Donald "Ben" Baker. Amo muito todos vocês. Obrigada por sempre serem minha inspiração e apoio nesta e em outras maratonas de escrita. Vocês três e o restante de nossa abundante família são meu mundo e a razão para fazer o que faço. Obrigada a todos por embalarem meu mundo.

Agradecimentos da Autora

Nos melhores momentos, produzir um livro é uma grande realização que requer muitas pessoas altamente habilidosas e criativas para manifestá-lo no mundo real. Sou profundamente grata às muitas pessoas que tornaram possível este livro e o deixaram bem melhor do que eu conseguiria sozinha.

Contudo, o projeto deste livro foi assolado com obstáculos de minha parte, inclusive vários familiares com COVID-19 (que felizmente sobreviveram), uma cirurgia e um julgamento iminente do motorista bêbado que matou meu irmão. Apesar de tudo, a equipe editorial e de produção da Wiley nunca pestanejou, e juntos terminamos o livro dentro do prazo. Não tenho palavras para tal empatia, compaixão e dedicação. Meus profundos agradecimentos, mas lamentavelmente insuficientes, a cada um de vocês por fazerem tudo sem uma palavra de descontentamento. Minha vida é melhor por ter conhecido e trabalhado com vocês.

Estendo meus agradecimentos a todos que me ajudaram a produzir este livro. Muito obrigada a Meta S. Brown, pelas edições técnicas. Também estendo agradecimentos a Elizabeth Stilwell, Paul Levesque, Becky Whitney e ao restante da equipe editorial e de produção na Wiley. Muito obrigada também a Steven Hayes por tornar este livro possível.

Sumário Resumido

Sumário Resumido

Sumário

Introdução

Pronto para uma revelação bombástica sobre como tomar ótimas decisões usando seu próprio cérebro ou alguma aplicação IA turbinada? *Decisão inteligente*, uma metodologia para formar uma decisão com o objetivo de conseguir um resultado específico, chegou para ficar e mudar para sempre como os negócios planejam seu futuro.

Todos concordam que o objetivo em toda tomada de decisão é aproveitar o melhor resultado possível. Decisão Inteligente ajuda a atingir esse objetivo requerendo que você decida pelo resultado primeiro, então trabalhe de trás para a frente para identificar os processos e as informações necessárias para fazer acontecer!

Decisão Inteligente se baseia na ciência, na verdade, em várias ciências, mas algumas dessas fórmulas científicas podem ser compreendidas por intuição. O processo da decisão inteligente é melhorar seu desempenho profissional, a) assegurando que toda decisão comercial gere o melhor resultado possível, b) indicando as inovações que são lucrativas, c) ajudando você a se tornar o pioneiro do setor, tornando-se um disruptor criativo, e d) permitindo transformar projetos de IA fracassados em bem-sucedidos. E mais, decisão inteligente também pode ser usada para melhorar sua vida privada com uma melhor tomada de decisão, e você pode fazer isso seguindo sua própria cabeça, fazendo anotações em um guardanapo de papel ou usando uma tabela simples ou planilha.

O segredo do sucesso na decisão inteligente está em mudar como você pensa sobre a solução do problema e reordenar seus passos no processo de tomada de decisão. Pergunte a si mesmo quanto dinheiro, tempo e esforço sua organização deseja gastar em outra decisão comercial ruim ou em mais um projeto de IA fracassado, então pergunte a si mesmo se pode ignorar um modo melhor de tomar decisões, sobretudo quando já tem uma ideia sobre aquilo de que precisará para aproveitar uma abordagem de decisão inteligente. Não é todos os dias que você pode mudar seu negócio com pouco ou sem custos adicionais.

Sobre Este Livro

O livro que você tem em mãos é basicamente um guia, se você é um líder empresarial ou financeiro. O livro tem como objetivo mostrar Decisões Inteligentes, uma nova estrutura para tomar decisões comerciais melhores e mais lucrativas. Também serve como uma introdução à inteligência artificial (IA) e aos tomadores de decisão digitais para adotarem uma abordagem diferente ao fazer os processos de decisão automáticos entregarem os resultados comerciais desejáveis. Para completar, este guia mostra que decisão inteligente não é meramente uma abordagem comercial, mas é igualmente útil ao se tomar decisões na vida pessoal.

Este livro adota uma abordagem estudada para você reinventar a tomada de decisão, focando um conjunto de tarefas individuais que precisa realizar. Veja essas tarefas, sem uma ordem em particular:

» **Mude o modelo de mineração de dados para usar os dados por último, não em primeiro lugar.** Você começa com uma decisão que visa o melhor resultado comercial possível e termina com dados e processos necessários para conseguir tal resultado no mundo real.

» **Reequilibre os papéis humanos e da máquina.** Decisão Inteligente requer redirecionamento de uma organização orientada a dados para uma orientada a decisões. Essa estrutura lança claramente o ser humano como um tomador de decisão, com a IA agindo como ajudante e os dados ficando relegados a um ator coadjuvante.

» **Mapeie as mudanças causadas por colocar a decisão em primeiro lugar em termos de:**

- *Impacto de negócios.*
- *Processos.*
- *Ferramentas.*
- *Princípios comerciais e éticos.*
- *Equipes.*

» **Aprenda sobre a teoria da decisão e uma abordagem multidisciplinar para a tomada de decisão.** Você aprende quais passos deve dar para ter sucesso com a decisão inteligente a partir de novas perspectivas sobre:

- *Impacto de negócios.*
- *Projetos IA.*
- *Decisões anteriores e posteriores.*
- *Inovação disruptiva.*
- *Cargos no trabalho.*

Este livro responde às perguntas sobre o que é decisão inteligente, quais condições devem ser criadas na empresa para que tenha sucesso, como planejar um projeto e como implementá-lo com êxito. Também me esforcei no sentido de assegurar que o livro possa ser usado de vários modos e por qualquer pessoa, desde pessoas comuns a líderes poderosos de grandes organizações. Assim, ele tem estes benefícios:

- » Uma visão geral das etapas envolvidas em colocar a decisão antes dos dados no processo de tomada de decisão.
- » Um guia com sugestões práticas para várias opções, flexibilidade em geral e escolhas de implementações de uma estratégia de decisão inteligente.
- » Um livro de consulta dividido em partes, capítulos e seções para que possa encontrar rápido o conteúdo que está procurando quando precisar.

Este livro, planejado para que você possa rapidamente ter uma compreensão de tudo, tem muitos exemplos, instruções, listagens, ilustrações e tabelas. Também é montado sistematicamente de acordo com a estrutura de decisão inteligente e suas muitas partes móveis.

Convenções Usadas Neste Livro

Este livro não tem muitas regras. Ele inteiro é estruturado para que você possa encontrar rápido tudo de que precisa e entender o conteúdo. O sumário detalhado ajuda a ir direto para a informação necessária, e cada capítulo começa com uma descrição breve e sucinta dos principais tópicos. Onde os tópicos se sobrepõem ou outros capítulos são mencionados, referências cruzadas ajudam a se mover entre os capítulos de modo conveniente. Se você está interessado em um termo em particular, pode pesquisá-lo no Índice.

Penso que...

Este livro não é (apenas) para tomadores de decisão em negócios ou finanças. Decisão Inteligente é fundamental demais ao melhorar os resultados comerciais para estar apenas nos níveis das altas funções corporativas (C-suite) e dos cientistas de dados. Nas organizações que praticam ou buscam a democratização de dados e da IA, decisão inteligente deve ser praticada em todo nível de tomada de decisão na organização, mesmo nos níveis da microdecisão e das decisões banais. Se você trabalha em uma empresa, instituição educacional, instituto de pesquisa, agência pública ou ONG, pode aproveitar a abordagem baseada em decisões que é central na decisão inteligente. Se você tem formação nas áreas técnica, econômica, de administração ou de ciências sociais, essa abordagem criativa lhe dará novas ideias sobre como usar o que sabe (e o que deve decidir) com mais produtividade.

No nível individual, as seguintes suposições são feitas no livro sobre os leitores, que provavelmente ganharão muito com as informações aqui contidas:

- » Você é responsável por uma organização ou um departamento e deseja se basear em decisões, não em dados, para que toda decisão seja produtiva e lucrativa.
- » Está tentando acelerar seus planos profissionais e deseja se destacar tomando decisões importantes para que o melhor resultado possível seja percebido.
- » Está aplicando ou planeja aplicar a IA ou o aprendizado de máquina em sua organização e precisa saber como ter sucesso com os projetos em termos de impactos de negócios mensuráveis.
- » Sua empresa já trabalha com métodos baseados em dados e está muito aquém dos objetivos e das expectativas da organização. Você deseja melhorar ou substituir seu trabalho anterior por novos métodos, dicas e truques para melhorar sua implementação e deseja um guia sobre como fazer funcionar e apresentar um desempenho bom e consistente.

Não é preciso ter nenhuma habilidade específica para este livro. Você só precisa ser curioso e ter a intenção de tomar boas decisões, sempre.

O que Você Não Precisa Ler

Vale a pena ler o livro inteiro, pois você pode encontrar dicas importantes por todo canto. Mesmo que possa usar apenas algumas sugestões, o tempo e o dinheiro investidos valerão a pena. Asseguro que você conseguirá usar mais do que somente alguns elementos dessa informação em sua vida privada, profissão e organização, independentemente de seu cargo ou experiência em tomada de decisão. Há textos neste livro que aparecem em um box cinza, para destacar as informações básicas. Você não precisa mesmo dessas informações, mas sempre são úteis.

Como Este Livro Está Organizado

Este livro está organizado em seis partes distintas, como descrito nesta seção. O design é para ajudá-lo a quebrar qualquer rotina e considerar novos modos de pensar nas decisões tomadas a partir de várias perspectivas.

Parte 1: Introdução à Decisão Inteligente

Esta seção dá uma visão geral dos princípios e dos métodos na estrutura da decisão inteligente. Você pode descobrir por que se basear em decisões supera os dados. Também pode aprender a criar as condições necessárias para que projetos de decisão inteligente tenham sucesso em sua organização, como planejar um projeto e reinventar o que significa ter um resultado prático.

Parte 2: Alcançando a Melhor Decisão Possível

A primeira fase do processo de decisão inteligente é tomar a decisão a partir da qual você constrói os passos, e então escolher as ferramentas e os dados para concretizar o resultado dessa decisão no mundo real. Modelar a decisão, mapear um caminho e escolher as ferramentas certas são ações essenciais para se criar o melhor resultado possível. Na conclusão da decisão, o impacto que você busca está nas perguntas que começam a ser respondidas.

Parte 3: Fazendo Testes de Verificação

Na estrutura da decisão inteligente, você precisa iniciar com uma decisão, mas essa decisão deve estar enraizada na realidade e deve ser viável, ou seja, não é um lugar para sonhos impossíveis, mesmo que uma disrupção profundamente criativa seja seu objetivo. Para manter os pés no chão, basta medir os cargos e a diversificação de habilidades da equipe, lidar com os pontos fortes das pessoas e da máquina, assegurar que as decisões que pretende automatizar em grande escala realmente funcionem em grande escala, entre outros testes de verificação. Não é possível gerenciar, nem tornar realidade, o que você não consegue medir. Meça as coisas importantes e pule o que não é para garantir que sua decisão (assim como o impacto esperado) seja sólida.

Parte 4: Propondo uma Nova Diretiva

Decisão Inteligente tem muitos usos e se baseia muito em ideias ligadas diretamente a resultados favoráveis. Assim, tem um papel importante na Economia das Ideias, impacta setores inteiros e cria uma vantagem competitiva para organizações, governos e economias. Resumindo, a disrupção é o propósito, a mudança é constante, e você pode usar a decisão inteligente para comandar ou, pelo menos, direcionar ambas.

Por fim, mas não menos importante, o uso da decisão inteligente também pode criar e acelerar rapidamente planos de carreira e tornar os mestres de decisão em formadores de opinião altamente influentes. Mas todas essas grandes recompensas têm graus variáveis de risco.

Parte 5: A Parte dos Dez

Nenhum livro *Para Leigos* existe sem A Parte dos Dez. Nessa parte, você lê sobre dez (ou mais) etapas para preparar uma pequena decisão e dez (ou mais) armadilhas a evitar ao implementar projetos de decisão inteligente.

Ícones Usados Neste Livro

Às vezes você encontra símbolos nas margens deste livro. A finalidade é torná-lo ciente de informações importantes, como descrito aqui.

DICA

Este ícone aponta dicas e truques que devem ser úteis quando você aplica e implementa uma ideia. Eles mostram como é possível melhorar seu projeto.

LEMBRE-SE

O ícone Lembre-se é usado para destacar informações que são particularmente importantes de saber ou que podem ajudar a esclarecer uma possível confusão no futuro.

CUIDADO

Este ícone avisa sobre possíveis obstáculos e alerta quando você não faz algo. Se evitar os erros que outros já cometeram, economizará tempo, dinheiro e esforço.

Além Deste Livro

Além do texto que você lê agora, esta publicação vem com uma Folha de Cola gratuita com várias dicas, técnicas e recursos relacionados a data science. Para ver a Folha de Cola, acesse `www.altabooks.com.br` e digite **decisão inteligente para leigos** na caixa Pesquisa.

De Lá para Cá, Daqui para Lá

Você pode começar imediatamente escolhendo uma destas duas estratégias:

» Ler o livro inteiro, do início ao fim.

» Encontrar os capítulos individuais que você deseja ler primeiro (cada capítulo cobre um assunto completo para que você possa ler e entender, independentemente dos outros capítulos). Se ainda não tem experiência com decisão inteligente, recomendo começar no Capítulo 1, que oferece uma introdução rápida ao conceito.

Um conselho: saiba que a decisão inteligente, embora tenha uma definição sólida, é usada mais livremente por vários grupos. Por exemplo, pessoas que trabalham com IA em geral costumam usá-la para primeiro tomar a decisão ao programar a automação ou treinar o aprendizado de máquina para tomar melhores decisões automáticas em grande escala. É uma aplicação, não uma definição, mas seu uso comum como tal pode causar confusão com o significado do termo na leitura geral. Para este livro, Decisão Inteligente significa sua definição mais ampla, não uma simples aplicação. Contudo, dada sua prevalência em IA, as aplicações são mais detalhadas que outras formas de implementação da decisão. Assim, recomendo ler as Partes 1 e 2 primeiro para ter uma boa noção da estrutura geral antes de entrar nos tópicos afins em outras partes ou capítulos.

Mas experimente a estratégia de leitura que melhor funcionar no seu caso. Vá para diferentes seções enquanto lê o livro, se faz sentido para você. Se necessário, releia um capítulo várias vezes ou pesquise termos individuais no Índice. A ideia aqui é propor um modo próprio de ler o livro com eficiência. E não se esqueça de tê-lo por perto para uma consulta rápida quando necessário conforme trabalha em seus primeiros projetos de decisão inteligente.

Além Deste Livro

1
Introdução à Decisão Inteligente

NESTA PARTE...

Minere dados *versus* considere a resposta.

Saiba por que usar abordagens simplesmente matemáticas é frágil.

Veja os detalhes, mas não veja o contexto geral.

Veja a epifania da abordagem do V invertido.

NESTE CAPÍTULO

» Familiarizando-se com a abordagem de Decisão Inteligente

» Entendendo o método, os princípios e as prioridades de Decisão Inteligente

» Traçando um caminho do design à realidade

» Vendo a diferença de um V invertido

» Implementando para a vitória

Capítulo 1

Pequenos Passos na Decisão Inteligente

Você fica examinando uma planilha, vendo gráficos, ou seus olhos ficam parados ao ver a mágica elegante que a IA produziu e tenta imaginar o que vem em seguida? Você não é o único. Milhões de empresários e pessoas do setor financeiro são iguais, assim como legiões de líderes e tomadores de decisão em outras áreas.

Enquanto tenta decifrar quais partes dessas "ideias práticas" que lhe foram passadas *são* realmente úteis e, se são, qual ação se aplicaria, provavelmente você gostaria de ter algo um pouco mais simples ao determinar o que a organização implementaria, e sem dúvidas não se importaria em ter mais certeza sobre o que acontecerá após a implementação.

Sua melhor aposta em tal situação envolveria deixar o milagre da inteligência artificial (IA, para abreviar) tomar as decisões? Bem, acontece que a IA não é tão milagrosa assim. Na verdade, cerca de 80% de todos os projetos de IA falham, com o conceito de *falha* aqui definido em termos de fracassar em entregar um valor de negócio mensurável. Isso significa que a maioria dos projetos de IA acaba no lixo por pender demais no lado experimental e ser inútil no lado aplicado.

É terrivelmente óbvio (e caro) que essa estratégia não resulte como todos esperavam. Uma abordagem alternativa é necessária para tornar os dados mais úteis e mais alinhados com um valor de negócio entregue com consistência. Tal abordagem muda o modelo de processos orientados a dados para processos orientados a decisão. Conhecida como Decisão Inteligente, as habilidades de tomada de decisão com pessoas e máquinas são combinadas com a teoria da decisão, ciências da decisão e data science em uma mistura personalizável que liga as decisões a um valor de negócio preciso e esperado.

O conceito não é inteiramente novo — uma de suas menções publicadas mais antigas apareceu em 2002 no artigo acadêmico de Uwe Hanning "Knowledge Management + Business Intelligence = Decision Intelligence" —, mas evoluiu com o tempo, incorporando fórmulas científicas aceitas de várias ciências consagradas. Isso significa que seus trabalhos internos são bem conhecidos e testados. Portanto, trocar para uma abordagem de decisão inteligente não é um jogo, é apenas um modo muitíssimo lógico de conseguir os resultados comerciais desejados. A decisão inteligente deixa pouco espaço para o acaso, em sua própria construção ou no valor que entrega com consistência.

O que diferencia um projeto de decisão inteligente de outro é o talento e a visão dos tomadores de decisão no comando. Eles criam a receita que prepara o valor de negócio no processo e decidem quando e se é para convidar dados e máquinas para a mesa do planejamento.

A decisão inteligente é altamente ágil e versátil, e os tomadores de decisão podem usá-la para decidir usando um guardanapo de papel ou com a ajuda da IA mais sofisticada no planeta.

A História de Dois Caminhos de Decisão

O mundo dos negócios há tempos se apaixonou loucamente pela noção de ser uma empresa baseada em dados, mas também está começando a sentir a dor de estar em uma relação ruim. Na verdade, poucas pessoas querem romper por completo a relação com os dados, sobretudo porque a maioria detesta abandonar seus investimentos significativos em dados, analytics e tecnologias afins. Além disso, para muitos, seria como uma falha enorme e um grande constrangimento não conseguir se tornar a empresa baseada em dados que todos os investidores e acionistas esperam atualmente.

Buscando uma saída, muitos começaram a se questionar: "O que podemos fazer com todos os investimentos de dados que já fizemos e temos para tomar melhores decisões?" Ou seja, as pessoas perceberam que era necessário *repensar*, em vez de *refazer*. E muitas dessas mesmas pessoas decidiram que recriar uma estratégia e reestruturar o modo como esses mesmos investimentos são usados, e alinhá-los com impactos de negócios específicos, era a resposta para as perguntas que as assolavam.

LEMBRE-SE

Uma abordagem de decisão inteligente não significa que não há espaço para mais táticas de mineração de dados tradicionais. A maioria das organizações usa uma combinação disso, que já comprovou ser uma jogada vencedora para elas.

Apontando o caminho

Sem dúvidas, a IA e a análise de dados geram um valor de negócio real em alguns casos. São úteis para reconhecer padrões em grandes quantidades de dados e produzir equações, scores, previsões e estimativas. O importante é que tais fatos *apontam* para possíveis decisões, mas não sugerem nada (por isso, nesta seção, me refiro às saídas de tais ferramentas como *ponteiros*).

Essas ferramentas também conseguem automatizar certas decisões com base em regras de negócios determinadas e definidas por você ou sua organização. Em essência, a IA são decisões automáticas em grande escala. O analytics tradicional deve integrar o software de automação para que ocorra uma ação.

Mas antes de softwares variados (analytics, IA e outras formas de automação) começarem a trabalhar para produzir insights e automatizar suas decisões, alguém deve programar o software de analytics e automação e/ou treinar a IA. Esse grupo de profissionais de dados costuma fazer também as interpretações das saídas (em geral visualizações e/ou narrativas automáticas geradas pela IA).

Em outras palavras, pessoas em cargos específicos que fazem essas tarefas geralmente determinam quais insights, ou seja, ponteiros, são acessíveis para outras pessoas na organização que usam o software de um modo muito mais limitado ou apenas veem os resultados em painéis para consumir a informação. Devido ao alto grau de analfabetismo de dados nas organizações, em países e setores, esse processo é lógico e necessário.

A desvantagem aqui é que também limita quais informações os usuários finais podem acessar para seus próprios processos de tomada de decisão e o que indica a direção que o raciocínio deles requer. É por isso que a democratização dos dados e da IA, ou seja, descentralizar para que mais pessoas na organização possam usar as ferramentas, é tão essencial nos negócios. Tornando essas ferramentas mais amistosas, profissionais em outras disciplinas e funcionários de todos os níveis da empresa podem usar melhor esses recursos.

Contudo, a democratização dos dados e da IA ainda requer profissionais de dados para desenvolver um software mais simples e altamente automático, removendo as barreiras antes que os profissionais fora da área de dados possam usar as ferramentas de modos que tragam seus próprios talentos e habilidades à tona. Pense nisso como sendo muito parecido com o caminho que outro software tomou. Por exemplo, o Microsoft Office permite que as pessoas criem documentos, notas, planilhas e apresentações PowerPoint sem saber como escrever código, quais comandos do teclado usar ou qualquer coisa sobre como o software funciona. É o caminho que o analytics e o software IA estão seguindo agora.

Então, quem são esses profissionais de dados que fazem e/ou usam o analytics e a IA para fornecer os ponteiros que você atualmente tem nos vários software de analytics?

Os cargos comuns na mineração e analytics de dados são os de cientista de dados, analista de negócio, especialista em mineração de dados e engenheiro de mineração de dados (e suas variações), para refletir um setor específico, como analista de dados do atendimento médico e cientista de dados de mineração de risco.

Na IA, os cargos incluem cientista de IA, pesquisador de IA, desenvolvedor de business intelligence, cientistas em robótica, arquiteto de software, cientista de dados, engenheiro de dados, entre outros.

Todos esses cargos continuarão a ser posições importantes em muitas organizações, e a demanda por pessoas com essas habilidades continuará alta em um futuro próximo.

Porém, grande parte do trabalho também está sendo automatizada como parte dos movimentos de democratização dos dados e da IA.

Como exemplos específicos do trabalho que esses profissionais produzem coletiva e individualmente para usar em várias áreas de negócios, veja a seguir alguns casos de uso mais comuns para a análise de dados tradicional e/ou tomada de decisão automatizada por IA:

- **Detecção de anomalias,** também conhecida como análise de outliers, é uma etapa na mineração de dados (que pode ser auxiliada por IA/ML ou não) que encontra desvios na norma dos dados, como eventos (compras com cobrança ou cartão de débito em outro país onde o titular reside ou está, por exemplo), e dados apontam mudanças (tentativas de mudar a senha da rede social via dispositivo ou navegador que o verdadeiro dono da conta não usou antes, por exemplo).
- **Reconhecimento de padrão** é o reconhecimento automático de padrões descobertos nas regularidades dos dados. Um exemplo seria encontrar os primeiros sinais de câncer nos dados do paciente que médicos e especialistas em diagnóstico sabiam existir anteriormente.

- **Modelo preditivo,** também conhecido como análise preditiva, analisa padrões históricos nos dados usando um processo matemático para prever futuros eventos ou resultados. Um exemplo envolveria prever quando uma parte da máquina precisará de reparos ou substituição com base em seu uso anterior comparado com quanto tempo partes idênticas duraram sob as mesmas condições.

- **Mecanismos de recomendação** analisam dados para fazer recomendações ou sugestões com base nos comportamentos anteriores dos usuários. Exemplos incluem analisar seus padrões de compra para oferecer um cupom no item do mercado que você deve estar pronto para comprar em breve ou recomendar um filme baseado nos filmes vistos ou avaliados antes.

- **Sistemas de personalização** usam a análise de dados para personalizar um serviço, um produto ou uma comunicação automática. Exemplos incluem marketing por e-mail enviados para muitos clientes, cada um personalizado com o nome do cliente e um desconto individualizado para um produto ou serviço favorito.

- **Sistemas de classificação e categorização** automatizam a organização de grandes quantidades de dados. Exemplos incluem classificar arquivos de dados e conjuntos de dados de acordo com importância, assunto, nível de sigilo ou outro identificador; requisitos legais que controlam o tratamento de pontos de dados específicos (considere leis como a Lei Geral de Proteção de Dados (BR LGPD), que limitam onde os dados pessoais podem ser armazenados); e a natureza dos dados (como dados de máquina estruturados e postagens não estruturadas no Twitter). Os dados devem ser classificados e categorizados corretamente para um analytics ou a IA funcionarem de forma correta. A automação é a condição aqui porque há tantos dados, que é impossível fazer isso manualmente.

- **Análise de sentimento e comportamento** é a mineração de dados contextual para descobrir e analisar respostas subjetivas expressas (sentimentos ou sensações) sobre uma marca, um produto, um serviço, uma ideia, um candidato político etc., nas conversas online ou nos canais do cliente (conversas e classificações do cliente encontradas em textos, sites e blogs, em áudios ou streamings durante as ligações, e sistemas de classificação de apps. Você avaliou o serviço do motorista de entrega de alimentos no aplicativo? Sim, esse tipo de coisa!) A análise comportamental pode ir além da análise do sentimento, incluindo coisas como quanto tempo você passou lendo um artigo no smatphone e quantas vezes voltou a um site, e até quanto tempo do dia e qual dispositivo você normalmente usa para postar no Facebook.

- **Sistemas de chatbots e conversas** costumam aparecer como vendas popup ou janela de chat do atendimento ao cliente em sites onde é possível fazer perguntas sobre um produto, um serviço ou sua conta, e ter uma resposta automática do chatbot acionado por uma IA de plantão. Alguns são tão bons que fica difícil dizer se não são atendentes humanos. Dados sobre o usuário e o problema relatado são coletados e analisados para responder rápido ao que o usuário precisa. Exemplos de outros sistemas de conversa incluem todo assistente digital por aí: Alexa, Siri, Google Assistant, Bixby e Cortana. Todos são reis, com Alexa e Google Assistant acima dos dois reinos maiores em termos de capacidade técnica e de mercado.
- **Sistemas autônomos** são realmente uma rede ou uma coleção de redes gerenciadas por uma única entidade ou organização. Os dados são transmitidos em tempo real e normalmente analisados no nível do sensor ou do gateway, embora alguns dados normalmente sejam enviados para um data center, passando por mais análise posteriormente. Pense na Internet das Coisas, como carros autônomos, sistemas robóticos na fabricação e cidades inteligentes que usam tecnologias de informação e comunicação (TIC) para aumentar a eficiência operacional, compartilhar informações com outros sistemas (como carros autônomos) e promover um desenvolvimento sustentável.

Não resta dúvidas de que essa lista está repleta de conquistas maravilhosas que não seriam possíveis (ou, pelo menos, não em grandes escalas e velocidades) sem dados, analytics e IA. Todavia, os "insights práticos" produzidos pelo analytics e apresentados em muitas visualizações elegantes atuais e painéis para os usuários comerciais costumam ser meros ponteiros. Eles apontam para algo que você pode querer usar como um fator-chave em sua decisão, mas não estão em uma posição de tomar a decisão em seu lugar. Você precisa imaginar habilidades de interpretação de dados malucas e solucionar problemas com criatividade para descobrir isso sozinho.

Tomando uma decisão

Ponteiros (também conhecidos como *insights práticos*) normalmente são úteis até certo ponto. O problema é que eles apontam para possíveis decisões, mas não sugerem nenhuma. Em geral os usuários não têm certeza sobre como agir ou qual opção produziria maior valor para o negócio. Por outro lado, a decisão é a finalidade da decisão inteligente, e tudo mais no processo apoia a decisão.

LEMBRE-SE

Se são baseados em dados ou na decisão, em ambos os casos, são as pessoas que tomam a decisão nesse contexto. Só que, no analytics tradicional, elas decidem no final do processo, ao passo que, no processo de decisão inteligente, decidem na posição de liderança. O ponto de partida para o tomador de decisão importa em termos de nível de controle que uma pessoa tem sobre o impacto e o valor. É difícil exercer muito controle na retaguarda.

Uma aula de história

É crescente o descontentamento com os limites da mineração de dados tradicional. Uma frustração cada vez maior leva o negócio, a IA e a TI a começarem a pensar em voz alta: "Qual é o sentido disso?" Mas, como sempre, nerds e empresários perceberam que há um objetivo, apenas não chegaram a ele ainda.

Um dia, o modelo baseado em dados mudou para um modelo baseado em decisões conforme pessoas experimentaram o ponto de vista primeiro e trabalharam de trás para a frente a partir dele. A decisão inteligente é o nome do jogo em que todos os jogadores podem ser vencedores. Agora todo movimento feito tem um objetivo, um objetivo com valor. Por isso, o objetivo se baseia em uma decisão destinada a criar um impacto de negócio específico.

A mudança atual para a decisão inteligente

Vários dos principais visionários em IA e gigantes tecno foram os pioneiros e os primeiros adeptos da decisão inteligente. Eles já tinham o título de cientista-chefe de decisão nos ranks de liderança. Um exemplo é a eminente cientista-chefe de decisões do Google, Cassie Kozyrkov, que passa seus dias no Google democratizando a decisão inteligente e desenvolvendo uma abordagem IA mais confiável. Ela também ensina outras pessoas via conferências e vídeos no YouTube e escreve em muitas publicações online.

Kozyrkov parece incorporar a decisão inteligente, em parte, por causa de seu treinamento formal em economia, estatística, psicologia e neurociência. A decisão inteligente engloba todas essas disciplinas, e outras. Embora nem todos que compartilham o título dela tenham a mesma combinação de habilidades, eles compartilham grandes habilidades de análise crítica, assim como uma boa compreensão das estratégias criativas de solução de problemas, teoria da decisão e abordagens de ciência da decisão (para quem não está habituado com o termo, *ciência da decisão* foca as decisões como a unidade de análise; é a aplicação interdisciplinar do negócio, da matemática, da tecnologia, do pensamento de design e das ciências comportamentais para o processo de tomada de decisão).

Todos os dias, cada vez mais líderes passam a endossar a estrutura da decisão inteligente e explicar seu funcionamento. Muitos trabalham na IA, mas outros vêm de disciplinas conhecidas coletivamente como ciências da decisão. Líderes comerciais fora do domínio tecno também estão percebendo e aproveitando seu retorno oficial ao comando, em oposição a seguir a liderança dos dados (a maioria nunca seguiu), armados com uma estratégia melhor. Eles estão felizes por conseguirem manter seus analytics e ferramentas tradicionais. Não é preciso vencer a luta limitando suas opções ou abandonando seus investimentos.

Nomeando a IA como Seu Fiel Escudeiro

Basicamente, a IA automatiza as decisões executadas rapidamente em um número crescente de situações, em geral, de modo simultâneo. Você treina fazendo com que funcione com conjuntos de dados relacionados a tarefas para que possa reconhecer o que está vendo em outros conjuntos de dados e aprender com os padrões encontrados neles. Então toma decisões com base em regras de negócio bem definidas (a realidade é um pouco mais complicada, mas é isso em essência).

Por exemplo, instituições bancárias usam a IA para decidir automaticamente quais empréstimos aprovar e quais rejeitar. É como você recebe uma resposta sobre seu empréstimo em segundos, não importa quantas pessoas estejam solicitando ao mesmo tempo. A IA toma essas decisões com base nas regras recebidas, como um intervalo de pontuações de crédito aceitáveis, duração e tipos de histórico profissional, itens de domínio público e outros valores de ponderação de risco. A IA consegue decidir sobre cada solicitação individual, apesar da enorme escala, e tudo em segundos ou minutos. Portanto, os mutuários podem receber respostas imediatas para seus pedidos, e os credores podem assegurar mais empréstimos em minutos do que conseguiam antes em um período de meses, e com um maior custo da folha de pagamento de muitas horas de trabalho.

A IA continuará a preencher essa e outras funções automáticas em um futuro próximo. Como tecnologia, continuará a melhorar, como todas as outras, mas colocá-la em uma estrutura de decisão inteligente significa que seu desempenho melhorará exponencialmente, porque não recebe apenas regras para seguir, mas um objetivo. Suas tarefas serão colocadas em ações específicas necessárias para criar um impacto de negócio específico e perseverará fielmente nessas tarefas até seu modelo cair ou alguém propor um novo modelo para criar outro caminho levando a outro impacto visado.

LEMBRE-SE

Outras tecnologias, como automação de processos robóticos (RPA) e interface de programação de aplicativos (APIs), integram os processos (RPAs agora se chamam trabalhadores virtuais porque imitam como os humanos trabalham, inclusive interagindo com interfaces do usuário do mesmo modo). Conforme as RPAs continuam a automatizar os processos anteriormente difíceis de automatizar, a IA pode ser adicionada para tomar algumas decisões automáticas que afetam esses processos também, ou seja, toda a tecnologia engajada na tomada de decisão está ficando mais inteligente, melhor e mais capaz de trabalhar em conjunto.

Tudo isso pode parecer a montagem de um filme de ficção científica distópico, mas, na realidade, não há nada a temer nesses desenvolvimentos. Na decisão inteligente, qualquer tecnologia que você acaba usando é escolhida especificamente para aumentar as habilidades interpessoais humanas, como uma solução de problemas criativa, pensamento crítico, empatia, inteligência emocional, design criativo, disrupção criativa, inteligência intuitiva e tomada de decisão intuitiva, habilidades consideradas quase impossíveis de imitar e automatizar. Todo instinto pode ser considerado uma habilidade interpessoal, e bem fora do alcance da IA. Acaba que a decisão inteligente faz com que todos os pontos positivos do ser humano atribuídos ao bom julgamento e às decisões inteligentes sejam, por necessidade, adicionados à mistura.

LEMBRE-SE

A IA fica melhor no papel de assistente, aumentando as decisões humanas, em vez de ditá-las ou direcioná-las. O mesmo ocorre na análise ligada a outros processos automáticos também.

Grande parte da revolução da decisão inteligente acontece fora da linha de visão do usuário final, mas há um lugar em que todos podem ver as mudanças acontecendo: assistentes digitais de IA, como Google Assistant, Alexa e Siri. Veja com atenção como eles vão de lhe dar fatos como resposta para suas perguntas até fazer recomendações não solicitadas com base em seu comportamento e humor.

Relato de fatos como "Veja as farmácias perto de você" ou "O nome da música é ABC" começarão a mudar para recomendações personalizadas e não solicitadas. Podem ser algo assim: "O restaurante XYZ adicionou um de seus pratos favoritos ao menu. Gostaria que eu registrasse uma reserva para quinta-feira às 19h e colocasse você na agenda?" Ou podem ser assim: "Gostaria que eu pedisse seu café favorito para pegar no trajeto? A um quarteirão de seu local de reunião existe um com menos de dez minutos de espera."

O assistente IA também produzirá arquivos para reuniões e outras ações práticas conforme o usuário se movimenta durante o dia. Como assistentes nas vidas pessoal e profissional de um usuário, as atividades aumentadas serão bem mais produtivas do que a pessoa costumava ser pessoalmente em todos os detalhes e microdecisões.

Na tomada de decisão digital, a IA melhorará em tudo o que faz agora, e mais. Por exemplo, melhorará ao escrever algoritmos para atender rapidamente aos resultados desejados da organização ou do pesquisador. Isso significa que, hoje e no futuro, a IA estará em posição de continuar em seu papel como coadjuvante, produzindo tudo de que você precisa para fechar o dia. É inimaginável que a IA não terá um papel, grande ou pequeno, na maioria dos processos de decisão inteligente.

Decisão Inteligente no Papel

Embora a estrutura de decisão inteligente seja perfeita para orientar a IA para produzir com consistência valor de negócio, a metodologia pode ser usada sem dados digitais ou máquinas. Por exemplo, use a IA para tomar decisões em uma planilha, um guardanapo, um pedaço de papel ou mesmo na parede (usando giz, claro). O processo usado é da escolha do tomador de decisão. O processo de decisão inteligente em si pode ser rápido e simples ou pode ser complexo e levar tempo para concluir. Você pode querer começar com uma tabela SWOT (FOFA) listando Forças, Oportunidades, Fraquezas e Ameaças ao tomar sua decisão inicial. Daí então pode determinar as etapas necessárias para sua decisão ter o impacto desejado no mundo real.

O processo é parecido com determinar um destino, então mapear a melhor rota entre onde você está e onde deseja estar. É o impacto desejado que definirá qual rota é melhor. Precisa ser mais rápido? A rota direta é melhor. Quer ver mais ao longo do caminho ou parar em pontos turísticos? Então uma rota panorâmica é o melhor caminho. Quer usar os pontos de recompensa do hotel ou cartão fidelidade do combustível na viagem? Mapear a rota com base no local de certo hotel e bandeiras de postos de combustível é melhor.

LEMBRE-SE

Na decisão inteligente, o impacto sempre importa mais, pois ele é a manifestação de sua decisão.

Trabalhar com uma estrutura de decisão inteligente o força a prestar mais atenção em como funciona o processo de tomada de decisão. Por exemplo, muitos processos mentais usados ocorrem por intuição, pois é o que possibilita chegar a conclusões com rapidez. Mas não se engane: percebendo ou não, seu cérebro calcula as mesmas fórmulas matemáticas que uma máquina usaria para ajudar a chegar às mesmas conclusões. Há um motivo simples para isso: as máquinas copiam o pensamento humano. Assim, as máquinas são coadjuvantes nos processos de decisão inteligente, ajudando e aumentando seus esforços.

LEMBRE-SE

Os super-heróis nem sempre precisam de ajuda, nem você. Escolha os processos, as ferramentas e as informações de acordo com as necessidades ao executar sua decisão. Não adote o padrão de tecnologias e consultas mais conhecidas por você. A intenção não é repetir as mesmas ações, mas produzir um valor consistente nas decisões pessoais, profissionais ou digitais.

Controlando o V Invertido

Pode estar imaginando como os processos na decisão inteligente diferem dos usados na análise de dados. Afinal, é óbvio que as decisões também são tomadas primeiro ao usar a análise de dados do modo usual. Por exemplo, uma pessoa decide quais são as regras de negócios antes de aplicá-las na análise de dados ou na IA. Ela também decide quais dados usar, quais fontes de dados integrar e quais consultas fazer. E mais, alguém decide quais projetos lançar e se é para enviá-los para a produção. E assim vai.

Com todas essas decisões iniciais, o que significa "Colocar a decisão em primeiro lugar" na decisão inteligente? E como isso muda tudo? É bom lembrar que o processo na tomada de decisão baseado em máquina é linear, ou seja, ele se move sucessivamente da preparação dos dados e da seleção até as entradas do algoritmo e, por fim, a uma saída. A saída costuma ser um insight ou uma recomendação feita como uma visualização, um texto narrativo ou ambos, a partir do qual uma pessoa pode decidir qual ação tomar. Por vezes, a saída está ligada a um processo automático que, então, toma uma ação como indicada pela saída.

De qualquer modo, o caminho é uma linha reta.

Agora incline a linha para cima para que seja o primeiro segmento de um V invertido. Na parte inferior está o ponto de partida, que são os dados a analisar. No topo está a decisão a ser tomada com base na análise. Esse é seu caminho para cima.

Ignore o caminho e desça a partir da decisão até os dados. Raramente você seguirá o mesmo caminho de descida. Ao contrário, criará um caminho diferente conectado mais especificamente à decisão. Os dois caminhos juntos lembram um V invertido.

O primeiro segmento do V invertido começa com a mineração de dados, então, vem a análise. Se você pensar, esse processo agora define as decisões tomadas. Por outro lado, no segundo segmento do V, a decisão define os dados, as ferramentas e as consultas.

O primeiro segmento é uma missão de descoberta. O segundo é uma missão com objetivos.

Qual segmento você acha que entregará com consistência um material útil?

E isso, meu caro, é por que e como você coloca a decisão em primeiro lugar.

Estimando Quanto Custará uma Decisão Inteligente

Ah, sim, a principal pergunta na boca de todos é o custo. Com certeza, o custo é uma grande consideração em quase toda decisão comercial. Mas desta vez não é um grande problema. Como a decisão inteligente é repensar e não refazer, é provável que você já tenha muitas das tecnologias e das ferramentas necessárias (considere isso como aproveitar esses itens para produzir um maior retorno no investimento ou ROI naquilo que você já tem). Das ferramentas que você pode não ter, muitos produtos necessários têm versões gratuitas ou, pelo menos, avaliações gratuitas para que possa ver como funcionam e se são adequados para sua organização.

Pode ser preciso comprar algumas ferramentas, dependendo de sua combinação atual de tecnologias. Tudo dito, raramente é uma grande despesa trocar da tática de mineração de dados para a decisão inteligente.

A lista a seguir ajuda a dar uma ideia de algumas tecnologias mais usadas na decisão inteligente. Assim, você pode ver rápido o que pode precisar colocar em sua lista de compras ou quais funções pode querer contratar de terceiros que têm essas coisas e experimentar usá-las para fazer algo assim.

» **Software de modelagem de decisão** é uma parte dos sistemas de gerenciamento de decisão que representa as decisões comerciais via notação padronizada, em geral, o padrão BPMN (Business Process Model and Notation), usado por analistas comerciais e especialistas de domínio (SMEs), não por desenvolvedores. Exemplos incluem ACTICO Platform, Red Hat Decision Manager e FICO Decision Management Platform.

» **Software de gerenciamento de regras de negócios** para gerenciar as regras de negócios na tomada de decisão. Por vezes, são produtos de software independentes, e outras, fazem parte também de um sistema de gerenciamento de decisão. Exemplos incluem VisiRule, Red Hat Decision Manager, SAS Business Rules Manager, InRule e DecisionRules.

» **Stack AutoML** *ou* outra coleção de software capaz de automatizar tudo ou parte da criação dos modelos ML. AutoML simplifica o processo do desenvolvedor do modelo de aprendizado de máquina automatizando muitas etapas complexas, como feature engineering, otimização de hiperparâmetros e criação de camadas na arquitetura neural. Não se preocupe se não entende bem o que essas atividades automáticas envolvem, pois a intenção é que a AutoML faça todas essas coisas complicadas e trabalhosas por você. O bom é que, embora a AutoML seja uma ferramenta útil para cientistas de dados, é igualmente útil ao democratizar a IA. Sim, um dia você também criará a IA que deseja usar em seu processo de DI, informando à IA para fazer isso por você. Veja bem, não é um conceito tão difícil assim. Exemplos de revendedores AutoML incluem DataRobot, H2O.ai e Google Cloud AutoML.

» **Uma boa plataforma de dados,** que é uma tecnologia que engloba várias aplicações big data e ferramentas em um único pacote. De preferência, obtenha uma com suporte para a criação de algoritmos e a entrega de dados transacionais em tempo real. Exemplos incluem Google Cloud AI platform, RStudio, TensorFlow e Microsoft Azure.

» **Um app de BI** com processamento de linguagem natural, assistido por IA e uma ferramenta de visualização predefinida. Exemplos incluem Qlik Sense, Domo, Microsoft Power BI, Yellowfin, Sisense Fusion, Zoho Analytics e Google Analytics.

Membros da equipe de data science aplicarão grande parte do tempo e esforço (pelo menos no início) aprendendo a como capturar os requisitos de sua decisão recém-tomada usando um modelo de decisão e padrões de notação, como os padrões Business Process Model and Notation (BPMN), Case Management Model and Notation (CMMN) e/ou Decision Model and Notation (DMN).

Para as decisões em que os dados digitais têm menos importância ou nenhuma, veja o conjunto testado, aprovado e padrão de ferramentas de decisão, como as descritas nesta lista, e outras:

- **Ferramentas de mapeamento mental** são usadas para criar diagramas para organizar visualmente as informações, em geral, a partir de sessões de brainstorm ou de colaboração. Exemplos de ferramentas de mapeamento mental incluem Coggle, Mindly, MindMup, MindMeister, Scapple e Stormboard.
- **Tabelas SWOT (FOFA)** consistem em quatro quadrantes rotulados como ***S***trengths, ***W***eaknesses, ***O***pportunities e ***T***hreats (em português, Forças, Oportunidades, Fraquezas e Ameaças ou FOFA). Os usuários listam os itens em cada quadrante para esclarecer as considerações (e o que pode estar em jogo). As tabelas SWOT podem ser simples ou muito complexas. Há vários modelos online se você quiser usar uma.
- **Tabelas de comparação** também são conhecidas como gráficos de comparação. Em geral, são gráficos de linhas, de barras, circulares ou outros gráficos usados para comparar ou contrastar dados sobre inúmeras coisas, como campos de dados (categorias de despesa, por exemplo), concorrentes ou outro item que precisa de uma análise comparativa. Exemplos existem online e offline; modelos e ferramentas para criar tais gráficos estão disponíveis em ferramentas de visualização e BI, como Microsoft Power BI, Google Charts, Tableau, Chartist.js, FusionCharts, Datawrapper, Infogram, Canva e ChartBlocks.
- **Árvores de decisão** representam perguntas em cascata, em que a resposta para uma pergunta leva à formação da próxima pergunta. As árvores de decisão são particularmente eficientes ao tomar decisões muito complexas. Podem ser simples ou representações muito complexas, dependendo do nível de complexidade do problema a resolver. Há muitos modelos online, mas existem também ferramentas que ajudarão a criá-las e usá-las. Exemplos incluem Smartdraw's Decision Tree Maker, Lucidchart's Decision Tree Maker e Creately.

» **Planilhas** são as conhecidas ferramentas que existem no papel e em formas digitais, como Excel e Google Sheets.

» **Lápis e papel** são os auxiliares testados e aprovados. Uma lista simples de prós e contras em um guardanapo resolveu muitos dilemas de decisão e ainda funciona hoje em algumas situações.

Para as organizações menores e startups que querem aproveitar a tecnologia em seus processos de decisão inteligente sem investir muito dinheiro, tente começar com um app de business intelligence na nuvem ou no navegador, ou um incorporado no software que você já tem e usa, como o Microsoft Power BI, que vem com o Excel no pacote Microsoft Office. Você pode encontrar muitos apps BI com versões gratuitas também. Se for muita areia para seu caminhãozinho, verifique uma ou mais das ferramentas de visualização online listadas (algumas, até gratuitas!).

LEMBRE-SE

Um aviso importante: Business Intelligence (um app BI que produz relatórios sobre o desempenho atual e previsto de vários aspectos do negócio com base na análise de dados comerciais) *não* é igual a um processo de decisão inteligente, embora os apps BI possam ser usados como parte do processo de DI. Um bom app BI é um modo rápido e confiável de analisar os dados que dão suporte à sua decisão.

A conclusão aqui é a de que os custos monetários devem ser relativamente pequenos. Você pode precisar gastar mais em treinamento, mas os técnicos podem precisar de um treinamento extra sobre a teoria de decisão e as ciências de decisão, assim como sobre as táticas da decisão inteligente. Por outro lado, os executivos podem precisar desse treinamento também, assim como treinamento nos apps BI, para terem um conhecimento prático da análise de dados e de seu total potencial.

NESTE CAPÍTULO

» **Diferenciando objetivos orientados a dados e orientados a decisão**

» **Lidando com o fato de que os dados podem dar respostas, mas ainda ninguém saber o que fazer**

» **Reinventando resultados úteis**

Capítulo **2**

Minerar Dados *versus* Considerar a Resposta

A decisão por dados está evoluindo de uma mera descoberta de dados para ser um objetivo de decisão baseado em resultados. Essa recente etapa na cadeia de evolução de data science é conhecida como *Decisão Inteligente (DI)*, uma disciplina que combina ciência de dados, ciência social e ciência de gestão em uma abordagem com foco único ao tomar a melhor decisão possível em qualquer circunstância.

Neste capítulo, você aprenderá por que visar um resultado no início supera o modelo tradicional de mineração de dados primeiro. O resultado se torna a principal diretiva nesse giro de 180º na definição e na execução do resultado útil sempre buscado.

Em outras palavras, o foco muda de descobrir a informação nos conjuntos de dados estabelecidos e passa a decidir o que você mais precisa saber, e então buscar ativamente esse conhecimento onde quer que ele esteja.

Resumindo, os dados têm um papel de apoio, não são a estrela na decisão inteligente. A mente humana também se afasta de uma função como organizadora de dados/analytics e passa a ser um componente de alto valor na busca da melhor decisão possível. Por fim, a inteligência artificial (IA) se torna um auxílio útil, não o temido soberano ou o exterminador de trabalhos.

Neste capítulo, você verá por que essa reflexão sobre como usar os dados gerou uma crescente força transformadora e disruptiva nos negócios, assim como no dia a dia das pessoas. Também verá por que você deve ser rápido em dominar essa força em qualquer função que decida assumir durante sua carreira.

Saber É Poder — Os Dados São Apenas Informação

No começo, havia dados. Contando nos dedos das mãos e dos pés até pedras guardadas em sacos e gravetos amarrados, os primeiros seres humanos coletavam e registravam informações. Esse registro da informação continuou inabalável com o passar do tempo. A mídia usada para registrar esses dados mudou com os anos, de acordo com as tecnologias da época. Por fim, os dados superaram o número de dispositivos reservados para coletá-los e armazená-los, assim como o número de pessoas usando tais dispositivos. É quando começamos a chamá-los de *big data,* em uma indicação de que sua grandeza ofusca a capacidade da computação moderna.

As pessoas costumam ver com espanto essa crescente coleção de dados, mas a verdade é que o que parece um imenso recurso é somente um espelho que nós, os seres humanos, seguramos para nosso mundo. E aí está o problema: ter informação que reflete o mundo para nós não é igual a conseguir usar essa informação de um modo prático e real, o que dirá fazer isso com alguma precisão consistente.

Em outras palavras, a decisão inteligente chegou como um movimento quando ficou evidente que minerar dados é como minerar qualquer outro material valioso: o valor não está na forma bruta, mas na pedra polida. Agora o objetivo é identificar a pedra que você busca, então ir atrás dela. O segredo aqui é fazer isso entendendo que o trabalho não acaba até você ter atingido um alto nível de clareza no processo de tomada de decisão, um nível de clareza visto apenas no diamante mais raro.

Sentindo a epifania

Até hoje, os seres humanos vêm minerando dados para classificar a informação em ponteiros úteis, ponteiros para quais produtos os clientes podem querer comprar agora ou depois, qual preço eles querem pagar, por exemplo, ponteiros sobre quem na equipe pode ter uma vantagem para ajudar a vencer um jogo de beisebol ou atingir uma conta de vendas, ou mesmo ponteiros sobre quais atividades podem indicar o começo de uma brecha nos dados e quais são os comportamentos de trabalho rotineiros de centenas de funcionários trabalhando em casa durante uma pandemia.

Ponteiro de todo tipo — aqui, acolá e em todo lugar. E não há nada de errado nisso. Os ponteiros podem direcionar as pessoas, e com muita frequência nos negócios, em casa e em várias outras atividades.

No entanto, os ponteiros marcam um caminho (em geral, um entre muitos), mas não decidem qual caminho tomar, ou seja, eles não são iguais a decisões. Você está livre para fazer a escolha errada tanto quanto para fazer a escolha certa. Mas essa abordagem falha miseravelmente na promessa em decisões baseadas em dados, não é?

LEMBRE-SE

"Seguir os dados" deveria apresentar algumas verdades infalíveis e ações confiáveis. Por isso muitos revendedores de analytics perseguem resultados ou saídas práticas. Mas sem automatizar essa ação, até as ações recomendadas são ponteiros também.

Por exemplo, a análise preditiva pode produzir um resultado útil, informando que uma peça na máquina durará mais dez dias e deve ser substituída no nono dia. Essa ação obtém o máximo de uso da peça sem interrupção no desempenho da máquina. Contudo, uma decisão ainda precisa ser tomada. Os líderes corporativos podem decidir pedir que equipes de manutenção sigam todas as diretivas e substituam as peças nos dias indicados. Ou a gerência pode ignorar a diretiva em favor de fazer um upgrade ou substituir a máquina.

Até aí, tudo bem. Mas você precisa mais da análise de dados se o objetivo é tomar as decisões corretas ou melhores com uma natureza complexa e exigente, em especial se são decisões sérias com graves consequências.

Por exemplo, veja bem a pandemia de COVID-19 e as muitas questões de sobrevivência que surgiram com ela. Dados e analytics podem informar como o vírus se espalha, quais variantes existem e quem corre mais risco. Isso foi e é uma informação importante. Mas os dados e um advanced analytics, mesmo com a badalada IA, não podem dizer se é seguro que as crianças voltem para a escola. As informações também não esclarecem quando, onde ou como as pessoas voltam em segurança para os espaços de trabalho, jantares a portas fechadas e locais de entretenimento para ajudar a salvar a economia. Por sua vez, as principais autoridades de saúde pública, como o Dr. Fauci (EUA) e outros, não têm certeza sobre quais ações recomendar.

Em outras palavras, todos os dados e analytics não podem dizer às pessoas o que mais precisamos saber. E isso é uma lição recorrente que ensinou a alguns cientistas de dados a procurar outro caminho, talvez desenvolvendo os métodos atuais ao analisar dados, para que as saídas consistissem em decisões, não em meras informações. Na esteira de reconhecer que o ídolo de dados atual tem pés de barro, chegamos a esta poderosa epifania:

> A informação é útil, mas saber é poder.

TRILHAS E CÍRCULOS DA ANÁLISE DE DADOS

Em geral, os processos de mineração de dados tradicionais são assim:

1. **Preparar os dados a partir das fontes existentes, como sistemas usados para operações comerciais de rotina, streaming de dados ou data centers, para usar na análise.**
2. **Minerar os dados com várias ferramentas, inclusive análise e aprendizado de máquina (mais conhecido como IA).**
3. **Visualizar as saídas, isto é, fazer representações gráficas dos insights coletados com a análise dos dados.**
4. **Decidir qual ação tomar com base nos insights.**
5. **Atualizar os dados, limpar e repetir.**

Infelizmente, os mineradores e os cientistas de dados costumam entregar os resultados de seu trabalho pesado apenas para descobrir que nada surgiu porque não havia nenhum plano comercial realista para usá-los, em primeiro lugar. Por comparação, a decisão inteligente assegura que um plano exista desde o início.

E mais, não há motivos para rejeitar o processo de mineração de dados tradicional quando você passa a usar a decisão inteligente. Na verdade, você seria louco se fizesse isso. O processo funciona muito bem para inúmeros casos de uso, em particular aqueles que são esclarecidos por nuances, áreas cinzentas e confusões de linguagens. Por exemplo, a cor amarela é para indicar Cuidado ou Covarde em certo conjunto de dados? Isso pode depender de uma das áreas cinzentas, que, nesse caso em particular, está associada ao contexto. Os cientistas de dados estão muito familiarizados com essas questões e lidam com elas todos os dias.

Sem dúvidas, perguntas mais detalhadas são mais adequadas para como o analytics se posiciona no processo. Por exemplo, é verdade que a análise preditiva estará correta com mais frequência que os seres humanos ao determinar o último dia de utilidade da peça de uma máquina. Também é verdade que o analytics será mais preciso que as pessoas, até especialistas, ao detectar padrões em grandes quantidades de dados.

Mas também é importante entender os limites dessa abordagem. As máquinas podem ir até certo ponto. Elas não pensam nem aprendem como você e eu. Por exemplo, o aprendizado de máquina pode classificar os dados mais rápido que o ser humano em qualquer escolha de opções bem definidas sobre ser ou não um gato. Mas, mesmo assim, é provável que as máquinas rotulem errado algumas imagens de gato que uma criança reconheceria de imediato como sendo claramente um felino.

Por comparação, a decisão inteligente funde sua mente com a "mente" da máquina para que os pontos positivos de cada uma superem os pontos negativos da outra. É óbvio que não é uma fusão real de homem e máquina, mas é uma fusão de capacidades de decisão.

É um avanço importante, porque apresenta as saídas de maior significância para a solução do problema e uma análise extra dos impactos no mundo real. Um efeito colateral não pretendido de usar o modelo tradicional era a desvalorização da contribuição do homem fora das atividades de programação e outras de desenvolvimento de software. Os seres humanos têm o hábito de colocar muita fé nas saídas do algoritmo, mesmo quando as saídas estão em conflito com nossos pensamentos e experiências. Fazemos isso apesar de sabermos bem que os dados raramente são perfeitos ou completos. Mas não é o único problema desafiando nossa fé cega na análise de dados.

Infelizmente, como Cassie Kozyrkov, chefe da Decisão inteligente do Google, costuma nos lembrar: "Estratégias baseadas em pura racionalidade matemática são relativamente inocentes e tendem a ter um desempenho inferior."

Qualquer pessoa que foi perseguida por anúncios, de itens que já comparam e não querem comprar de novo, em redes sociais e na internet pode atestar esse desempenho ruim, chato e "relativamente ingênuo" de alguns analytics.

Mesmo assim, o senso comum ainda diz que os dados, e não as pessoas, devem tomar a frente das decisões comerciais. É a máquina acima do instinto sempre, como diz o mantra, mesmo quando não é feito na prática. Mas por que deve ser uma pergunta com duas opções? A resposta certa, claro, é que não é.

Introduza a decisão inteligente, e os profissionais "costumam enfatizar os detalhes dos amplos sistemas de decisão comercial, incluindo análise, gerenciamento de dados e recursos de informação, regras de negócios, integração das decisões nos sistemas operacionais e outras funções", segundo Meta Brown, autor do livro *Data Mining For Dummies*.

O momento eureca aqui é que o analytics e a mineração de dados são parte do processo de tomada de decisão, não a totalidade dele.

A decisão inteligente é um guarda-chuva enorme sob o qual todas as atividades necessárias para produzir decisões se juntam e são colocadas em prática para produzir um resultado predefinido e desejado.

Se você acha que os seres humanos estão redescobrindo uma epifania percebida pela primeira vez anos atrás, está certo. Do mesmo modo, decisão inteligente não é uma ideia nova, mas uma *renovada*.

Adotando uma ideia nova, mas nem tanto

O termo *Decisão Inteligente* tem sido usado pelo menos nos últimos 20 a 25 anos; uma das primeiras menções está no artigo acadêmico "Knowledge Management + Business Intelligence = Decision Intelligence", de Uwe Hannig, um acadêmico alemão especializado em informação e gerenciamento de performance. O significado do termo *Decisão Inteligente* continua a mudar um pouco conforme revendedores tentam adaptá-lo a seus próprios produtos ou finalidades. Meta S. Brown, autora do livro *Data Mining For Dummies* (sem publicação no Brasil) e presidente da A4A Brown Inc., uma consultoria especializada em orientar o lançamento e a expansão de projetos de analytics, diz sobre a decisão inteligente que "os revendedores de solução a associam ao software corporativo, por exemplo, embora os profissionais não ligados aos produtos a vejam como um amplo conjunto de disciplinas reunidas para a tomada de decisão".

Em outras palavras, é um campo ao qual o comprador deve ficar atento. Os produtos serão comercializados como ferramentas de decisão inteligente que não são, ou talvez sejam, também boas para outras finalidades. Como um martelo pode ser vendido como uma ferramenta para construir casas e um extrator de pregos, muitas técnicas táticas e ferramentas também podem ser usadas para decisão inteligente e outras tarefas analíticas.

Uma prática analítica boa em geral, não importa se rotulada como IA, data science e mineração de dados, é encontrada em um padrão aberto existente para o processo de mineração de dados chamado CRISP-DM (veja o livro *Data Mining For Dummies* se estiver curioso sobre o padrão — sem publicação no Brasil).

Muitos detalhes no CRISP-DM são usados por analistas de dados, gerentes comerciais, chefes de TI e outros em muitos cargos comerciais. A decisão inteligente estende essa ideia.

Mas a diferença entre os dois conceitos (mineração de dados e decisão inteligente) talvez seja mais bem compreendida com seus respectivos resultados:

- **Data science** informa o que é conhecido em certo universo de informação. Pode fazer isso respondendo a perguntas (consultas de dados) ou automatizando a detecção de padrões (advanced analytics ou IA).
- **Decisão inteligente,** por comparação, integra o que é conhecido em um processo de decisão. É a diferença entre saber como a COVID-19 se espalha (data science) e usar essa e outras informações em um processo estruturado para decidir se é para permitir que as pessoas voltem a trabalhar (decisão inteligente).

LEMBRE-SE

No fundo, o impacto é a resposta que todos buscam. Quando cada negócio e questão na vida basicamente se resumem à pergunta do que você deve fazer para conseguir esse impacto, faz sentido iniciar o processo de tomada de decisão com o impacto que você busca e a resposta de que mais precisa.

Evitando pensamentos limitados e as restrições da consulta de dados

A mineração de dados tradicional tende a limitar seu pensamento e colocar restrições em torno das perguntas feitas simplesmente focando o trabalho nos dados em questão.

Por exemplo, se você faz mineração nos dados de marketing e vendas para ter insights, seu raciocínio muda de forma previsível para uma lista de perguntas mais ou menos padronizada. É natural porque é como as pessoas organizam as informações e seus pensamentos sobre a informação.

Ou seja, as pessoas rotulam os dados para organizá-los, mas esses mesmos rótulos também influenciam como elas pensam sobre a informação então rotulada. É estranho como isso funciona, não é?

Todavia, os rótulos são úteis em grande parte, e dificilmente você pode funcionar usando dados sem eles. São tão úteis que a cientista-chefe da decisão inteligente do Google dizia que, se os cientistas de dados e os estatísticos ficassem com seus próprios dispositivos, eles teriam nomeado a aprendizagem automática como "o rótulo das coisas", porque esses profissionais preferem nomes a rotular o que a coisa realmente faz.

Se você acha que esse debate está girando em círculos agora, está certo. E é a melhor ilustração que posso lhe oferecer sobre como a mineração de dados tradicional limita o raciocínio e a consulta de alguém.

Gostaria de dar outra volta? Não? Bem, as pessoas continuam a repetir muitos dos esforços ao analisar os dados. Com muita frequência, elas fazem isso atualizando os dados e repetindo a consulta, sem parar.

Modelos, algoritmos e consultas são formados de acordo. O aprendizado de máquina, também conhecido como IA no uso comum, é treinado nesses dados ou em dados semelhantes, aprendendo as perguntas feitas com mais frequência e as saídas comuns. A consulta costuma ser automática, o que resulta em uma lista de perguntas pré-selecionadas. Até os detalhes nos dados representados por visualizações interativas são predefinidos.

Esses parâmetros formam o espaço onde os usuários do software de analytics se encontram, a fronteira que coloca limites na consulta e no raciocínio por trás das repetições das ações.

Perguntas previsíveis e até predefinidas ainda são boas em muitas atividades comerciais. Não há nada de errado em continuar a interrogar os dados assim para muitos casos de uso comuns, afinal, você sempre quer saber suas vendas do dia e como esse número se compara com as vendas do último ano. E provavelmente sempre quer saber quais produtos são os mais vendidos esta semana, quais funcionários foram mais produtivos etc. Vá em frente e continue fazendo essas perguntas aos dados.

Mas é hora de ver o que mais você pode fazer com os dados, o analytics e a IA. É hora também de repensar como lidar com o negócio de derivar decisões em grande escala. E é exatamente como alguns na data science chegaram à decisão inteligente.

DICA

Como interromper o pensamento tradicional por trás dos processos de mineração de dados tradicionais? Pense em Como antes de O Quê. Descubra como lidar com a tomada de decisão, em vez de focar o que os dados dizem em resposta à sua consulta.

Reinventando Resultados Úteis

Talvez nenhuma palavra da moda seja mais dita no setor de análise de dados do que *resultado útil*. Para ser sincero, algumas saídas são úteis, e alguns desses itens úteis podem ser até totalmente automatizados; não é necessário nenhum ser humano além daqueles que construíram as máquinas que agora fazem todo o trabalho.

Mas com muita frequência os resultados úteis são insights que *podem* permitir uma ação. É um conceito bem diferente do analytics que pode apresentar decisões reais, ou uma série estabelecida delas, com todos os impactos esperados.

A decisão inteligente visa mudar os resultados de insights para decisões, em qualquer escala e usando combinações variadas de táticas humanas e de máquinas. É isso que Cassie Kozyrkov, do Google, quer dizer quando costuma descrever a diferença entre data science tradicional com aprendizado de máquina e decisão inteligente como "a diferença entre aqueles que criaram os fornos de micro-ondas e os cozinheiros que o utilizam". É a receita e o resultado que importam, ela diz, pois o chef não precisa criar um micro-ondas nem entender como ele funciona.

Em outras palavras, o foco está em mudar das explorações de dados e criar mais tecnologia para entregar um conteúdo útil específico.

Vivendo com o fato de que temos as respostas e ainda não sabemos o que fazer

O modelo de decisão está amadurecendo para incluir buscas mais incisivas, considerações mais amplas nos processos de tomada de decisão e mais responsabilidade pelos resultados. Não é nenhuma surpresa ouvir que essa nova fase também é rotulada como *Decisão inteligente* e que é medida pelo valor de suas saídas, em termos de impacto, retorno no investimento ou ambos.

Não há mais tempo, paciência nem dinheiro para pegar dados em data lakes ou procurar ouro em streams de dados na esperança de descobrir um conhecimento valioso. A decisão inteligente insiste em se mover com a finalidade de atingir um fim predeterminado cuja importância foi bem definida.

DICA

Ao considerar onde aplicar a decisão inteligente em suas próprias circunstâncias, resuma o problema à sua verdadeira essência.

Um exemplo prático: você pode perguntar aos dados como será o clima amanhã. Mas a pergunta não é essa. Nem a resposta "Parcialmente nublado com 21 °C" terá um uso significativo para você.

Pense bem. O que você *realmente* quer saber?

Talvez esteja planejando um piquenique para amanhã. Nesse caso, provavelmente precisará de uma avaliação do clima, além do índice de pólen, tráfego previsto no parque e talvez até as disponibilidades de esportes aquáticos e/ou o tempo de espera para pegar os almoços prontos em sua delicatessen favorita.

Talvez queira que a análise informe que sua melhor opção para um piquenique amanhã é o "Parque Happy ao norte, à beira-mar, com abrigo para o vento, mas não ao sol, muitas mesas, porque não é um parque muito movimentado. E mais, sua rota tem três delicatessens e duas tem menos de dez minutos de espera para as retiradas".

Uma decisão inteligente pode ser aplicada para uma melhor decisão, relativamente falando, para um problema ou uma questão, variando desde altamente personalizada (como perguntas sobre piquenique) até muito amplas (como uma pandemia).

Antes, mencionei neste capítulo que a COVID-19 relevou os limites de uma abordagem baseada em dados para a solução do problema. Algumas das lacunas na resposta inicial à pandemia certamente foram causadas pela urgência da ameaça e pela novidade do vírus e das vacinas. Contudo, muitos fatores contribuíram para tomar boas decisões de saúde pública sob pressão. Por exemplo, Israel fez um acordo com a Pfizer para compartilhar os dados dos pacientes sobre eficácia e efeitos colaterais da vacina Pfizer em aplicações reais. Israel também tem um dos sistemas de assistência médica mais eficientes do mundo, com prontuários eletrônicos altamente desenvolvidos capazes de coletar dados de pacientes em massa e em tempo real. O banco de dados resultante é bem organizado e recheado de *dados limpos* (dados precisos e atualizados), que foi essencial para entender a doença e testar a vacina.

E mais, cientistas, profissionais de saúde e organizações de saúde pública no mundo todo compartilharam dados e colaboraram para descobrir insights e respostas. A resposta global à pandemia foi uma bela amostra de como a humanidade pode ser eficiente para neutralizar qualquer ameaça quando países, entidades de saúde e especialistas cooperam. O esforço deve ser celebrado e comemorado eternamente.

Mas todos os tomadores de decisão também podem aprender com os fracassos e os sucessos nessa enorme empreitada para acabar com uma perigosa pandemia. O principal fracasso é que ainda há incerteza, após meses, sobre as ações específicas que devem ser tomadas, apesar dos grandes conjuntos de dados globais e da análise contínua.

Empresas e outras organizações se encontram em uma situação parecida, mesmo quando não há urgência, alarme e consequências terríveis; ou seja, mesmo com tempo e mentes mais calmas, é possível coletar ideias com dados e ainda não saber o que fazer com eles. Colocando no devido contexto, você sempre deve se lembrar de que:

LEMBRE-SE

Os dados nunca serão onipotentes, e você sempre terá que lidar com algum nível de incerteza.

Mesmo assim, você pode e deve melhorar como toma decisões e julgá-las segundo seus impactos no mundo real. Isso requer aplicações combinadas de várias disciplinas e mais intervenção humana, uma definição mais do que adequada de decisão inteligente.

Onde o homem teme agir nos dados

Embora os processos usados sob o grande guarda-chuva conhecido como decisão inteligente variem entre as entidades, é possível que sejam mais adotados por pessoas que antes estavam preocupadas que a análise de dados roubaria seus trabalhos, e particularmente pessoas associadas à IA.

A IA, mais que a automação tradicional, é percebida por alguns como um concorrente direto de gerentes e executivos em virtude das representações de ficção científica em que a IA é mais inteligente que o homem e capaz de fazer até trabalhos de alto nível. Em parte, também é por causa da suposição frequente e normalmente errada de que a automação está limitada a substituir os trabalhos nos degraus mais baixos da carreira. Por comparação, a IA faz um corte direto no topo. Esse ponto foi conduzido pela primeira vez quando a Deep Knowledge Ventures, uma empresa de capital de risco de Hong Kong, adicionou um algoritmo chamado VITAL como membro do conselho da diretoria em 2017. Depois disso, parecia que nenhum trabalho estava a salvo de ser substituído por uma máquina.

Certo, alguém notou que apontar um algoritmo para o conselho provavelmente era uma jogada de publicidade, pois a maioria dos diretores usa dados para informar seus votos, mas o medo de que a IA possa substituir os empresários ainda permanece.

A Deep Knowledge Ventures atribui ao seu algoritmo a salvação da companhia da falência causada por "excesso de investimento em projetos exagerados". Conhecido como Vital (abreviação de Validating Investment Tool for Advancing Life Science), o algoritmo se estabeleceu como um membro aparentemente essencial do conselho. É interessante que o resto do conselho (ou eram os acionistas?) parecia ter pouca consideração pela capacidade dos diretores de manter a empresa financeiramente forte.

Executivos, na chefia do negócio ou no topo da empresa, costumam temer os algoritmos abastecidos por dados. De um lado, espera-se que eles se alinhem com a empresa baseada em dados. Por outro, as decisões baseadas em dados podem tornar seus próprios talentos obsoletos.

Não ajuda o fato de que salário, benefícios e privilégios dos executivos sejam itens grandes entre as maiores despesas da empresa: os custos da folha de pagamento. Você pode ver com facilidade onde a mesma lógica de cortes de custos que os executivos usam todo dia poderia eliminá-los também.

A decisão inteligente reequilibra a escala adicionando mais peso às funções humanas ao tomar as principais decisões comerciais. Isso em si torna o conceito bom para a liderança. Mas a decisão inteligente não é uma licença nem um meio para voltar à intuição, ao "seja o que Deus quiser", às manipulações baseadas em egos ou decisões de agenda cheia. O valor da decisão inteligente é que ela é o modo mais eficiente de tomar decisões comerciais, e os líderes espertos entenderão de imediato sua importância para as organizações e as carreiras deles.

Resumindo, é um reequilíbrio de como os dados são usados e vistos. A evolução está em sintonia com os padrões de amadurecimento em outras disciplinas e um tipo de retorno das contribuições de data science para esses desenvolvimentos. Um exemplo fala por muitos: computação e data science impulsionaram o surgimento das Ciências Humanas Digitais como um novo campo nos anos 1950 e permitiram uma melhoria constante desde então. Agora um processo de desenvolvimento parecido está fluindo em outra direção.

A decisão inteligente é uma receita na qual dados, automação, IA e capacidades de tomada de decisão humana são combinados para ter resultados melhores nos processos. E mais, é um foco renovado que vai além das eficiências mecânicas e digitais para tornar os resultados mais significativos nas aplicações do ser humano e nos impactos.

Para muitos especialistas e observadores, inclusive muitos executivos que sempre têm uma perspicácia empresarial altamente valorizada neles mesmos e em outras pessoas, o conhecimento da decisão inteligente e a inclusão desta são uma progressão natural nas aplicações comerciais.

São também resultado do reconhecimento formal de outra verdade: não importa o quanto a IA/ML avançou, combiná-la com um conhecimento comercial interno sempre contribui para os melhores resultados comerciais.

Profetizando o Grande Renascimento: Conhecimento institucional e experiência humana

Duas das maiores baixas na mineração de dados tradicional são o conhecimento institucional e a experiência humana. *Conhecimento institucional* é definido como o conhecimento de uma organização sobre seu próprio negócio e seus clientes, que é passado dos funcionários mais antigos e líderes para os mais novos em trocas informais e, geralmente, verbais. Como grande parte disso fica armazenada na mente dos funcionários e dos executivos, é extremamente difícil de identificar, recuperar e digitalizar para incluir em um conjunto de dados. Assim, costuma se perder quando uma pessoa com esse conhecimento se aposenta, morre, muda de emprego ou para de ser uma parte ativa da empresa. Sem essa informação-chave, as decisões comerciais podem ser tomadas no contexto errado para a situação e resultar em consequências falhas ou indesejadas.

A *experiência humana* funciona igual: é o conhecimento adquirido por uma pessoa por meio de educação formal, inteligência intuitiva, talento, habilidades acumuladas, experiência, exposição, incidentes de falhas e sucessos, encontros com anomalias e eventos repetidos e várias circunstâncias únicas durante a carreira ou a vida. Essas informações também são difíceis de digitalizar e adicionar a um banco de dados, portanto, a experiência humana também tende a se perder na doença, na aposentadoria, na mudança de emprego ou na morte.

O custo, para qualquer organização, da perda do conhecimento institucional ou da experiência humana pode ser enorme em termos de valor monetário, cultura da empresa e forma da vantagem competitiva da organização. Esses fatos não são perdidos para muitos na liderança comercial e em data science, que incentiva um renascimento ao valorizar e capturar esses poços profundos de dados especializados e insubstituíveis.

Alguns o consideram um grande renascimento, conforme oscila de um extremo ao outro. Por exemplo, o desinteresse por clientes a partir de um foco nos lucros apenas agora mudou para um interesse quase fanático em personalizar todo encontro com o cliente e assegurar uma ótima experiência para cada indivíduo. Esse movimento vem de um apreço renovado pelo valor da experiência humana (no caso, em vendas e marketing) e pelo conhecimento institucional de clientes e operações em relação a maiores lucros, ou seja, assim que as eficiências do processo baseado em dados foram percebidas em grande parte ou por completo, as empresas descobriram que os lucros não podem ser separados dos clientes, pois os últimos geram os primeiros. Daí o interesse retomado em vender de novo para os clientes existentes e manter o conhecimento do cliente além dos detalhes básicos da transação financeira.

CUIDADO

Embora seja reconfortante para muitos ver a experiência humana adicionada de novo à tomada de decisão junto com os dados, é muito diferente de realmente extraí-los. A decisão inteligente não é um exercício fácil em sua formação ou execução.

Afinal, os conjuntos de dados ainda são enormes. Mesmo que você use e encontre valor em apenas 10% dos dados, ainda é uma quantidade enorme de dados para analisar e examinar. A IA também é mais rápida do que as pessoas em, bem, tudo. É uma vantagem que as organizações querem manter, então há a necessidade de automatizar as tarefas para que o trabalho seja feito mais rápido, com mais eficiência e sem precisar interromper a função, os recursos e a experiência do cliente.

Onde todos esses valores se reúnem no esforço da decisão inteligente? Bem, isso é o que você e sua organização devem descobrir sozinhos. Com certeza, há diretrizes sobre como fazer, assim como ferramentas à sua disposição que apresento em mais detalhes posteriormente no livro. Mas lembre-se de que a primeira parte, de trazer o ser humano mais plenamente para os papéis de decisão, está em decidir a combinação em particular de processos humanos *versus* da máquina que são necessários.

Ou, dito de outra forma, e para manter a analogia anterior de Kozyrkov, é a parte em que os chefs que usam micro-ondas fazem sua mágica ao criar a receita. O trabalho dos fabricantes de micro-ondas está finalizado, em grande parte. Você sabe que tem a receita certa quando vê a prova no pudim, por assim dizer.

NESTE CAPÍTULO

» Vendo por que a análise de dados é melhor como assistente do que como usurpadora

» Aproveitando pessoas e máquinas para ter um melhor valor de negócios

» Reconhecendo que a detecção de padrões pode não ver o quadro geral

Capítulo 3

Padrões Crípticos e Suposições Absurdas

O Yahoo! colocou o primeiro cluster Hadoop — sem dúvidas, o primeiro ambiente de computação distribuído realmente bem-sucedido planejado especificamente para armazenar e analisar quantidades enormes de dados não estruturados — em produção em 2006. É essa data que marca, para finalidades mais práticas, o início da corrida do ouro em big data e a caçada para descobrir informações desconhecidas escondidas em conjuntos de dados conhecidos.

Os resultados foram amplamente percebidos como esclarecedores em geral e valendo a pena o esforço, mesmo que a maioria das iniciativas de big data tenha falhado até hoje. Mesmo assim, a exigência de negócios baseados em dados, para o desgosto dos líderes empresariais e gerentes em toda parte, tornou-se o mantra nos círculos corporativos e de investimento no mundo todo. Logo organizações se convenceram de que usar uma análise de dados significava o mesmo que coletar respostas. O raciocínio era o de que as respostas geradas eram perfeitas e prontas, e eram produzidas por meios bem além das meras capacidades humanas. Intuição e talento humano foram sumariamente retirados e dispensados como se fossem apenas suposições absurdas. Mas a realidade era e é bem diferente, pois o analytics tem limites, big data e projetos de IA têm altas taxas de fracasso, e os executivos costumam deixar seus instintos substituírem os resultados do algoritmo.

O medo da IA começou a aumentar quando as pessoas esperavam que as máquinas saíssem da ficção científica e dominassem o mundo real. Mas é bem diferente do que aconteceu até então.

A ideia de que a análise de dados estava de algum modo produzindo as respostas em um ritmo recorde abriu caminho para a ampla realização de que o que o analytics estava realmente produzindo eram insights. O ser humano ainda era necessário para entender melhor e talvez ter inspiração com esses insights e transformá-los em decisões e ações.

Acontece que as máquinas não são os novos mestres da raça humana, afinal. E não fornecem as respostas finais que o homem busca. Porém, é mais culpa dos humanos do que das máquinas. As pessoas estavam tão ocupadas respondendo às perguntas dos dados que se esqueceram de ver para onde ia o trabalho. Muitas vezes, as organizações se pegaram trabalhando em círculos ou resolvendo problemas que produziam nenhum benefício concreto para o questionador.

LEMBRE-SE

O que as organizações realmente buscam não é tanto uma resposta, mas um caminho para um destino específico. Neste capítulo, você descobrirá por que a distinção importa e como ela muda como você toma decisões.

Máquinas Cometem Erros, Humanos Também

As pessoas costumam acreditar que as máquinas são imparciais e mais perfeitas que o ser humano. A análise de dados, a automação e o aprendizado de máquina (referido como IA por profissionais de marketing de todo lugar) normalmente são apresentados como se as máquinas conseguissem separar os dados e chegar a uma conclusão perfeita e justa sozinhas.

Simplesmente não é verdade. São os humanos imperfeitos, não as máquinas perfeitas, que criam as tecnologias, definem as regras, planejam modelos e selecionam os dados de treinamento. Isso significa que o subconsciente ou a influência humana intencional podem entrar em cada etapa: regras, programação e modelos, seleção dos dados. Resumindo, a criação espelha o criador. As máquinas são influenciadas pelo homem que as constrói, portanto, com frequência cometem muitos dos mesmos erros que ele. Há exemplos numerosos e variados. Eles incluem preconceitos institucionais, como o (famoso) exemplo do uso contínuo de *redlining* (EUA), uma prática de discriminação no crédito bancário e outros serviços financeiros que faz uma linha vermelha imaginária em torno de uma minoria de bairros para que esses moradores não possam ter os empréstimos aprovados nem consigam obtê-los em condições justas.

Tais preconceitos na computação são insidiosos e não inteiramente novos. Por exemplo, um algoritmo de computador usado em 1988 para selecionar candidatos à faculdade de medicina para entrevistas de admissão discriminava mulheres e alunos com nomes não europeus. Do mesmo modo, a Amazon encerrou um algoritmo de recrutamento em 2018 que tinha preconceito contra mulheres.

A IA pode diminuir tais problemas ou piorá-los. Em qualquer caso, voltar para a tomada de decisão apenas com o ser humano obviamente não é a resposta.

LEMBRE-SE

Se você usa uma análise de dados tradicional, decisão inteligente ou uma combinação das duas, precisa tomar medidas para se proteger de preconceitos acidentais ou intencionais, erros e falhas de raciocínio. Veja algumas medidas importantes para assegurar a imparcialidade na tomada de decisão da máquina:

- **Seja proativo:** Use a IA especificamente para buscar e medir a discriminação e outras falhas de decisão conhecidas em todo o processo de tomada de decisão. Sim, é usar a IA para tornar outra IA e pessoas transparentes e responsáveis.
- **Reconheça o problema:** Use algoritmos para identificar padrões, gatilhos e ponteiros em ações, linguagem ou regras que levem à discriminação para se proteger dos precursores discriminatórios nos comportamentos da máquina e do ser humano.
- **Verifique os resultados:** A IA opera em um tipo de caixa-preta, em que o homem não consegue ver bem o que está fazendo. Contudo, a IA não pode explicar a si mesma nem suas ações também. Mas tudo bem, você ainda pode verificar e classificar seu trabalho de casa. Por exemplo, ao verificar a imparcialidade do recrutamento e da contratação baseadas em dados ou automáticas, procure ver se as saídas atendem aos padrões legais atuais, como a regra dos 80% (EUA), uma regra que estabelece que as empresas devem contratar grupos protegidos em uma taxa de, pelo menos, 80% de homens brancos.

DICA

Os desenvolvedores de software também devem fazer a *análise de impacto diferenciado*, ou seja, testar para saber se funções aparentemente neutras têm um efeito adverso em uma classe protegida legalmente, antes de qualquer algoritmo ser usado por alguém. Se seu software é de terceiros, peça para ver os resultados da análise e tenha uma explicação detalhada de como o produto funciona.

» **Faça cálculos.** A análise estatística existe há tempos. Você pode realizar um teste estatístico antigo e rotineiro para revelar disparidades que surgem de preconceitos não intencionais com base em gênero, raça, religião e outros fatores. Mas automatize o cálculo, em vez de fazê-lo manualmente, pois um processo automático se dimensiona melhor, agiliza os resultados e provavelmente é mais preciso.

DICA

Compare seus resultados com a realidade do ambiente. Contexto é tudo. Por exemplo, um baixo número de mulheres nos Escoteiros dos Estados Unidos não é um indicativo de preconceito contra mulheres, mas um sinal de um programa de diversidade e inclusão (D&I) emergente se arraigando. Por vezes, os resultados de calcular disparidades em certa situação são mais reveladores do ambiente do que de um preconceito em cena. Se esse for o caso, seja transparente quanto ao ambiente e como a análise do impacto diferenciado foi feita. Você também pode querer definir alertas para qualquer mudança nesse ambiente que garantiria uma nova análise do impacto diferenciado.

O Problema que a Matemática Cria

A matemática é o centro da data science, o que não é nenhuma surpresa, visto que ela está no centro de muitas áreas, inclusive música, programação de computadores e do Universo. Mas, embora a matemática possa ser a base de muitas coisas, ela não é totalidade de nada.

Para ser justo com a matemática, é prudente destacar que ela não é uma decisão também. A disciplina conhecida como análise da decisão define *decisão* como um ato irrevogável, ou seja, um investimento de esforço, tempo ou recursos deve ser totalmente confirmado e implementado antes de poder ser julgado tecnicamente como uma decisão. A matemática não confirma, o que dirá age. Ela calcula. Como tal, entrega um cálculo, não uma decisão. A decisão, meu caro, cabe a você, o adivinho do cálculo.

É preocupante, eu sei. É muito mais conveniente elogiar ou culpar a matemática pelas decisões baseadas em dados e, ao fazer isso, nos absolver de qualquer responsabilidade ou compromisso. Mas não, no máximo a matemática nos dá uma cobertura limitada para decisões ruins. Viu? Eu disse que a matemática causa problemas!

Limites das abordagens apenas com matemática

Pensando bem, a matemática não é muito estrategista. Se sua estratégia comercial envolve colocar todos os ovos na cesta da matemática, você arrisca o futuro de seu negócio em uma estratégia ingênua que muito provavelmente terá um desempenho ruim. É isso que normalmente acontece quando as estratégias dependem demais de valores quantitativos.

É bem verdade que os valores quantitativos têm alimentado (e continuam a alimentar) a colheita da opção fácil de big data, isto é, muitos algoritmos que foram usados até esse ponto têm valor e continuarão a ter valor no futuro, mas apenas em certas circunstâncias. Por exemplo, um algoritmo que prevê quando uma peça mecânica chegará ao fim de sua vida útil é um indicador confiável de quando essa peça deve ser substituída. Tais gatilhos de decisão, ou recomendações de decisão, se você prefere um termo diferente, continuarão a ser úteis. Dito isso, sem informações qualitativas adicionais para o equilíbrio e o contexto na tomada de decisão, a matemática pura tende a derrapar nas aplicações do mundo real.

Assim, o que poderia agir como medidas qualitativas na tomada de decisão? Na maior parte, são coisas que você associa às qualidades humanas, como comportamentos, respostas emocionais, talentos, instintos, inteligência intuitiva, experiência, interpretações culturais e criatividade. As pessoas costumam se referir a elas como *habilidades sociais*, mas Cassie Kozyrkov, do Google, acerta em cheio quando diz que é melhor pensar nessas habilidades como "as mais 'difíceis de automatizar'".

Sou muito a favor de cultivar habilidades sociais, como meus argumentos neste livro deixam claro. Mas não vou matar a mosca com uma bala de canhão. O que quero dizer aqui não é negar nem contradizer a utilidade da matemática em data science, na análise de dados ou nos processos de tomada de decisão. Você não pode simplesmente ignorar a matemática na decisão inteligente, nem deveria. A boa notícia é que grande parte da matemática de que você precisa já está predefinida em muitas das ferramentas analíticas mais úteis disponíveis, descomplicando muito e facilitando seu uso (explico melhor as ferramentas com a matemática automática mais adiante, no Capítulo 7). No momento, o importante é que a matemática sozinha não toma uma decisão.

LEMBRE-SE

A decisão inteligente acrescenta à data science; não diminui o valor das disciplinas associadas, das experiências, das ferramentas ou das lições aprendidas até então na tomada de decisão em escala. Pelo contrário, envolve repensar como e quando usar essas disciplinas, experiências, ferramentas e lições aprendidas até então no processo de tomada de decisão. Não se iluda, a matemática e os algoritmos continuam sendo uma base importante em muitas ferramentas. Porém, eles estão desacoplados do processo de tomada de decisão na interface do usuário e ficam em segundo plano na decisão inteligente emergente e em ferramentas afins.

DICA

Considere a decisão inteligente como a próxima etapa lógica e evolutiva na democratização e na interpretação dos dados.

Matemática certa para a pergunta errada

A matemática é a base da análise de dados em particular e da tomada de decisão em geral. Mas a matemática certa pode gerar a resposta certa para uma pergunta errada, não levando a nada bom para uma tomada de decisão sensata.

Como isso acontece? É resultado de erros de comunicação (em grande parte, mas nem sempre) e suposições erradas entre pessoas ou grupos. Tudo bem, o problema não tem nenhuma relação com a matemática. A matemática é certa e a resposta é certa, embora seja errada porque a pergunta foi errada para os resultados que as pessoas buscam.

Por exemplo, é muito comum que um cientista de dados ou um analista consulte dados baseados em uma pergunta feita por um gerente comercial ou executivo. Mas gerentes e executivos costumam fazer perguntas a partir de suposições que surgem de sua própria perspectiva (limitada), normalmente usando uma linguagem imprecisa. Cientistas de dados e analistas, por outro lado, pensam e falam em termos precisos e suposições estatísticas que são a norma em seus ofícios. Raramente os dois se encontram na mesma linha de pensamento.

DICA

Se quiser desenvolver uma avaliação em primeira mão do que penso sobre uma ótima divisão de dados, aprenda alguma linguagem de programação (se ainda não conhece uma). A primeira coisa a observar é como ela muda profundamente como você pensa, as suposições feitas, como aborda a lógica e as expectativas que você tem do desempenho da máquina.

A verdade é que as pessoas entram em padrões de pensamento e normalmente não conseguem imaginar que existem outros. Imagine uma boleira pedindo a um engenheiro de pontes para sair e retornar com algumas moscas da fruta [confeito]. Não importa se o que a boleira realmente deseja são criações comestíveis que se parecem com moscas-da-fruta para o pedido do bolo de aniversário do entomólogo; a boleira disse "moscas da fruta", que o engenheiro de pontes, com pensamento mais técnico, interpretou como as pequenas moscas-da-fruta que atormentam sua fruteira. O engenheiro de pontes pode trabalhar com afinco e por horas a fio para coletar as moscas-da-fruta [inseto] e entregá-las à boleira que, então, verá esse resultado como desastroso para os esforços de ambos e destruirá tudo. Resumindo, por isso muitas consultas de dados terminam entregando tão pouco em termos de valor de negócios.

Exemplos reais não tão fantasiosos são abundantes. Como jornalista de ciências e tecnologia, vejo publicações regularmente arruinadas pelo hábito de dar respostas para as perguntas erradas. Por exemplo, é comum que a mídia "analise os números" para ver quais artigos atraem mais a atenção do público, cliques, curtidas e compartilhamentos. Seja qual for o resultado, ele se torna a próxima lista de atribuições para a equipe e jornalistas freelancers. Parece um bom plano, certo? Bem, é, mas apenas até certo ponto.

Há um problema ao diminuir os retornos. Pense um pouco: quantas vezes o mesmo artigo pode ser escrito em variações diferentes antes que os leitores percam o interesse e as publicações paguem pelos artigos que os leitores não lerão? Esses artigos destinados ao fracasso também impactam outras métricas, inclusive as que os anunciantes consideram antes de comprar os anúncios ou o conteúdo patrocinado com a publicação.

Em resposta, as publicações analisam os números de novo para saber quais artigos são tendência agora para repetir o ciclo até novamente terminar diminuindo os retornos, tudo por causa de uma pergunta errada e, pior, uma pergunta errada repetida infinitamente.

A pergunta certa seria uma que colocaria a publicação na posição de liderança dos artigos em alta, em vez de seguir o líder na metade ou no final das tendências em movimento. Quando uma publicação consegue descobrir "o que os leitores querem ler", em vez de apenas buscar "o que os leitores leem agora", ela passa para a posição alta na pirâmide competitiva. E mais, tem uma chance real de comandar mais (e mais alto) investimento em publicidade, assim como um maior respeito da indústria e fidelidade da marca.

Nesse exemplo, seria possível usar a pergunta errada como uma pergunta complementar ou uma entrada no algoritmo, dando suporte à pergunta certa: "O que os leitores querem ler?" Mas, no fundo, essa fórmula falha também porque a resposta está baseada na pergunta, não no destino. Como assim? Bem, considere que eu faço a mesma consulta e a resposta seja a de que os leitores não querem ler sobre assuntos relacionados a tecnologia ou ciências sobre os quais eu escrevo; eles querem ler sobre o reality show mais recente. É simplesmente uma saída, uma resposta, que não posso usar, nem uma publicação de ciências ou tecno. As revistas que focam programas de entretenimento na TV dariam a essa resposta um encolher de ombros coletivo, como em: "Fale algo de que já não saibamos." Não é tão útil como insight para o trabalho e os custos envolvidos no gênero.

Exemplos das respostas certas para esse cenário podem incluir:

» Quais descrições aparecem com mais frequência nos tópicos dos artigos mais lidos no último ano e como se correlacionam com o número de curtidas e compartilhamentos nos artigos dessa publicação nas redes sociais? (O que busco aqui são gatilhos do leitor e temas de interesses recorrentes.)

» Quais são os dez memes mais compartilhados ou postagens em redes sociais na área demográfica do meu público e como se correlacionam com as notícias atuais ou as novidades em ciências ou tecnologia? (O que busco aqui são interesses emergentes ou sustentados que posso aproveitar como cultura popular ou ângulos de grande interesse para os artigos.)

» Quanto o estilo do escritor e a escolha de palavras variou entre os artigos de melhor desempenho (em termos de chamar a atenção, cliques ou compartilhamentos em redes sociais e curtidas) e onde estão os pontos comuns. (Busco os tipos de narrativa que os leitores preferem para conseguir mudar as diretrizes do escritor e melhorar a leitura dos artigos nos fóruns.)

» Qual é o impacto das palavras-chave SEO nos leitores dos artigos? (Aqui, busco ver se incorporar palavras-chave SEO no texto e na manchete realmente ajudou ou prejudicou o público leitor e até que ponto, portanto, posso ajustar como as histórias são escritas.)

» Qual é o padrão geral em todos os artigos de melhor desempenho nos últimos seis meses? (Aqui busco ver a quais características os leitores podem responder, mesmo que de modo inconsciente.)

» Quais são os artigos de melhor desempenho de meus concorrentes segundo os números de leitores e compartilhamentos em redes sociais, e quais são os pontos comuns? (Aqui busco ver se os padrões de meus leitores correspondem aos meus concorrentes e onde eles divergem para que eu possa considerar opções para os assuntos com base nos padrões que minha publicação pode não ter considerado antes.)

Agora é a sua vez. O que você acha que as perguntas certas fariam para uma publicação aumentar seus leitores assumindo a iniciativa, em vez de seguir a multidão?

Na decisão inteligente, primeiro você decide aonde ir ou o que deseja conseguir, então descobre de quais ferramentas, consultas, dados e outros recursos precisa para chegar lá. Pense nisso como marcar um destino e mapear o curso para chegar lá antes de fazer a viagem ou tomar uma ação, ou seja, a decisão inteligente pede para você reagrupar seus processos de decisão para que eles foquem objetivos específicos, não formulem consultas que podem gerar pouca consequência comercial.

LEMBRE-SE

O problema não está na matemática nem nas consultas de dados. Pelo contrário, as organizações têm problemas porque lhes falta uma clara definição do resultado comercial desejado, resultando em falta de direção no início do processo de tomada de decisão.

DICA

Deixe o resultado comercial buscado definir as consultas que você faz dos dados para assegurar que suas decisões o levem aonde você quer estar.

Por que cientistas de dados e estatísticos costumam ser maus formuladores de pergunta

Não faz muito tempo, um cientista de dados era o trabalho mais popular no mercado. Todos buscavam esses gurus de dados para revelar o valor dos dados e ajudar a alavancar as empresas. E os cientistas de dados entregavam o que lhes foi solicitado. Infelizmente, muitos projetos ainda falhavam porque o que eles entregavam não correspondia às expectativas, embora tenha sido exatamente como pedido. As organizações eram e são famosas por não terem um plano comercial para essas iniciativas desde o início e por não serem precisas no que pedem que os cientistas de dados façam.

Resumindo, em geral, os cientistas de dados não falham. Expectativas mal definidas e a falta de planejamento comercial tornaram o trabalho deles irrelevante. Mas isso não significa que o trabalho dos cientistas seja sempre perfeito.

No início, os cientistas de dados tinham liberdade, pois ninguém mais nos negócios poderia envolver a mente nesse tsunami de big data. Eles experimentavam novas ferramentas de big data para explorar as possibilidades e instruir seus negócios sobre como pode ser útil uma análise de dados. Então incluíram projetos para responder às perguntas mais frequentes dos analistas de negócios e usuários comerciais. Eles criaram painéis e visualizações, automatizaram, programaram lançamentos regulares de insights atualizados e, por fim, defenderam soluções de business intelligence de autoatendimento para dar alguma autonomia aos usuários (dentro de limites estruturados com cuidado, claro).

Mas, à medida que esse trabalho avançava, em geral, a lacuna ficava maior entre cientistas/analistas de dados e gerentes/executivos corporativos. Isso acontece quando os cientistas de dados entendem pouco do negócio e quando os líderes comerciais entendem pouco de data science.

Com o amadurecimento do setor da análise de dados, os negócios descobriram que têm pouco apetite ou orçamento para projetos de dados que carecem da produção de valor de negócios. A definição de uma *empresa orientada a dados* também mudou; agora significa que os dados saíram do banco do motorista e estão no lugar do carona. Os dados fazem crescer, não são usurpadores.

Em geral, os cientistas de dados são construtores, e os estatísticos são basicamente montadores e interpretadores de dados. Os cientistas de dados e os estatísticos ainda podem construir, montar e interpretar, mas o problema é que agora quase todos têm acesso a muitas ferramentas de dados — ferramentas de visualização e modelos, armazenamentos de modelo, algoritmos compartilhados, ferramentas especializadas, IA pronta etc.—, para fazer essas coisas de um modo mais descentralizado.

E mais, muitas das consultas que cientistas de dados e estatísticos proporiam para solicitar dados agora vêm predefinidas em ferramentas de business intelligence (BI) modernas e de autoatendimento, completas, com narrativas geradas por IA no caso de o usuário ter problemas para interpretar a visualização corretamente.

Se você está em uma dessas profissões, tudo bem. Ainda há muito trabalho para cientistas de dados e estatísticos fazerem. Mas significa que a demanda por novos talentos está aumentando. Parafraseando Cassie Kozyrkov, cientista-chefe de decisão do Google, se você pensasse em cientistas de dados como fabricantes de micro-ondas, perceberia que o mundo não precisa mais de micro-ondas; agora ele precisa é de melhores chefs que usam micro-ondas.

LEMBRE-SE

Em geral, os cientistas de dados são criadores de ferramentas e modelos, já os estatísticos são organizadores de dados e interpretadores. Nenhum é tomador de decisão comercial. Isso não é uma crítica à profissão, mas uma delimitação clara dos cargos. Não é muito justo culpar um profissional por projetos fracassados se nunca houve um plano comercial para usar o trabalho deles.

DICA

É hora de focar a ciência e a parte da tomada de decisão. A decisão inteligente é sobre aproveitar as habilidades técnicas e sociais.

Identificando Padrões sem Ver o Contexto Geral

As análises de dados, sobretudo as alimentadas por IA, são incrivelmente boas ao detectar padrões em dados. Elas não só encontram padrões em megaconjuntos de dados, grandes demais para o ser humano classificar, como também encontram padrões em conjuntos maiores ou menores que as pessoas não sabiam buscar. É quase um milagre como a análise de dados funciona bem, se você pensar um pouco.

Encontrar padrões não é fácil. Segundo consultores globais, um relatório da McKinsey & Company, os modelos de aprendizado de máquina excederam a maioria das profissões médicas em diagnóstico e previsão do início da doença. Por exemplo, o aprendizado de máquina superou um conselho de dermatologistas certificados ao identificar melanoma e superou oncologistas ao prever com precisão câncer usando técnicas radiômicas e outras de aprendizado de máquina. Vários outros relatórios de analistas do setor detalham um conjunto espetacular de salvamentos bem-sucedidos com as descobertas de padrões da máquina.

Alguns êxitos com o sucesso comprovado das recentes vacinas mRNA para COVID-19, e estamos no caminho certo para avanços significativos em várias curas e vacinas para doenças. E grande parte do segredo se baseia nos padrões encontrados nos dados. Contudo, estou aqui para dizer que, embora tenhamos muito para aplaudir, também é prudente perceber que é perfeitamente possível que alguém identifique os padrões corretos e ainda possa não ver o contexto geral.

É hora de analisar como isso acontece para entender, nos próximos capítulos, como a decisão inteligente ajuda a evitar esses e outros problemas parecidos no processo de tomada de decisão.

Todos os helicópteros estão quebrados

O problema com os conjuntos de dados é que, não importa o tamanho, algo sempre está faltando. É porque não há uma singularidade de dados única e inclusiva, nenhuma fonte de dados contém todas as informações conhecidas, por assim dizer. Existe apenas uma coleção de dados confusa espalhada aqui, ali e acolá. Por sua natureza, qualquer conjunto de dados está incompleto.

Acontece que as pessoas analisam dados incompletos porque bom o suficiente quase sempre é melhor do que a perfeição, simplesmente porque a perfeição não existe. Mesmo que houvesse uma singularidade de dados, certamente ainda faltariam dados na pilha. Parece não haver tal coisa como um verdadeiro sabe-tudo em forma humana ou digital.

Isso significa que os cientistas de dados e outros profissionais de dados devem fazer suposições, inferir, aumentar e reformular para alcançar uma saída razoável na análise final. Não há nada de errado com isso. A própria mente humana funciona assim. Por exemplo, se seus olhos não pegam todos os detalhes em uma cena, seu cérebro acessa seus bancos de conhecimento e memórias para preencher as lacunas para que você interprete melhor o que viu. Esse método funciona bem ao ajudar a selecionar uma ação de escape imediata em uma emergência, mas é um fracasso quando é para as recordações de testemunhas oculares em depoimentos.

LEMBRE-SE

Por vezes, as pessoas veem muitos lugares onde os dados estão incompletos e os aumentam de acordo, mas os outros modos como os dados estão incompletos passam despercebidos, pois, mais uma vez, o cérebro preenche a imagem do que deveria existir, mas que muitas vezes não existe.

Para frisar bem esse ponto, considere os problemas associados à análise dos dados na esperança de descobrir o que causa acidentes de helicóptero. Os dados desses acidentes no mundo todo e ao longo do tempo são coletados com cuidado para uma análise. Até esse ponto, tudo bem, certo? Sim, até o momento em que a máquina nos informa que todos os helicópteros estão quebrados, o que não é verdade, claro.

Mas a máquina pensa que é verdade porque os únicos dados que ela viu foram de acidentes de helicóptero. Para analisar com precisão por que os helicópteros caem, o analytics e a IA precisam ver dados de helicópteros que não caem. Nesse conjunto de dados estarão os helicópteros que deveriam ter caído, mas não caíram e os que quase caíram, mas não deveriam ter caído, assim como os helicópteros que funcionavam corretamente em vários voos e em condições variadas. Agora há uma visão melhor dos acidentes de helicóptero e a máquina finalmente aprende que, não, os helicópteros não caem porque todos eles estão quebrados. Foi necessário um ser humano para perceber esse fato em primeiro lugar.

LEMBRE-SE

A decisão inteligente adiciona mais disciplinas e metodologias ao processo de tomada de decisão para ir além (e se proteger) das conclusões falhas e interpretações erradas das saídas para levar a organização ao seu resultado desejado.

MIA: Partes de dados essenciais, mas difíceis de obter na realidade

Em um workshop da Microsoft em 2019, jornalistas de tecnologia e analistas do setor receberam poderes de uma experiência prática na programação de chatbots de IA e uma visualização das futuras tecnologias relacionadas a dados da Microsoft, inclusive IA, computação quântica e bioinformática. Um tópico abordado era a necessidade de dados sintéticos, embora, se me lembro corretamente, a Microsoft deu outro nome na época. (Dados virtuais? Dados aumentados?)

Não importa como as pessoas chamaram, você pode perguntar por que alguém precisaria usar dados criados artificialmente, dado o crescimento exponencial dos dados no mundo real. A International Data Corporation, a principal empresa de inteligência de mercado global, reportou que os dados do mundo real que deveriam ser criados nos próximos anos de 2020 a 2023 estavam crescendo em uma taxa que ultrapassaria a quantidade de dados criados nos últimos trinta anos. Os analistas também dizem que o mundo criará mais de três vezes os dados nos próximos cinco anos do que criou nos cinco anos anteriores. Statista, outro líder global em dados do mercado e do consumidor, determina que o crescimento dos dados será superior a 181 zetabytes em 2025.

Não me importo com o tamanho de seu data center, que é uma quantidade assustadora! Por que você precisará criar dados artificiais além dos que já tem? Bem, tudo se resume ao fato de que os conjuntos de dados são, por natureza, incompletos. E mais, alguns dados reais são extremamente difíceis, impossíveis ou perigosos demais para capturar.

LEMBRE-SE

Os dados sintéticos aumentados e virtuais não são iguais aos dados totalmente fictícios e falsos aqui, embora dados falsos ou manipulados possam ser injetados em conjuntos de dados reais e sintéticos (são problemas para a cibersegurança e validadores de dados abordarem). Aqui estou falando sobre criar dados que você não consegue obter com facilidade, segurança ou de forma acessível por outros meios. Por exemplo, você pode considerar que obter dados da velocidade do vento a partir das pás de uma turbina eólica, como mostradas na Figura 3-1, seria uma simples questão de pegar as leituras de um sensor nas pás. Mas o que você faz se os sensores falham?

FIGURA 3-1: *Com que rapidez* isso gira?

Não é possível enviar com segurança um técnico para substituir o sensor no meio da fazenda comercial de turbinas eólicas, onde o vento que sai das pás das numerosas turbinas de alta potência pode ter a força de um furacão. Porém, é possível inferir as leituras dos dados com base nos dados do sensor anteriores relativos aos dados da turbina vizinha nas condições climáticas atuais, preenchendo os dados que faltam com valores inferidos a partir das métricas anteriores e/ou medidas dos dispositivos vizinhos. Por exemplo, alguém pode inferir sem realmente medir de novo, uma vez que uma estrutura específica com 1,80m de altura ontem não tem a capacidade de crescer, ainda tendo 1,80m hoje. Uma inferência melhor também notaria que a estrutura não tombou ou afundou no solo.

Porém, você também pode criar conjuntos de dados sintéticos com base em leis da física conhecidas, especificidades das turbinas eólicas e outros fatores para criar uma simulação resultante em dados sintéticos que podem ser coletados e usados com segurança na tomada de decisão. A maioria dos dados sintéticos, mas nem todos, é criada por simulações.

Outro exemplo seriam os dados de reconhecimento facial. Muitos países regulam quantos dados faciais (se existem) podem ser obtidos e usados sem um prévio consentimento da pessoa. Isso pode limitar muito a quantidade de dados faciais disponíveis sobre os quais treinar os modelos do aprendizado de máquina de reconhecimento facial. Para resolver a falta de dados, as empresas recorrem às faces de pessoas geradas por IA, que realmente não existem. Os dados de rostos falsos também ajudam o aprendizado de máquina a saber como determinar quais rostos são reais ou não. A distinção pode ser útil em muitos projetos, inclusive ao detectar vídeos deepfake.

LEMBRE-SE

Na decisão inteligente, as considerações de dados não são a grande prioridade. Foque o resultado que deseja, então determine as ferramentas e os dados necessários para chegar lá. Com um mapa em mãos, fica mais fácil determinar se os dados necessários estão disponíveis ou precisam ser obtidos.

Avaliando uma decisão tomada por pessoas versus máquinas

Muitas vezes, os líderes comerciais formulam uma visão para sua empresa ou projeto em particular. Essa prática não é uma tentativa de prever o futuro, mas visa um futuro específico. A pessoa vai em direção a um futuro que ela acredita ser lucrativo ou vantajoso para a empresa, então *visão* é uma decisão com finalidade.

Como você forma uma visão comercial? Desenvolver uma visão alcançável requer habilidades criativas e dedutivas. Um líder comercial deve conseguir imaginar possibilidades, reconhecer oportunidades, deduzir seu valor e a probabilidade de sucesso, e modelar ideias novas ou criativas, ou seja, uma visão.

Resumindo, a visão de um líder é em parte imaginação e em parte informação com uma pitada de matemática. A visão comercial é um talento baseado no reconhecimento de padrões e na capacidade de ver conexões entre os itens não relacionados até então ou partes da informação.

Como a análise de dados e o aprendizado de máquina são particularmente hábeis em descobrir padrões e relações de dados, por que não são bons em identificar novas visões comerciais? Parte da resposta é encontrada no livro *The Art of Scientific Investigation* (sem publicação no Brasil), de W.I.B. Beveridge, em que o autor explora o lado intuitivo dos cientistas e fala sobre a originalidade como "normalmente consistindo em vincular ideias cuja conexão não foi imaginada antes". O interessante é que o livro foi publicado originalmente em 1950 por W.W. Norton & Company Inc.

Outros grandes visionários explicam o papel da imaginação expressada em qualquer forma, como arte, ciência ou negócio, em termos parecidos. Por exemplo, o lendário designer gráfico Paul Rand disse que o papel da imaginação "é criar novos significados e descobrir conexões que, mesmo sendo óbvias, parecem escapar da detecção".

LEMBRE-SE

A imaginação é um elemento crítico ao criar visões comerciais e tomar outras decisões. É uma habilidade que as máquinas não têm.

E as habilidades lógicas, matemáticas e outras técnicas nas quais as máquinas se superam? Elas não têm a maior importância e valor ao tomar uma decisão, em particular nas empresas orientadas a dados? É verdade que as máquinas superam as habilidades humanas nesse sentido. As máquinas podem fazer cálculos mais rápido e, em geral, sem erros, mas o homem pode fazer isso sem mesmo pensar conscientemente.

O cérebro humano executa uma parte importante desse trabalho em segundo plano, levando a um momento "Eureca!" aparentemente do nada em um momento de inspiração. Isso se chama inteligência intuitiva, ou seja, a capacidade de usar o subconsciente para tomar decisões mais rápidas e integradas.

Embora homem e máquina tenham prós e contras na tomada de decisão, aproveitar os pontos fortes de cada um leva a decisões que entregam um melhor valor com consistência para a organização. Por isso, desconsiderar ou descontar o instinto humano, intuição, experiência e talento é um erro grave, assim como aumentar demais o valor dos dados e das máquinas pode facilmente levar você ao caminho errado. A decisão inteligente, agindo como uma abordagem multidisciplinar para criar equilíbrio entre pessoa e máquina, está em uma posição de entregar decisões direcionadas para resultados comerciais predeterminados que fazem a organização seguir em frente.

NESTE CAPÍTULO

» **Colocando o resultado na frente dos dados**

» **Usando o V invertido para controlar o melhor caminho para o resultado preferido**

» **Vendo por que (e quando) a abordagem importa**

» **Analisando pontos de falha comuns**

Capítulo **4**

Abordagem do V Invertido

Tradicionalmente, a tomada de decisão feita por máquina ou assistida por máquina sempre foi *linear* — ela se move sucessivamente da preparação dos dados e seleção até as entradas do algoritmo e, por fim, a uma saída. Em geral, a saída é um insight ou uma recomendação.

Por vezes, a saída é integrada com uma ação automática. Um exemplo é um carro autônomo que, na direção da saída de sua análise no painel, faz uma conversão à esquerda para desviar de um acidente na estrada.

Por vezes, uma linha reta não é o único caminho para chegar a uma decisão. Pode haver várias opções. Curiosamente, se você não refaz seus passos, mas representa um caminho inverso a partir de sua decisão até o ponto de partida, com frequência escolherá uma rota diferente da que tomou inicialmente para chegar na decisão. Você pode ter notado um efeito parecido nas instruções do GPS no carro quando ele o direciona para casa por uma rota diferente do que foi instruído para chegar em seu destino. Observe que o GPS escolheu o caminho otimizado nas duas vezes, mas mesmo que ambos os pontos permaneçam fixos, os resultados não são a mesma rota. Quando os dois caminhos se juntam no Ponto B (o destino original a partir de seu ponto de partida inicial), um V invertido geralmente é formado. Isso é conhecido como *caminho do V invertido*.

Neste capítulo, você descobre por que adotar uma abordagem de V invertido na tomada de decisão pode assegurar que esteja usando os melhores métodos e seguindo o melhor caminho para chegar aonde deseja estar. Normalmente você fica surpreso ao descobrir que o caminho para subir a montanha não o leva de volta ao ponto onde iniciou na base. E mais, usar ferramentas mais sofisticadas para chegar lá ou retornar pode acabar desviando você do caminho.

Encontrar seu caminho para a melhor decisão para o resultado desejado pode ser complicado. Este capítulo mostra como determinar o melhor caminho e manter o curso.

Colocar os Dados Primeiro É o Movimento Errado

Quando o Hadoop e outras ferramentas big data entraram em cena, na metade dos anos 2000, a missão imediata era conhecer o desconhecido e aprender o que não foi aprendido. As organizações procuravam obter valor comercial primeiro minerando os armazenamentos de dados existentes. Essa tarefa rapidamente evoluiu para importar dados a partir de fontes extras e, por fim, adicionar streaming de dados em tempo real à mistura.

Para resumir, era tudo dado, o tempo todo. O apetite por dados parecia insaciável e o fornecimento deles, interminável.

Muitos desses projetos de análise de dados foram bem-sucedidos, mas muitos também produziram resultados com pouco ou nenhum valor comercial. Afinal, as pescarias adicionam valor apenas se o peixe é pego e a barriga está cheia. Apenas jogar a isca não gera sucesso. Nem puxar o peixe. Um estômago cheio é a real medida do sucesso.

Isso não significa que todas as análises tradicionais são basicamente pescarias. Certamente não são. Contudo, até os muitos resultados considerados bem-sucedidos e com valor comercial pecam no objetivo final. A decisão inteligente é uma estrutura designada a focar os processos de tomada de decisão quase exclusivamente ao realizar o objetivo final.

Volte à minha analogia original de pescaria (admito, é imperfeita). Pense em todos os dados aos quais sua empresa tem acesso ou agora possui. A análise de dados pode tirar um peixe desse lago de dados (data lake) (sim, as pessoas chamam tais armazenados de dados de "data lakes"), mas o peixe pode ser venenoso, ter um sabor ruim ou ser pequeno demais para uma boa refeição, ou resultar em multa da guarda-florestal, dependendo das regulamentações atuais. Nessa analogia, você foi bem-sucedido porque ficou com um peixe. Mas claramente também fracassou, por que o peixe, por qualquer motivo, não era comestível. Se você não pode comê-lo, ainda tem fome. É um projeto que fracassou.

Por outro lado, se você primeiro decidisse que deseja satisfazer sua fome com peixe fresco, então escolheu vara, equipamento, isca e um local favorável para pegar o peixe que sabe ser comestível e dentro da lei, e provavelmente você acabará com a barriga cheia em breve, sem multas por fazer isso.

Começando não com uma pergunta (quantos peixes existem no lago?), mas com o resultado desejado (fome saciada por peixe comestível), é possível determinar com facilidade de quais etapas e informações você precisa para atingir seu objetivo. As decisões tomadas no percurso são lógicas e objetivas, e a ação final, previsível, mensurável e valiosa.

Se tivesse começado a pescar de forma aleatória no lago para ver o que encontra no fundo, poderia encontrar itens de interesse (peixe comestível, não comestível, bicicletas, pneus velhos), mas minha suposição é a de que você possivelmente continuará com fome enquanto realiza essa pesquisa ineficiente. É muito esforço perdido e recursos para pouco ganho real.

Abordar a análise de dados colocando os dados em primeiro lugar tende a apresentar os mesmos problemas. Encontrar muitos petiscos interessantes nos dados pode ser interessante, mas você precisa reconhecer que tais resultados não são particularmente úteis e não indicam um investimento inteligente em particular em termos de tempo e dinheiro.

LEMBRE-SE

A decisão inteligente move os dados de um papel de estrela para um papel de apoio. O resultado desejado determina quais dados, ferramentas e capacidades de análise são necessários.

O que é uma decisão, afinal?

Está na hora de começarmos a andar, o que nesse contexto significa propor uma definição precisa da palavra *decisão*. *Decisão* é um ato de escolha entre uma ou mais opções. Um cálculo ou uma determinação leva à decisão (o ato).

Definir a tomada de decisão é um pouco mais difícil. Disciplinas diferentes definem o processo de vários modos. Mesmo assim, não importa quem ou o que toma a decisão, o tomador de decisão para as finalidades dessa análise sempre é uma pessoa. Por isso um tomador de decisão normalmente é o responsável pelo ato. As máquinas não têm tal responsabilidade.

Por exemplo, se uma pessoa dirige um carro entre uma multidão de manifestantes, o motorista é responsável pelo ato (decisão). Porém, se um carro autônomo dirige para uma multidão e mata pessoas, ele não é responsável pelo ato, mesmo que a decisão (o ato) tenha sido executada pela automação integrada do carro. O juiz teria que esclarecer quais pessoas são responsáveis pelas ações do carro, mas em nenhum caso o juiz culpará o carro.

LEMBRE-SE

Tomar decisão é um processo, sendo ele usado por uma pessoa, uma máquina ou ambos. A *decisão inteligente* é uma abordagem multidisciplinar envolvendo métodos quantitativos e qualitativos para começar no final, ou seja, começa com uma ação desejada e trabalha de trás para a frente ao formar um processo de tomada de decisão.

LEMBRE-SE

Quanto à inteligência da decisão, o objetivo não é uma decisão (um ato), mas um resultado específico a partir desse ato. Por exemplo, pegar, limpar e cozinhar um peixe não podem ser considerados o resultado final bem-sucedido de uma viagem de pesca. O sucesso se encontra em um resultado específico, nesse caso, o estômago cheio. Comece com o resultado, o impacto, que você deseja e trabalhe de trás para a frente para determinar de quais membros da equipe você precisa, quais funções eles devem desempenhar e de quais conjuntos de dados e capacidades de análise de dados você precisa para que isso aconteça.

Vários caminhos levam a Roma

Como diz o velho ditado, "Se você não sabe para onde ir, qualquer caminho serve". A solução, claro, é escolher um destino específico para que possa pegar a estrada certa de acordo e assegurar sua chegada aonde deseja estar. A decisão inteligente ajuda a alcançar esse objetivo mantendo a tomada de decisão focada e nos trilhos, insistindo que as definições tomadas forneçam valor comercial e a empresa avance para onde deseja estar.

É óbvio que não é apenas o caminho que influencia se você chega. Muito parecido com quando viaja, é preciso determinar vários outros fatores também, como qual modo de transporte tomará, custos e logística envolvidos. Você também precisa decidir qual bagagem levar, quais peças de roupa pegar e como se deslocar depois que chegar.

A decisão inteligente como metodologia funciona quase que igual: depois de determinar o estágio comercial específico ou o impacto visado, você monta os elementos de que precisa para que isso aconteça. Para fazer tal lista, o primeiro passo é determinar o essencial. Antes de tudo, você precisa de fatos. Boas decisões se baseiam em fatos.

Se todos os fatos de que você precisa estão disponíveis de imediato, não é preciso de dados para tomar uma decisão com um impacto favorável. Mas se apenas *alguns* fatos necessários estão disponíveis, é preciso encontrar o que falta (se puder). Muito provavelmente, você encontra esses fatos nos dados, mas por vezes um mecanismo de busca, como o Google, um especialista humano no assunto (SME) ou alguém na empresa com conhecimento institucional pode passar as informações que faltam, e você ainda não precisará dos dados. Na verdade, perguntar a alguém que saiba em primeiro lugar, antes de solicitar dados, geralmente acaba sendo um modo útil de economizar tempo e custos no exercício. Claro, a pessoa a quem você pergunta deve ser experiente e confiável, mas o ponto aqui é obter os fatos do modo mais eficiente.

Mas se você acha que *realmente* precisa de dados para encontrar os fatos que faltam, agora terá limitado a lista aos conjuntos de dados para analisar e provavelmente terá uma boa ideia de onde pode encontrá-los.

LEMBRE-SE

Nem todos os fatos são permanentes, assim como nem todos os pontos de referência, estradas, pontes ou limites de velocidade em uma viagem são duradouros. Você pode precisar fazer a mesma análise nos dados atualizados periodicamente para detectar uma alteração nos fatos. Por exemplo, a informação sobre as vendas do mês passado pode ser "casacos azuis são as melhores vendas", mas este mês os dados de vendas mostram que "ninguém compra casacos de nenhuma cor".

DICA

Se você busca atualizar os fatos com a ajuda de sensores na Internet das Coisas (IoT), procure por dados que mudam (pontos de dados que diferem dos vários pontos de dados idênticos antes dessa mudança no valor ser detectada), em vez de desperdiçar recursos analisando o conjunto inteiro de pontos de dados, muitos simplesmente sendo informações repetidas.

Assim que conhecer os fatos de que precisa e onde provavelmente os encontra, é bem simples determinar de quais capacidades analíticas e outras opções de ferramenta você precisa também.

DICA

Ao definir seu impacto de negócio desejado, verifique se não é amplo ou geral demais. Mantenha-o limitado para que tenha uma imagem clara da direção na qual deve dirigir toda ação. Não passeie nem divague em seus esforços. Escolha um resultado comercial e dê cada passo no processo em direção a ele!

É bom repensar ao tomar decisões em grande escala

Quando o Hadoop chegou e a mania big data ficou séria, as empresas recorreram aos cientistas de dados para entender a tecnologia e os arsenais realmente impressionantes de dados que cada empresa tinha. Grande parte do processo era confusa e complexa na mente dos principais tomadores de decisão. Resultado: os líderes comerciais optaram por encarregar os cientistas de dados por estruturar as questões centrais para a sobrevivência de seus negócios.

Os cientistas de dados decidiam o que fazer, como e até que ponto ajustar a escala. Os analistas de dados serviam como mecanismos de busca humanos, classificando os dados para encontrar qualquer tendência contida no período. As saídas eram enviadas para os líderes comerciais, em geral no período da noite, quando a banda larga estava mais disponível. Os líderes comerciais tomavam decisões com base nas saídas que eles consideravam valiosas e oportunas o suficiente.

Resumindo, a análise de dados foi centralizada.

Desde então, vários desenvolvimentos importantes evoluíram em relação a como a análise de dados era feita. A digitalização dos dados se tornou o novo grito de guerra, a automação ligada à análise foi apresentada como a nova regra, e a IA predefinida se tornou uma expectativa comum.

LEMBRE-SE

A IA nesse contexto não é algo de filmes de ficção científica ou aspirações científicas. *IA* é um termo incorreto porque, em termos de software moderno, se refere ao aprendizado de máquina (ML). Todos a chamam de IA em um esforço de simplificar um conceito complexo na mente dos usuários e dos consumidores comerciais. Afinal, quem assiste TV e filmes tem uma ideia do que é IA (apesar de normalmente ser uma ideia errada), ao passo que a pessoa comum na rua nunca ouviu falar sobre aprendizado de máquina. ("Espere aí! É quando você usa um tablet na sala de aula?", "Hmm, não é isso. Vamos chamar de IA e seguir em frente!")

Entretanto, a própria data science estava ficando mais automática, e a IA, cada vez mais ocupando funções maiores. Os cientistas de dados começaram a dividir sua atenção entre a) os modelos de IA e treinamento e b) a data science. Os grandes marketplaces, como o marketplace AWS da Amazon de modelos de IA, Public Data do Google para conjuntos de dados públicos e visualizações, e Figshare, em que pesquisadores acadêmicos compartilham os resultados de suas pesquisas, começaram a ter um pouco de folga. Cada um dos marketplaces disponíveis está repleto de painéis compartilhados, visualizações de dados, templates, modelos ou algoritmos que facilitaram o uso de dados para pessoas não iniciantes. Quanto às próprias ferramentas, muitas começaram a se fundir conforme amadureciam, sendo o que aconteceu com a IA, as ferramentas de data science e o software de business intelligence (BI).

Em suma, a data science como disciplina foi empurrada para segundo plano, e os cientistas de dados foram dissociados continuamente da liderança quando as ferramentas ficaram mais automatizadas e amistosas. Os negócios buscaram alavancar essas ferramentas para democratizar os dados, descentralizando-os para que quase todo cargo tivesse acesso a eles de certa forma. Porém, tais ferramentas acabaram não sendo uma solução mágica, pois os dados continuam a crescer, ficando ainda mais difíceis e chatos para os usuários e aumentando os custos nas empresas. Os ganhos atribuídos à revolução dos dados, que costumavam ser grandes, estão descendo pelo ralo, porque o trabalho não está alinhado o suficiente com as metas comerciais ou porque os problemas futuros estão ficando mais complexos.

LEMBRE-SE

A experimentação da análise de dados e o armazenamento de dados não estão mais na moda. A tolerância a deficiências nos resultados está diminuindo, e o cálice sagrado do uso de dados para orientar a empresa — desde refazer o modelo comercial, reformular para ser um disruptor nos negócios (ou frustrar os ditos disruptores), encontrar e fornecer a melhor experiência do usuário até outros esforços complexos, mas altamente lucrativos — ainda não foi totalmente percebido. Todas essas circunstâncias se combinaram para criar a necessidade de um grande repensar em relação a como se deve tomar decisões comerciais em escala, ou seja, otimizar como usar o processo de tomada de decisão para lidar com as grandes decisões nas altas funções corporativas (C-suite) e as pequenas decisões nas mãos dos usuários comerciais.

Esse repensar resultou em uma abordagem multidisciplinar designada a colocar você na posição de tomar decisões com precisão, rapidez e eficiência usando meios adequados para formar uma análise aumentada com agilidade e flexibilidade sem precedentes. Claro, essa abordagem é a decisão inteligente.

Aplicando o V Invertido: O Caminho para o Resultado e o Retorno

Decisão inteligente é repensar, não refazer uma tomada de decisão orientada a dados. Não é descartar tudo e começar do zero; você está simplesmente repensando como trabalhará e como usará os dados e as ferramentas associadas. Parte da reinvenção envolve adotar a abordagem da decisão inteligente, uma que informa que você deve começar no final e trabalhar de trás para a frente. Em outras palavras, você precisa definir claramente o impacto de negócio que busca, focar a decisão que o entregará, e então trabalhar de trás para a frente até o começo. A ideia aqui é descobrir quais etapas o levarão à decisão exata definida e ao resultado comercial buscado.

LEMBRE-SE

Não fique mal se por vezes se perde enquanto tenta trabalhar de trás para a frente em um caminho que ainda não existe. Muitas pessoas se perdem quando começam a usar esse método.

Um modo de pensar sobre como essa abordagem funciona é usar um V invertido para rastrear o caminho, e então retornar. É o primeiro segmento do V invertido, o segmento que inicia na parte inferior e sobe até o resultado ou a decisão (veja a Figura 4-1).

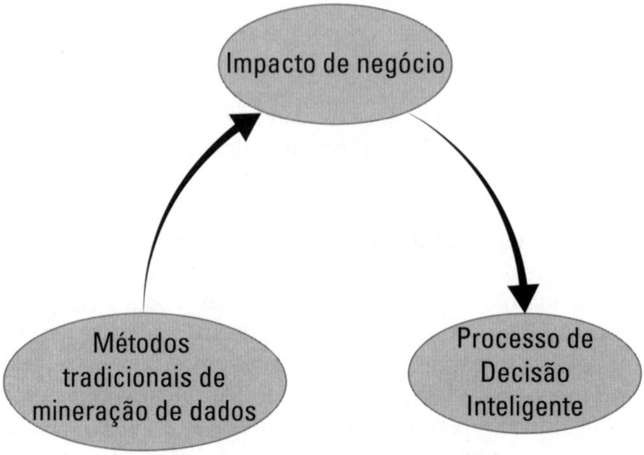

FIGURA 4-1: V invertido.

Agora que você está no topo do V invertido, na decisão, ignore como chegou lá e descubra como voltar, ou seja, voltar à consulta inicial. É o segundo segmento do modelo V invertido.

Quase sempre é um V invertido porque, no processo de retornar ao começo, você faz escolhas diferentes em ferramentas, processos e dados. Você costuma encontrar um caminho melhor do que o percorrido na decisão. Em qualquer caso, compare os dois caminhos. Com toda certeza, outros caminhos também lhe ocorrerão.

O fato é que, embora seja essencial corrigir a decisão em sua mente, não é tão importante consolidar suas consultas ou caminho que pretende tomar. É essa flexibilidade nova na escolha do caminho que lhe dá espaço para descobrir e implantar as eficiências que podem não existir na rota tradicional. Primeiro decida sobre o resultado comercial que você deseja, então trabalhe de trás para a frente para encontrar o processo, as ferramentas, os dados, as consultas e outros recursos precisos e necessários.

LEMBRE-SE

A decisão inteligente é uma abordagem multidisciplinar. Entre os variados recursos que você pode usar, estão as entradas e a direção dos líderes comerciais, assim como o que normalmente é referido como ciências da decisão: ciências sociais e de gestão, em outras palavras. São as únicas que focam o lado da entrada humana no processo de decisão inteligente.

Avaliando as Revelações do V Invertido

Uma das primeiras coisas que provavelmente notará ao fazer o exercício do V invertido é que pode se considerar mais ativos e empregar mais ciências. O modo tradicional de usar as máquinas para tomar decisões ou auxiliar normalmente fazia com que você dependesse de fórmulas estabelecidas, cálculos, consultas, conjuntos de dados, métodos etc. para ditar como, o que e quando é feito. Essa abordagem lembra as instruções do GPS em passos prescritos e sequenciais.

Por comparação, a decisão inteligente é uma metodologia, não um processo exato, portanto, as etapas são flexíveis e personalizadas para se ajustar a cada decisão. Você pode achar, por exemplo, que o resultado comercial buscado pode requerer um plano detalhado para preparar, dar suporte e ajudar pessoas e equipes na organização a confrontarem as mudanças profundas no setor. Ou pode requerer uma mudança significativa no modelo comercial global ou nos processos usados para gerenciar a frota de caminhões de entrega da empresa. Talvez você precise considerar uma possível repercussão pública ou uma potencial ameaça no mercado no futuro vinda de um disruptor do setor conhecido. O fato é que quase todos os elementos, processos e ativos podem ser considerados e aproveitados para tomar a melhor decisão possível (ato) e realizar o resultado comercial buscado.

O foco deve ser *como* você toma uma decisão. Quais elementos do processo de tomada de decisão requerem uma análise de dados e quais podem ser automatizados? É um modo conciso de ver o lado digital da decisão inteligente. Mas você também deve perguntar: "Como posso *tomar* essa decisão? Preciso de quem na equipe? Quais habilidades sociais devem ser adicionadas à mistura? Quais especialistas no assunto preciso utilizar? Como o público ou nossos clientes responderão? Como o talento existente pode ser aproveitado? Quais forças do mercado devo considerar e quais outros elementos pertinentes à decisão devem ser considerados também?"

Na decisão inteligente, você pode considerar todos os fatores de influência (digitais ou humanos), extrair os elementos que dão suporte à decisão desejada e aos resultados e usá-los como entradas da maneira mais eficiente e significativa possível.

LEMBRE-SE

A decisão inteligente dá espaço para inserir criatividade e outros fatores de influência no processo de decisão. Cada passo será dado no contexto e dentro dos parâmetros da decisão final.

Momento Eureca do V Invertido

A decisão tradicional baseada em dados ainda funciona bem em muitas situações. Por exemplo, atualmente, a análise integrada combinada com a IA permite que veículos autônomos circulem por estradas e rodovias sem problemas. Alguém poderia pensar que há pouca necessidade de outras informações além dos fatos atualmente alimentados na análise, que são, na maioria, fatores como estrada, tráfego e condições climáticas em tempo real. Mas lembre-se de que (como a mudança é a única constante) a navegação no futuro acontecerá sob condições diferentes, e esse método atual de tomada de decisão pode não se manter.

As mudanças esperadas que impactam a indústria automotiva e o uso de veículos são disruptivas. Por exemplo, já sabemos que o movimento para veículos elétricos, em vez daqueles que usam combustível fóssil, acelerará diante da mudança climática. Isso, claro, também mudará o cenário do reabastecimento e os serviços de veículo afins. Também sabemos que cidades inteligentes já estão nos planos, e muitas já implantaram, pelo menos, alguns recursos na otimização do tráfego. Taxas de adoção desses recursos afetarão, por sua vez, os designs das rotas dos veículos, ou seja, designs e locais de estradas e estacionamentos mudarão muito.

Acrescente a isso o fato de que os espaços verdes nas cidades e os desenvolvimentos multiuso estão sob demanda, colocando mais pressão nas ruas e nos estacionamentos locais. As estradas podem sumir dos espaços internos das cidades, e os estacionamentos podem ser colocados fora das áreas habitadas ou encolher, necessitando de veículos autônomos para estacionar próximo ou um sobre o outro, onde os motoristas humanos não têm uma saída segura. Talvez um carro compartilhado próprio elimine a propriedade do veículo particular e os veículos permaneçam continuamente em movimento, tornando as condições de estacionamento irrelevantes.

Entretanto, as pessoas continuarão a fazer escolhas de veículos por motivos inteiramente pessoais, por exemplo, se elas compram, alugam ou usam uma carona solidária para conseguir um veículo. Essas preferências e experiências difíceis de codificar também devem ser consideradas no processo de tomada de decisão. Para resumir, os fabricantes de carro precisarão não só repensar repetidas vezes e com rapidez os designs dos veículos, como também reestruturar seu modelo comercial para se alinhar melhor com as novas realidades.

É apenas um exemplo entre muitos nos setores em que os métodos atuais de tomada de decisão funcionam, mas podem falhar conforme o tempo passa. A capacidade de dominar a abordagem de decisão inteligente fica ainda mais imprescindível quando a necessidade de se adaptar a uma rápida mudança aumenta exponencialmente. Não é que a decisão inteligente não seja um excelente ajuste aqui e agora como uma questão puramente prática, pois qualquer caso de uso que se beneficiaria de um maior controle sobre o resultado comercial final aproveitaria a abordagem da decisão inteligente, ou seja, quase todos. Também é assim em qualquer caso de uso para alavancar a empresa competitivamente, em vez de seguir atrás do *status quo*. Por exemplo, uma agência de notícias pode escolher produzir mais conteúdo alinhado com os artigos mais lidos do dia ou seus editores podem escolher usar a decisão inteligente para prever melhor quais notícias e tópicos que surgem hoje serão populares entre os leitores amanhã, na próxima semana ou no próximo mês. Claro, os meios de comunicação podem usar métodos de decisão inteligente para fazer ambos simultaneamente, sem apostas em seu universo de lucros.

LEMBRE-SE

Sempre haverá muitas decisões comuns e práticas a tomar, e com certeza a decisão inteligente pode ajudar nisso. Mas também há os esforços mais criativos, aqueles que surgem como verdadeiras inovações ou disruptores do setor. A matemática sozinha não consegue atender às expectativas nos projetos que requerem criatividade, pensamento crítico e genialidade demonstrados por aqueles que conseguem ver conexões entre ideias e coisas onde não existe nada agora. A decisão inteligente é uma estrutura que inclui em suas considerações e cálculos as informações que são difíceis ou impossíveis de codificar.

Por último, mas não menos importante, a decisão inteligente é uma estrutura de tomada de decisão que implanta e aproveita totalmente a democratização dos dados. Ela empodera startups, pequenos negócios e empreendedores individuais, além da maioria dos usuários comerciais em organizações de portes variados. Feita corretamente, a decisão inteligente é uma ferramenta poderosa para negócios ágeis pequenos a médios em seus esforços para se tornar disruptores do setor, competir com concorrentes maiores ou tornar suas empresas mais lucrativas. Nas organizações maiores, as ferramentas da decisão inteligente permitem que os funcionários apliquem melhor seus talentos e façam melhores julgamentos no trabalho em benefício da empresa.

Por que as Coisas Dão Errado

A linha de definição entre euforia e verdadeira evolução nas táticas comerciais ou nos desenvolvimentos de tecnologia, como a decisão inteligente, está em como ela atua nas aplicações reais, ou seja, a grande diferença se encontra não na promessa de sucesso, mas em lucrar com ela.

A decisão inteligente visa especificamente gerar impactos de negócios lucrativos. Se ela falha, algo está errado em sua execução, não no design. Podemos saber isso porque os métodos da ciência de decisão usados são historicamente testados e comprovados, e apenas combinados e ordenados de modo diferente. Em qualquer caso, as pessoas veem de imediato e medem se o impacto de negócio visado deu frutos ou se falhou em se manifestar.

Mas como qualquer falha é uma questão de execução malsucedida, não uma falha no design, é hora de fazer alguns testes de verificação nas áreas em que provavelmente as falhas ocorrerão e os sucessos poderão ser mais assegurados.

Visando um resultado muito amplo

Um erro comum é tomar uma decisão ampla demais a partir da qual desenvolver as etapas necessárias para chegar lá. Por exemplo, um resultado amplo como "aumentar vendas" ou "ampliar a linha de produtos" falha em termos de limitar o caminho e definir a métrica.

É semelhante a dizer que você deseja ir para a Califórnia, sem citar um lugar específico na Califórnia como seu destino. Você pode achar que chegará a algum lugar na fronteira do estado da Califórnia, mas é improvável que seja útil ou vantajoso se for um destino aleatório.

Se você definisse um destino mais limitado (Spago's, em Beverly Hills, por exemplo) e usasse o GPS para mapear uma rota, então seria fácil calcular de quanto combustível precisará para a viagem, quantas noites ficará em um hotel no percurso e quanto deve reservar para a alimentação. E se fosse especificar em centavos quanto gostaria de gastar na viagem para Spago's, esses parâmetros mais bem definidos determinariam melhor seu caminho. O mesmo acontece se você especifica a viagem em um veículo elétrico, pois seu caminho seria redefinido segundo a disponibilidade de estações de recarga.

LEMBRE-SE

Seja específico em relação ao impacto de negócio buscado para que possa ver com facilidade e clareza como pode chegar lá.

Imitando os resultados de dados

É uma tendência natural se basear no conhecimento que você já tem, e isso inclui usar ou espelhar os insights a partir da análise de dados tradicional e de métodos de mineração de dados. Mas você não deve validar ou recriar os insights de dados obtidos inicialmente, nem devem usar esses resultados como um ponto de partida.

LEMBRE-SE

Insights obtidos com a análise de dados tradicional e os métodos de mineração de dados normalmente não são decisões, mas ponteiros para uma decisão. Entre os que *são* decisões reais, que atuam bem e são totalmente automáticos, muitos podem ser úteis como etapas ou informações em um processo de decisão inteligente, mas também raramente devem ser considerados como a decisão final buscada.

Por vezes você precisa de dados para ter o impacto de negócios que busca no fim das contas, mas muitas vezes não estará no processo de decisão inteligente. Em geral, a decisão inteligente pode ser confundida com *decisão digital*, ou seja, o processo que foca as decisões da máquina com base em dados.

Você encontrará muitos casos de uso em sua empresa em que a decisão digital é essencial e acaba sendo tudo de que precisa para resolver um problema. Mas esse processo também começa determinando a decisão primeiro, e então descobrindo o que a máquina precisa para chegar nessa decisão de um modo automático e seguro.

Falhando em considerar outras ciências da decisão

A data science, quando necessária, é apenas parte do processo de decisão inteligente. A outra parte é uma ou mais ciências da decisão, as que são mais humanas por natureza e incluem disciplinas como psicologia, ciências do comportamento humano, economia, filosofia, teoria dos jogos e ciência de gestão.

LEMBRE-SE

Se você usa dados apenas, ou os dados primeiro, está errado. Escolha primeiro um impacto de negócio, então use uma combinação de ciências de decisão e data sciences quando necessário.

Confundindo o instinto com a ciência da decisão

As ciências da decisão, significando em grande parte as ciências do comportamento na tomada de decisão, têm métodos específicos e processos. Você não pode substituí-las arbitrariamente pelo que é comumente referido como instinto. Não há espaço para adivinhações. Você precisa tomar decisões disciplinadas e muito fundamentadas aqui.

Mas há espaço para alguns atalhos, em que uma experiência repetida formou atalhos gerais, isto é, heurística. Mas tenha cuidado ao usar isso, pois são áreas comuns para erros e tendências.

Falhando em mudar a cultura

Embora equipes de dados existentes possam executar com sucesso os processos de decisão inteligente, fique atento, pois elas podem voltar às rotinas anteriores, o que diminuirá seus retornos. Em outras palavras, as equipes de dados podem continuar, ou voltar, a trabalhar como trabalhavam antes com modelos de data science, em parte ou totalmente. Agindo assim, isso torna inúteis os esforços de decisão inteligente, porque o processo não está sendo implementado. Resumindo, se a mentalidade da equipe de dados, a cultura ou as rotinas permanecem ou são retomadas, é hora de reconfigurar a equipe para fazer uma disrupção no que se tornou um ambiente estagnado.

Mas é igualmente possível que os líderes comerciais possam cometer os mesmos pecados ao voltar a antigos padrões e mentalidades, descartar os resultados, falhar em explicar adequadamente a meta da decisão comercial ou resistir em mudar ou sabotar o projeto de DI. Consiga a adesão da liderança e da base quando necessário e no início. Lide também com problemas culturais e resistência em mudar via gestão de mudança durante o processo de decisão inteligente.

2

Alcançando a Melhor Decisão Possível

NESTA PARTE...

Descubra por que a melhor decisão pode ser a pior.

Explore como modelar uma consulta quando você já tem o resultado.

Defina a decisão.

Tome ações que levem ao impacto de negócio visado.

NESTE CAPÍTULO

» Modelando a pergunta a partir da resposta

» Diferenciando dados inteligentes e decisão inteligente

» Incorporando a decisão digital na decisão inteligente

Capítulo 5

Modelando uma Decisão em uma Consulta

É fácil dizer que faz mais sentido buscar um resultado comercial específico do que não fazer isso, mas é um pouco mais difícil para a maioria das pessoas entender o que fazer em seguida. Afinal, a decisão inteligente pesa muito no lado dos dados, a análise que normalmente é colocada em movimento com uma consulta. Mas como estruturar uma decisão firme como uma pergunta que a análise pode responder?

Dito de outra forma, como buscar uma resposta quando você já tem a resposta, mas não sabe a pergunta?

Parte do desafio em resolver isso vem da confusão com os termos e ao examinar esse dilema intrigante pela lente dos dados primeiro. Lembre-se de que a falta de consenso na definição dos principais termos confunde mais a questão.

Entender os papéis variados da análise de dados em como as coisas inteligentes funcionam (smart TVs, dispositivos de saúde e cidades inteligentes) *versus* as funções da inteligência como se aplicam nas decisões digital e humana é o segredo para dominar a decisão inteligente e entender onde e como as consultas de dados entram nesse processo.

Definindo Smart *versus* Inteligente

Para começar este capítulo, inicio definindo os termos *smart* e *inteligente* como usados neste livro e normalmente utilizados em discussões mais amplas de decisão inteligente. Primeiro, você deve perceber que a palavra *inteligência* nesse contexto não é sinônimo de *smart* (esperto).

Inteligência significa a capacidade de aprender, entender e aplicar novas informações — uma função nesse contexto reservada para o ser humano e não totalmente percebida na Inteligência Geral Artificial (AGI), a IA retratada nos filmes e nos livros de ficção científica (peço desculpa a cães, corvos, polvos e outros seres inteligentes). Já *smart* é mais usado no contexto da Internet das Coisas (IoT), ou seja, se refere aos dispositivos ou à rede de dispositivos no limite da computação que usam dados e análise, em geral acionados pelo aprendizado de máquina (também referido como IA), para automatizar um número limitado de ações bem definidas.

Uma smart TV, por exemplo, recomenda programas e filmes com base no que você assistiu e/ou classificou no passado. As saídas automáticas do mecanismo de recomendação são exibidas na tela para os usuários avaliarem. Quando é feita uma seleção, esse item é reproduzido automaticamente. Um mecanismo de recomendação usa os algoritmos do aprendizado de máquina para filtrar os dados segundo padrões de uso anteriores para sugerir seleções parecidas nas quais o usuário pode estar interessado. Os sistemas de recomendação funcionam igualmente se estão em uma smart TV ou em um sistema de emissão de cupons inteligente no caixa de um supermercado. São sistemas de dados (também conhecidos como *centrados em dados*) em primeiro lugar.

Outros sistemas funcionam de modo um pouco diferente, mas ainda são centrados em dados. Por exemplo, medidores elétricos inteligentes registram e analisam os dados de uso do cliente para permitir um preço ajustado em períodos de pico, relatório de problemas do serviço automático e cobrança automática. As cidades inteligentes registram, trocam e agem igualmente nos dados a partir de outros produtos inteligentes na vizinhança, como:

- Veículos autônomos.
- Passes em pedágios.
- Sensores automáticos de emissão de bilhetes por infração rodoviária.
- Sistema de tráfego.
- Sistemas de resposta a emergências.
- Leituras de emissão de carbono.
- Sistemas de comunicação para evitar acidentes, tráfego e perigos rodoviários.

Qualquer dispositivo smart por aí segue o mesmo padrão: coleta e análise de dados em um foco limitado para uma ação bem definida e determinada. Um veículo autônomo, por exemplo, encaixa-se no perfil porque ele pode tomar apenas uma ou duas entre cinco possíveis ações/decisões em qualquer momento ou circunstância: frear, acelerar, virar à esquerda, à direita, seguir em frente. Embora esses sistemas sejam tudo, menos simples, de modo geral, as decisões que eles tomam são simples ou, pelo menos, limitadas às opções disponíveis: parar ou seguir, virar ou não.

Os sistemas digitais smart vão além da compressão dos dados e incluem o aprendizado a partir de padrões nos dados e melhoram continuamente as saídas como resultado. Mas eles não entendem a informação como o ser humano e só podem usar o que aprenderam em uma aplicação predefinida, portanto, eles são smart, mas não inteligentes.

O fato é que a decisão inteligente como estrutura insiste em focar o processo tanto ou mais que a compreensão dos dados. Em vez de colocar o resultado desejado em uma consulta de dados, você confia que as consultas que precisa colocar nos dados (se, de fato, são requeridas) virão à tona quando definir o processo necessário para chegar a seu resultado.

Business Intelligence Não É Decisão Inteligente

Nem todos os produtos rotulados como *decisão inteligente* realmente merecem o título. Isso não significa necessariamente que você deve rejeitar por completo os impostores. Muitos podem ser ferramentas úteis no processo de decisão inteligente. As aplicações de business intelligencente (BI) são um ótimo exemplo: esses sistemas evoluíram muito com o tempo e se mostraram úteis ao entender os principais aspectos do estado e do desempenho de seu negócio. Porém, ainda requerem boas mudanças antes que possam ser considerados ferramentas de decisão inteligentes puras. Mesmo assim, várias aplicações BI estão no caminho certo para se tornarem ferramentas de decisão inteligente, como Qlik Sense (que lidera a turma, na minha opinião), Domo e Yellowfin.

As aplicações BI são consideradas para fornecer inteligência na acepção do agente 007 fictício, James Bond, reunindo inteligência para o serviço secreto britânico, mas definitivamente não no sentido de que as aplicações em si são inteligentes. Contudo, essas aplicações são smart, pois vão além da compreensão dos dados e fornecem mais inteligência sobre o negócio inferindo e fornecendo resultados descritivos, prescritivos e preditivos. Dado esse contexto, considere as aplicações de business intelligence funcionando como seu próprio agente secreto por aí, reunindo dados e inferindo significado sobre as questões que mais o preocupam.

Apesar dos avanços incríveis que essas aplicações fizeram, inclusive a incorporação da consulta da linguagem natural e as visualizações como interfaces, a automação do aprendizado de máquina na maioria ou em todos os processos, narrativas geradas por máquina para explicar o significado de cada visualização ao leigo, canais de dados cada vez mais sofisticados e tratamentos, as saídas que as aplicações BI propõem não são, de fato, decisões. São ponteiros para as decisões, ou seja, são insights nos quais você pode se basear para agir, mas não informam a melhor ação a tomar.

E mais, as aplicações BI ainda são centradas em dados, isto é, colocam os dados em primeiro lugar, então os minera para obter insights, do modo tradicional. O uso dos modelos de aprendizado de máquina e algoritmos não mudam o curso.

Simplificando, as aplicações BI ainda focam os dados e os modelos de IA, já a decisão inteligente foca os processos de decisão. Isso não nega o fato de que as aplicações BI são ferramentas incríveis e maravilhosas. A questão é que as aplicações BI são úteis para o processo de decisão inteligente, mas ainda são incapazes de ser verdadeiras ferramentas de DI. Espero que isso mude logo e que surja uma nova categoria de aplicações de DI puras (algo novo e não apenas aplicações BI em evolução).

Descobrindo o Valor do Contexto e as Nuances

Quer saber a diferença entre uma decisão melhor e *a* melhor decisão possível? Você pode não conseguir ter a melhor decisão para certo problema comercial, por inúmeros motivos, inclusive preocupações com o custo, tempo de implantação insuficiente, falta de vontade da empresa, limites na tecnologia, escassez de material, escassez de mão de obra qualificada, leis da física, restrições regulatórias, falhas na conformidade, relativismo cultural, absolutismo moral, reação do público em potencial, requisitos de licença, padrões impostos do setor, acordos contratuais para guerras, desastres naturais e turbulência econômica. A melhor decisão possível leva em conta todas as circunstâncias que influenciam o provável impacto de uma ação comercial antes de assumir qualquer compromisso.

LEMBRE-SE

Conseguir propor a melhor decisão possível no mundo real que vive e respira, em oposição a buscar a melhor decisão em algum mundo abstrato que não existe, é o melhor argumento que conheço para a eficiência de uma abordagem de decisão inteligente. Com uma abordagem DI, você consegue visar o melhor resultado possível desde o início, em vez de perder tempo e recursos usando uma análise de dados tradicional para chegar à melhor das melhores decisões que jamais conseguirá implementar.

DICA

Muitos fatores que influenciam o que constitui uma melhor decisão possível são conhecidos ou calculados antes. Considerá-los na determinação do resultado comercial buscado normalmente é um exercício simples. Mas é possível ignorar um fator de influência, portanto, é importante ser diligente nesse estágio, contanto que não deixe que as incertezas o coloquem em uma paralisia da análise. Com toda certeza seus dados estarão incompletos em certo grau, e sua avaliação inicial dos fatores que contribuem pode ser imperfeita também.

Não tenha a perfeição como meta, vise o bom e o possível. Como disse o general George S. Patton: "[Um] bom plano hoje é melhor do que um plano perfeito amanhã." Esse conselho é particularmente bom nessa era de rápidas mudanças no setor e no mercado, em que o plano perfeito de amanhã pode ser obsoleto.

Definindo a Ação Buscada

Nos primeiros dias das aplicações big data (pense no Apache Hadoop), as empresas focavam aprender as coisas que elas não sabiam que sabiam. Elas estavam cientes de que tinham uma enorme quantidade de dados, mas não sabiam quais detalhes os dados continham. Essas novas capacidades em ferramentas acessíveis alimentaram uma versão moderna da corrida do ouro. As organizações ficaram animadas com as possibilidades, mas os resultados eram tão misturados quanto as metáforas, variando da mineração de dados a expedições de pesca.

O fato é que a análise de dados, antes e agora, é tomar decisões com base nos fatos relacionados ao negócio, aos clientes e às condições do mercado. Contudo, muitas dessas incursões iniciais produziram pouca consequência nas aplicações do mundo real além dos domínios do marketing e das vendas. Não que tenha sido um desenvolvimento ruim, qualquer luz é útil quando se tenta navegar no escuro.

Mas misturando de novo as metáforas, nem todos os insights iluminados chegaram a algo valioso. Embora inúmeras descobertas tenham se mostrado interessantes por um motivo ou outro, muitas falharam em produzir valor de negócio. E se há duas constantes nas demandas comerciais, elas são o valor de negócio e a velocidade em perceber esse valor.

Dizer que continuar pesquisas ineficientes para obter meras pepitas de verdades comerciais é indefensável é a meia-verdade do ano. Um repensar era claramente o objetivo.

LEMBRE-SE

Uma das verdadeiras metas comerciais que todos devem buscar é insistir que todo resultado analítico entregue um valor de negócio no tempo mais rápido possível. Assim que você entende esse fato, o valor de substituir a orientação a dados na tomada de decisão por orientação do impacto de negócio fica claro. Decisão inteligente significa se comprometer com os processos orientados ao impacto de negócio. Simples assim.

Para chegar a qualquer impacto de negócio desejado, primeiro você deve determinar a necessidade que precede a ação ou as ações, então deve implantá-las. Você trabalhará de trás para a frente a partir de uma ação (ou ações) para determinar o caminho mais produtivo e conveniente para fazer valer essa(s) ação(ões).

O caminho descoberto pode ou não incluir dados e análise, mas muitas decisões comerciais, sobretudo aquelas com impactos que devem ser implantados e gerenciados em grande escala, certamente envolvem dados, análise de dados, automação e IA. Assim, esses aspectos terão um papel natural e importante na decisão digital. Apenas se lembre de que a decisão inteligente, como processo, envolve táticas usadas em muitas disciplinas e podem ou não incluir a análise de dados e a IA. A decisão digital pode ser um elemento na decisão inteligente ou pode ser usada sozinha para aproveitar a IA ao conseguir impactos de negócios específicos. Em qualquer caso, você deve determinar primeiro a decisão (a ação).

Definindo a Decisão

Em qualquer processo de decisão inteligente, a primeira coisa que você precisa fazer é determinar com cuidado a meta, ou seja, o impacto de negócio desejado. Uma máquina não pode fazer esse julgamento por você. Reserve um tempo e pense com cuidado. Faça as seguintes perguntas:

- **O que você deseja que aconteça?** A resposta é o impacto de negócio buscado.
- **Como pode fazer que aconteça?** Identifique as ações amplas que você precisa tomar.
- **Quais passos precisa dar para criar essa ação?** Identifique os passos específicos que precisa seguir para realizar as ações amplas identificadas.

Decisão inteligente é o processo ou a estrutura na qual você encontrará as respostas para essas perguntas. É uma metodologia que permitirá que você ou sua equipe extraia táticas comprovadas e verdadeiras em várias disciplinas para que seu esforço não seja uma suposição nem dependa apenas de instinto, criatividade ou inteligência intuitiva.

Ciência da decisão *versus* data science

A decisão inteligente consiste em duas partes principais: ciência da decisão e data science. Contudo, nem sempre é necessário usar ambas como parte do processo de decisão inteligente, porque nem todas as decisões requerem dados e análise. No entanto, ainda é importante pensar nesses dois tipos gerais de ciências como componentes úteis dentro da caixa de ferramentas da decisão inteligente.

Ciência da decisão é o termo mais geral, englobando várias ciências e integrando abordagens analíticas e comportamentais para tomar uma decisão. Como ciência, está fundamentada em teorias e métodos criados a partir de vários campos diferentes, inclusive psicologia, economia, filosofia, estatística e ciência de gestão. Mas não se limita a essas ciências. Você também pode incorporar outras disciplinas, como teoria dos jogos experimental, neuroeconomia, psicobiologia, antropologia, teoria do design e ciência cognitiva em sua versão de ciência da decisão.

Qual combinação dessas ciências você usa depende da natureza da decisão que está tomando. Não se deixe intimidar. Há boas chances de que você esteja usando muitos desses métodos no seu dia a dia, mesmo que seja inconsciente, para ajudá-lo a decidir onde almoçar, em qual colônia de férias colocar as crianças e se deve aceitar os termos de uma hipoteca.

Mesmo que decisões assim pareçam simples e comuns, os processos mentais requeridos não são tão simples. Para acelerar as coisas, em especial nas situações de emergência, em que você tem que tomar uma decisão em um piscar de olhos, seu cérebro usa atalhos práticos. Coletivamente, esses atalhos se chamam *heurística cognitiva*. Embora não haja garantias de que esses atalhos gerarão decisões ideais, perfeitas ou racionais, são tão eficientes e úteis que são copiados na computação, como ao escrever algoritmos e outra programação, por exemplo, o desenvolvimento de softwares e jogos eletrônicos, quando são chamados apenas de heurística.

LEMBRE-SE

Mesmo que grande parte da ciência da decisão pareça banal, é importante reconhecer o papel essencial que seu uso tem na decisão inteligente como um todo e nos lados humano e da máquina da tomada de decisão.

Pense na ciência da decisão como o lado humano da equação, o lado da tomada de decisão em que as máquinas não têm uma tendência e onde os humanos concluem as tarefas que as máquinas não conseguem reproduzir. Falando de modo geral, os três aspectos da ciência da decisão são:

» **Análise normativa,** em que você cria modelos formais de escolha para determinar a decisão mais ideal para certa situação.

» **Pesquisa descritiva,** em que você estuda como os fatores cognitivos, emocionais, sociais e institucionais afetam o julgamento e a escolha.

» **Intervenções prescritivas,** em que as ações são tomadas na tentativa de melhorar o julgamento e a tomada de decisão.

Historicamente, a ciência da decisão tem sido aplicada em vários setores. Exemplos incluem (mas não se limitam a):

» **Assistência médica:** O foco aqui são as várias áreas, desde fechar um diagnóstico até selecionar opções de tratamento e determinar um equilíbrio razoável nos custos versus benefícios nas escolhas de tratamento.

» **Leis:** Aqui, os insights da ciência da decisão informam a tomada de decisão legal sobre assuntos, como reduzir os efeitos da tendência ao atribuir responsabilidade a uma parte e alinhar penalidades e julgamentos com o crime e o custo para a sociedade.

» **Gestão de risco:** Decisões nessa área estão ligadas ao nível de tolerância a riscos de uma organização, como ao priorizar medidas de segurança, avaliar os riscos das mudanças climáticas e determinar a possível responsabilidade do produto, tudo podendo se beneficiar com os métodos da ciência da decisão.

» **Marketing:** Insights obtidos com a ciência da decisão podem orientar as decisões ligadas a estratégias de preço e incentivos de recompensa do cliente, por exemplo.

» **Logística:** Decisões de armazenamento, desde o pedido de colocação do produto no armazém até facilitar a eficiência no atendimento do produto, gestão da cadeia de suprimentos e planejamento dos locais de atendimento, podem aproveitar os insights da ciência da decisão.

» **Negócios em geral:** Algumas decisões, variando desde identificar conflitos de interesse não reconhecidos e preconceitos até a expansão e as decisões de crescimento, são comuns em todos os setores. A ciência da decisão pode levar a uma melhor tomada de decisão nessas e em outras áreas.

LEMBRE-SE

Adicionar a ciência da decisão à metodologia da decisão inteligente é um modo sensível e prático de aproveitar as vantagens que podem vir com disciplinas estabelecidas e familiares e suas respectivas táticas.

A data science, como a ciência da decisão, é também um dos campos interdisciplinares que englobam várias ciências, inclusive gestão de dados, analytics, IA, computação em várias formas de processamento de borda e em batch, estatística e outras. Se você tivesse que escrever data science de forma resumida, não iria muito longe se dissesse apenas que ela visa preparar, processar e analisar dados. Quanto às habilidades necessárias envolvidas em fazer data science corretamente, você teria que incluir conhecimento de domínio, habilidades de programação, ciência da computação e um bom conhecimento de matemática e estatística.

Como a ciência da decisão, a data science é um campo interdisciplinar estabelecido, pois negócios e ciências têm usado dados em um sentido computacional por, pelo menos, trinta anos ou mais. Apesar de seu extenso uso por anos, a data science não foi reconhecida como uma disciplina independente até por volta de 2001. Agora é considerada uma função comercial essencial, conforme negócios e outras organizações ficam cada vez mais digitais, tornando as informações, em grande parte, ilegíveis sem um dispositivo de computação para exibi-las, o que dirá analisá-las.

LEMBRE-SE

Sobrepor data sciences e ciências da decisão no processo da decisão inteligente é o resultado de repensar e reorganizar métodos conhecidos com a finalidade de coletar de forma deliberada e consistente o valor a partir das decisões comerciais.

Estruturando sua decisão

As decisões não são executadas no vácuo, assim, não devem ser concebidas no vácuo. É um motivo para a estrutura da decisão inteligente ser tão eficiente; ela requer informações e impacta não como situações isoladas, mas como parte de um contexto maior.

Mas você deve ser diligente ao estender o impacto das avaliações na medida necessária para assegurar que o contexto permaneça e os impactos sejam aceitos nas consequências pretendidas ou não. Por exemplo, considere com cuidado desde o início se uma decisão de curto prazo provavelmente terá consequências de longo prazo, e vice-versa, se você trabalha em um impacto de longo prazo. Não que todas as consequências negativas devam ser evitadas, mas você precisa saber esperar e se preparar para elas. Por exemplo, você pode achar que um resultado negativo de curto prazo é aceitável quando ele também produz ou contribui para um resultado positivo maior e de longo prazo.

Estruturar sua decisão, ou seja, ver sua decisão como a ação que leva ao impacto de negócio desejado, requer atenção aos detalhes e concisão ao especificar a intenção, a ação e o impacto. Você também tem que levar em conta considerações de escala e o reconhecimento de que as decisões automáticas em grande escala estendem os impactos em muitas situações, por vezes em grandes períodos de tempo, em grandes espaços geográficos e governos, e nas linhas de negócio. As reverberações no impacto, na forma de consequências não pretendidas e riscos imprevistos ou não reconhecidos, podem ser grandes.

Você deve passar pelo processo de decisão inteligente com a clara intenção de chegar a um resultado bem definido e com expectativas concisas sobre as prováveis implicações do impacto. No processo, veja se você não caiu (sem querer) nas armadilhas de uma predisposição de confirmação. Essa predisposição ocorre sempre que um tomador de decisão busca ou considera apenas a evidência que parece dar suporte à crença previamente formada do tomador e desconsidera ou descarta toda a evidência do contrário. Se você já tomou uma decisão ou não deseja tomar uma, não espere que a decisão inteligente dê a essa decisão (ou à falta dela) seu selo de aprovação. Há boas chances de isso não acontecer.

LEMBRE-SE

Duas maneiras de ajudar a não distorcer a estrutura da sua decisão é estar atento para não ser vítima do viés da informação (um viés que surge dos erros de medição gerados com uma classificação ruim ou parcialidade na observação) e da tendência da seleção de dados (em que os dados não são muito representativos do grupo, do problema ou da situação, e acaba favorecendo um elemento em relação a outros). Qualquer uma pode fazer com que você desenvolva uma estrutura de decisão incorreta ou falha que prejudicará seus processos de DI e colocará sua organização na direção errada em relação ao resultado comercial ideal que poderia ter sido conseguido. Resumindo, veja se a informação com a qual você trabalha para estruturar sua decisão é atual, precisa e representa bem a situação, o problema ou o grupo.

DICA

Estruture sua decisão de modo que o resultado comercial pretendido seja direcionado com precisão, a trajetória seja previsível e gerenciável, as tendências sejam eliminadas e as consequências sejam esperadas, aceitas e gerenciáveis.

Heurística e outros atos de fé

Heurística cognitiva é um termo elegante para atalhos mentais, aqueles truques que os humanos usam para tomar decisões rápidas em momentos de perigo. O modelo "lutar ou fugir" é um exemplo óbvio.

Mas existem muitas nuances também. Por exemplo, os bombeiros desenvolvem um sentido para quando um prédio em chamas irá cair, um policial reage à ameaça de uma arma vendo apenas certo movimento do braço ou uma criança na escola decide pegar ou se esquivar de uma bola que se aproxima rápido. Todas essas ações contam com a heurística cognitiva.

Também é como as pessoas tomam outras decisões com pressa, como em: "Devo parar ou acelerar no sinal amarelo antes que ele fique vermelho?"

A heurística cognitiva também é como as pessoas evitam a sobrecarga de análise, ou seja, tomar decisões comuns e habituais é uma perda de tempo considerando repetidamente as mesmas informações ou crenças. Por exemplo, em geral sua mente limita suas opções de café da manhã a dois ou três itens, ou a lugares que você normalmente escolhe para encurtar o processo de tomada de decisão e agilizar a refeição para não chegar atrasado no trabalho.

DICA

Saiba que, por mais útil que possa ser a heurística cognitiva ao estruturar as decisões, ela não é infalível. Reserve um tempo para considerar se esses feitos mentais estão ajudando ou prejudicando seus esforços, isto é, verifique suas suposições e avalie se você considerou todas as opções pertinentes.

LEMBRE-SE

A heurística é útil mesmo que nem sempre seja precisa ou não forneça um caminho para o resultado de sua preferência. Quando falha, se chama *viés*. Quando dá certo, é considerada uma regra geral para viver e tomar decisões.

Ao tomar decisões, considere a heurística como rápida, mas incerta, e os algoritmos como mais lentos, mas definitivos. Se você quer ser rápido, use o atalho mental; se quer ser consistente, use o algoritmo. Claro, na realidade, é uma escolha falsa, porque você pode usar ambos; sim, até na computação. E sim, com certeza use ambos na decisão inteligente.

Não se preocupe, a heurística não é um ato de fé cego. A heurística na computação e na análise está ligada à mesma coisa que os atalhos mentais humanos — informações fáceis de lembrar e repetir. São suposições presumidas como sendo verdadeiras porque são preestabelecidas como tais, portanto, não requerem um exame completo para estabelecê-las como fatos de novo.

Não é preciso reinventar a roda. Nas decisões humana e da máquina, uma roda pode ser presumida com segurança como sendo uma roda, e qualquer suposição baseada nesse fato pode ser usada para avançar com a decisão em um ritmo mais rápido.

Você pode usar os fatos descobertos e comprovados em várias ciências como base para a heurística na decisão inteligente também. Basta assegurar que não os utilize como tendências, mas como suposições aceitas que agilizarão seu progresso ao descobrir o caminho que precisa seguir ao tomar qualquer decisão.

NESTE CAPÍTULO

» **Vendo como a DI ajuda quando os dados históricos são inúteis**

» **Deixando a DI colocar os executivos de volta no controle**

» **Usando a DI para reinventar seu negócio e seus processos**

Capítulo **6**

Mapeando o Caminho Adiante

A pandemia de COVID-19, em 2020-2021, causou uma grande disrupção nos negócios, rompendo com os modelos comerciais e da cadeia de suprimentos no mundo inteiro. Ao fazer isso, também tornou praticamente inúteis os dados históricos, pelo menos por enquanto, porque nada existe mais da mesma forma. Isso deixou cada setor em uma posição frágil e precária, com economias inteiras instáveis e abalos secundários.

Novos dados e novos métodos de análise são uma demanda urgente. Em meados de 2020, várias empresas de pesquisa e consultoria globais já elogiavam estruturas inovadoras e tecnologias que visassem definir e desenvolver um "novo normal", conduzissem uma inovação e recriassem a sociedade nos próximos cinco anos.

E mais, os analistas do setor elogiavam os esforços em democratizar mais e ampliar os dados e a análise para ajudar as organizações a recuperarem sua posição, reconfigurarem a economia e redefinirem a sociedade.

A decisão inteligente preenche bem essa lacuna. Mas entender o valor de uma metodologia e aplicá-la na vida real são dois conceitos totalmente diferentes.

Neste capítulo, você verá como criar uma estratégia de decisão inteligente que levará adiante sua empresa e seus projetos, apesar das incertezas que todos têm. Essa estratégia também enfrenta a incapacidade humana de descansar sobre os louros do passado ou contar com dados históricos que não informam mais o que você precisa saber.

Os Dados Vêm Depois

Os conjuntos de dados não convergiram em um repositório de dados único e geral, onde todos os dados existentes residem em um espaço físico ou virtual, normalmente chamado de *singularidade de dados*. Espera-se, em grande medida, que esse evento seja necessário para o surgimento das famosas representações de Hollywood da IA como humana. O conceito é temido e aplaudido por vários grandes nomes dos dados e da IA.

Pelo menos no momento, tudo que está disponível para as pessoas e o aprendizado de máquina são nichos de conjuntos de dados que residem aqui e acolá, desde data centers privados nas instalações de uma organização até vários armazenamentos de dados públicos e privados em ambientes hospedados e de nuvem, e dentro dos dispositivos da Internet das Coisas (IoT) encontrados em cada canto das redes de computação. Isso significa que, em vez de uma grande coleção de dados em um lugar central a partir do qual qualquer pessoa pode extrair dados, os dados são armazenados como nozes em árvores por legiões de esquilos com medo de um inverno rigoroso, quase em todo e qualquer lugar onde os dados podem ser armazenados. Em outras palavras, os dados são sequestrados em silos de software. Portanto, é possível supor com segurança que qualquer conjunto de dados, pelos limites de sua natureza, está incompleto.

Várias informações de uma coleção de conjuntos de dados estarão mais completas que um único conjunto, mas mesmo assim, não se pode esperar que os resultados apresentem necessariamente uma imagem completa. Essa falha inerente deve mostrar que você precisa reformular as estratégias de decisão de modos que permitam obter os melhores resultados comerciais por meio de uma compreensão mais sutil do problema e uma abordagem mais definitiva para determinar quais dados e/ou recursos adicionais são necessários.

LEMBRE-SE

Mesmo que você possa retificar de algum modo a imperfeição inerente dos conjuntos de dados junto com erros, repetições e falta de consistência neles, o fato é que a recente pandemia de COVID-19 tornou muitos desses dados irrelevantes. Os dados históricos basicamente perderam todo sentido e relevância no contexto do "novo normal", sem mencionar que o novo normal ainda está longe de um estado consistente de normalidade.

Dado esse cenário de constante mudança, por que uma organização continuaria a minerar dados como sempre, achando que estão prontos? Não é certo que os dados recentes possam ser usados como dados históricos no futuro no comparativo anual ou outras métricas financeiras tradicionais que as empresas usam para analisar e julgar seu progresso.

Resumindo, muitas empresas estão à deriva. Com essa realidade, os líderes das organizações costumam não se importar muito com onde estavam ou mesmo onde estão. Eles querem saber aonde ir a partir desse ponto. Por isso, você deve reconsiderar fazer a análise de dados como historicamente era feito e decidir primeiro em qual direção mover a empresa para sobreviver e prosperar.

Muitas vezes resolver esse desafio requer uma abordagem híbrida nova que aproveita o poder de cada ativo à disposição. Os dados são apenas um desses ativos. Você precisa planejar seu papel nos cálculos feitos de modo diferente agora.

Reconhecendo quando você pode (e deve) ignorar os dados por completo

É incrível que tenha levado poucos anos, desde 2008, para a análise big data ter passado de uma nova tendência para ser a espinha dorsal de cada empresa. O mantra *empresa orientada a dados* logo surgiu como um grito de guerra e evoluiu para ser um requisito de nível básico do investidor de risco e do acionista. Os dados são o rei — vida longa ao rei.

Mas acaba que os dados não são o rei — eles são os servos.

A evidência dessa nova realidade é esmagadora. Por exemplo, o aprendizado de máquina (ML), também referido como inteligência artificial (IA) no exagero do marketing, não é mais tão útil e certamente não escalará mais tão bem nos valores históricos invalidados pela crise da pandemia. As máquinas já consideradas os mestres dos universos parecem mais balões tristes e murchos agora que os dados caíram do trono.

Até os mecanismos de recomendação de clientes, o software no mercado que oferece cupons na loja e faz sugestões de produtos ou um serviço de streaming na TV que recomenda outros filmes para assistir com base na compra ou na exibição de dados de um cliente estão fora do jogo por causa dos problemas com os dados. Os mercados ofereciam cupons no início da pandemia para papel higiênico que não preenchia mais as prateleiras. E os serviços de streaming da TV travaram quando secou a fonte do novo conteúdo, os gostos dos espectadores de repente mudaram, passando estes a fazer escolhas de conteúdo mais antigo com títulos mais nostálgicos e reconfortantes. Na minha imaginação, eu podia quase os ouvir dizendo: "O que está acontecendo, caro streamer de filmes? Por que você não gosta mais de filmes sobre calamidades no apocalipse? Recomendamos esses filmes sobre doenças contagiosas e morte generalizadas com base em suas escolhas anteriores!"

Agora, as organizações devem classificar os dados e repensar suas abordagens. É possível que você tenha que começar a rotular o título dos dados antes, durante e pós-pandemia para evitar resultados distorcidos ao buscar insights aplicáveis para o que acontece hoje. Podem ser necessárias novas técnicas de aprendizado de máquina, e a ML certamente precisa reinicializar os dados de treinamento, talvez algumas táticas de aprendizado de reforço para superar as curvas de aprendizagem desfeitas.

LEMBRE-SE

A decisão inteligente não é radical, nova e nem moderna. É uma abordagem mais ampla para tomar decisões fundamentadas, o que inclui dados e análise tradicionais. Isso significa que você ainda pode contar com a orientação atual, como o padrão aberto para o processo de mineração de dados denominado CRISP-DM, para ajudar a avaliar os ativos de dados.

Buscando apoio no CRISP-DM

A decisão inteligente incorpora várias metodologias e ciências existentes. Um exemplo no lado data science é o CRISP-DM, que significa a metodologia do Processo Padrão Entre Indústrias para Mineração de Dados. É um modelo de processo de padrão aberto com seis fases que, juntas, descrevem o ciclo de dados de data science.

Observe que esse processo também começa ao entender a necessidade comercial. Veja a questão colocada: "A qual necessidade comercial tentamos atender?" Na decisão inteligente, o processo começa com uma afirmação, não uma pergunta: "Este é o resultado (ação) que o negócio deseja ter."

As seis fases do CRISP-DM são descritas nesta lista:

- **Compreensão comercial:** A ideia aqui é ter uma boa compreensão da necessidade comercial específica.
- **Compreensão dos dados:** Você propõe um inventário completo dos ativos de dados atuais e uma lista especificando os dados que ainda precisa rastrear. É essencial também assegurar a veracidade dos dados, ou seja, se todos os pontos de dados estão atualizados e são precisos de modo consistente nos conjuntos de dados.
- **Preparação dos dados:** Os dados brutos raramente podem ser usados como estão. Você precisa limpar e organizar antes de usá-los em modelos ou em qualquer outra ferramenta de analytics.
- **Modelagem:** É onde os modelos específicos e/ou as técnicas de modelagem são considerados.
- **Avaliação:** Sim, em algum ponto você precisa selecionar qual modelo melhor atende seu objeto comercial.
- **Implantação:** É onde entregar os resultados para as partes interessadas.

LEMBRE-SE

Essa lista de etapas não indica necessariamente uma sequência precisa de eventos, pois é comum rever as fases conforme o trabalho avança.

As seis fases do CRISP-DM são repetidas insistentemente em cada documento ou discussão séria sobre mineração de dados. Muitas vezes, tais discussões entram em detalhes desnecessários (é fácil se perder no caminho ao falar sobre CRISP-DM), portanto, me limitei a oferecer uma rápida visão do que esse padrão implica. Para ter um guia mais detalhado, mas sem se perder, para o CRISP-DM, leia o excelente livro *Data Mining For Dummies* (sem publicação no Brasil), de Meta Brown.

Usando o resultado buscado para identificar os dados necessários

Na decisão inteligente, você começa decidindo o resultado comercial que busca e a decisão que causará esse impacto. A partir daí, determina de quais ativos (inclusive dados) precisa para chegar a essa decisão. Então pode determinar quais processos usar para extrair as informações significativas de que precisa e se qualquer uma pode ser automatizada. É o que significa trabalhar de trás para a frente a partir de uma decisão.

Os esforços tradicionais de mineração de dados deveriam fornecer resultados úteis, insights baseados nos quais um negócio poderia agir. Apesar das boas intenções e dos melhores esforços, os resultados normalmente não eram úteis. Por vezes, a análise ficava bem longe da marca, outras vezes, os organizadores de dados simplesmente entendiam mal o objetivo comercial, e quem solicitou os dados não conseguia passar com precisão o que foi pedido, por causa da escolha (ruim) de palavras. Enfim, algumas vezes a liderança da empresa não tinha vontade, orçamento ou a tolerância a risco necessária para buscar a ação recomendada.

Para encurtar, havia e há muito desperdício, atraso e outras ineficiências no modo tradicional de produzir resultados.

A decisão inteligente busca eliminar o desperdício e as ineficiências assegurando que a decisão seja definida primeiro e devidamente analisada quanto à cultura da empresa, aos objetivos, à vontade, ao orçamento, à tolerância a risco, ao valor da folha de pagamento e a outros fatores *antes* de esforços e dinheiro serem gastos no trabalho. A ação inicial vem como resultado (saída) do processo de decisão inteligente e é alinhada com a decisão tomada no começo.

Embora algumas decisões possam ser tomadas em um guardanapo de papel ou em uma planilha simples montando os fatos necessários e analisando-os manualmente, a maioria das organizações, mesmo as pequenas, deseja aproveitar o poder da decisão digital. A próxima seção mostra o motivo.

Decisão digital e decisão inteligente

Muitas pessoas pressupõem que decisão digital significa fazer o que suas ferramentas de IA implantadas com sucesso dizem para fazer. Porém, vai além disso. *Decisão digital* é uma metodologia que também incorpora táticas de melhoria contínuas, otimização da IA, modelagem da decisão, teste e gestão da decisão quando se aplicam às operações diárias.

A decisão digital, como a decisão inteligente, começa com a decisão, o resultado comercial final desejado, em mente. Mas a decisão digital foca basicamente a automação e a melhoria das decisões tomadas por tecnologias que usam muito a automação. Isso significa que a decisão digital é usada basicamente para melhorar de forma contínua a decisão automatizada, em vez de definir um processo de automação completo. É um tipo de gerenciamento da automação avançada com base em um alinhamento infalível com o resultado comercial desejado e um esforço determinado para melhorar continuamente como as decisões tomadas por máquinas contribuem para a decisão e o impacto desejados, tudo dentro de regras de negócio específicas.

Por vezes, os termos *decisão inteligente* e *decisão digital* são usados alternadamente. A ideia de começar no final primeiro é uma abordagem nova para a data science, análise de dados e profissionais de IA, portanto, não deve ser nenhuma surpresa que, nesse estágio inicial, algumas pessoas fiquem inseguras quanto à terminologia. Todavia, seria mais preciso dizer que a decisão inteligente é o conceito mais amplo, um que incorpora a decisão digital em um grau aplicável ao realizar o resultado comercial desejado.

Algumas decisões devem ser automáticas, outras não, e acontece que o método da decisão digital pode ajudá-lo a decidir qual é qual. Porém, as *informações informais*, dados como opiniões, ideias, comentários e observações subjetivas, em geral não fazem parte das considerações da decisão digital. James Taylor, CEO da Decision Management Solutions e maior autoridade no processo de decisão digital, descreveu para mim recentemente em termos bem sucintos quais decisões são adequadas para a automação. Na visão dele, tais decisões têm que ser repetitivas, significativas (quanto à complexidade e à intensidade dos dados) e mensuráveis.

Dados informais, por comparação, são difíceis de codificar e, em geral, difíceis de medir também, embora possam ser considerações igualmente essenciais em uma decisão comercial. Esse é o ponto crucial do motivo de as abordagens qualitativas, como a ciência de gestão e outras ciências comportamentais, serem adicionadas na mistura da decisão inteligente.

LEMBRE-SE

Os dois modelos (decisão digital e decisão inteligente) não são mutuamente exclusivos. Ambos começam determinando o impacto de negócio desejado, ou seja, a decisão, mas fazem um caminho mental inverso, consolidando a contínua escalada no mundo dos negócios da necessidade de ficar de olho na bola ou na decisão, por assim dizer.

A decisão inteligente é o nome do jogo agora. Todas as funções comerciais agora estão entrando na era da responsabilidade direcionada.

Não guarde todos seus dados — Saiba quando descartá-los

Antes de começar a ver quantos dados você coletou, e que os fatores da pandemia e outros mostraram ser inválidos, e decidir fazer uma grande eliminação deles, lembre-se de que os dados não são sua primeira consideração na decisão inteligente.

Ao contrário, comece reavaliando onde a empresa está agora e o que precisa ser feito adiante para continuar a se adaptar às mudanças quando elas ocorrem. Ao mesmo tempo, determine onde deseja que a empresa chegue no outro lado.

São as decisões que requerem prioridade conforme você vai de ser reativo e passa para uma resposta e abordagem planejadas e previsíveis. Use a decisão inteligente para ajudar a tomar as melhores decisões para chegar lá, mesmo (e sobretudo) nas circunstâncias mais difíceis.

Essas decisões o levarão a outras decisões que você precisa tomar, e cada decisão determinará quais dados e outros ativos são necessários.

Se você ainda deseja limpar seus armazenamentos de dados agora e abrir espaço para uma invasão de dados novos e mais diversificados, considere começar com estas diretrizes básicas:

- **Considere manter os dados "que mudam", em vez de todos os dados:** Em outras palavras, elimine os dados repetidos, como leituras e duplicações de arquivo da Internet das Coisas (IoT) sempre repetida ou da Internet das Coisas Industrial (IIoT).
- **Considere excluir os dados do cliente antigos e desatualizados, determinando cortes de tempo lógicos:** Exemplos são tendências de compra com cinco anos ou mais, registros do fisco que podem ser excluídos após sete anos e registros de falência com dez anos ou mais (essas informações variam segundo o país).

LEMBRE-SE

Os dados não são o rei, são os servos. Não é um crime descartar alguns servos! Muitos dados que as organizações armazenam hoje são substituídos por dados atualizados, mas a maioria são dados inválidos para a tomada de decisão atual, devido às alterações provocadas durante e após a pandemia. Mas não tenha pressa para eliminar os dados. Com muita frequência, eles podem ter valor de modos que a organização ainda não considerou.

DICA

O curso de ação mais inteligente pode ser esperar até terminar de trabalhar nos novos processos de decisão usando o método de decisão inteligente, e então, depois que terminar, observar quais dados armazenados nunca são usados ou raramente o são. A partir daí, é possível reduzir os dados que você finalmente decide manter.

Adicionando Mais Pessoas à Equação

Não se engane, as decisões humanas sempre foram uma parte essencial dos dados e da análise, mesmo a IA. Cientistas de dados, analistas de dados e líderes na organização, todos têm uma influência significativa em relação a como os dados são preparados e servidos. Ainda assim, nenhum deles é um estrategista da decisão ou tem as habilidades de dados mais procuradas hoje e um papel quase central da decisão inteligente.

LEMBRE-SE

Profissionais podem utilizar diferentes modos de adicionar suas informações sem ter que escrever uma linha de código no computador. Como as informações da máquina e do homem são combinadas na decisão inteligente depende do projeto e da receita única do estrategista de dados.

O fato é que as decisões humanas levaram à criação de todas as coisas relacionadas a dados e adicionaram muito aos prós e aos contras de inúmeras ferramentas e projetos. A decisão inteligente não é radical ao sugerir que mais informação humana possa ser uma vantagem, contanto que adicione, não subtraia, algo concreto por trás da decisão.

O desafio é que as habilidades sociais são *difíceis* de codificar. Sim, é verdade, mas difícil não significa impossível. Algumas ciências trabalharam muito por décadas precisamente para codificarem sentimentos humanos, ideias e comportamentos. Ainda falta trabalhar em termos de desenvolver medidas de detecção definitivas e tática de análise, mas alguns dados agora são viáveis, em termos de usá-los nos projetos de decisão inteligente. E mais, algumas tecnologias coletam dados com base em observações mensuráveis de diferentes aspectos da condição humana e comportamentos.

Por exemplo, *visão computacional (CV)* é um campo interdisciplinar na ciência de computação que reúne e interpreta informações de dados visuais, como imagens digitais, vídeos e filmes radiográficos. Basicamente, a CV funciona permitindo que os computadores imitem o sistema de análise de dados do cérebro humano. É usada com IA porque os padrões nos dados visuais normalmente são muito complexos e desestruturados.

Um aspecto intrigante da CV envolve como ela pode ser usada para observar e interpretar os comportamentos humanos. Por exemplo, a CV costuma ser usada na sinalização de publicidade ou em vídeos exibidos em bombas de combustível como uma ferramenta para rastrear o movimento ocular e, assim, acessar por quanto tempo e quais partes do anúncio o cliente viu. A CV também rastreia e analisa o comportamento do consumidor em lojas, como rastrear quais itens e exposições fazem os compradores pausarem e olharem, quais itens os clientes pegam e examinam, quantos itens de vestuário eles experimentam, onde socializam e se eles focam adquirir certo item.

Do mesmo modo, imagens de diagnóstico, como raios X, ressonâncias magnéticas e mamografias, podem ser "lidas" por aplicações CV com base nas informações e nas regras fornecidas inicialmente por especialistas no assunto (SME). Informações e regras fornecidas foram escritas como código de computador, e uma coleção de imagens mostrando isso foi apresentada para as máquinas "aprenderem".

Com toda essa programação prévia por aí, a IA e outros advanced analytics agora podem capturar outros padrões nos dados visuais, permitindo detectar doenças mais no início que os métodos usados por médicos. Essas descobertas adicionais são um grande benefício para a medicina, mas também mostram o valor de adicionar informações extraídas pelo ser humano e técnicas para aumentar ou acelerar os esforços da máquina em análise e na decisão.

Mudança de pensamento no nível do segmento comercial

A decisão inteligente não é um exercício de alto nível para equipes de data science e executivos em altas funções corporativas (C-suite), ou seja, todos os executivos na organização cujos cargos que implicam "chefia", como diretor executivo (CEO), diretor de TI (CIO) e diretor financeiro (CFO). É um método para aproveitar o talento humano em geral, desde executivos e gerentes comerciais, até os operários. Esse sempre foi o objetivo na democratização dos dados, isto é, colocar os dados nas mãos de todo funcionário na empresa.

A democratização dos dados busca eliminar na origem os gargalos e os controles que atrapalham as decisões oportunas e as inovações. Um departamento de TI que faz bem seu trabalho também busca eliminar barreiras ao acessar, analisar e atuar nos dados.

Os esforços iniciais na democratização dos dados contavam com painéis e visualizações para passar as informações aos funcionários na organização (veja a Figura 6-1). Apesar da democratização dos dados ser citada por vários analistas do setor como a principal previsão de tendências para 2020, as taxas de adoção das metodologias usadas para esse esforço normalmente são ruins.

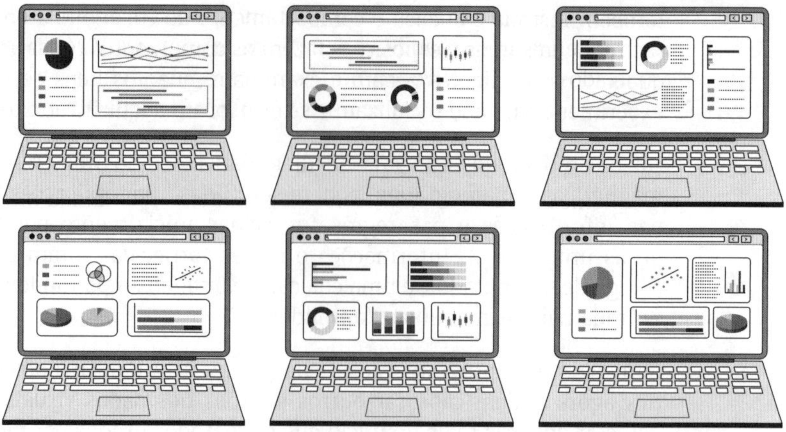

FIGURA 6-1: Uma imagem sempre vale mais que mil palavras?

Sou muito fã dos esforços da democratização dos dados, mas também estou aqui para dizer que há uma grande diferença entre passar informação e extrair boas decisões na organização. Por exemplo, informações e instruções, via de regra, normalmente vão dos executivos e dos gerentes para os funcionários. Mas quando o objetivo é assegurar que todo talento na empresa seja mais bem explorado para a causa comercial avançar, é preciso que as informações façam o caminho de volta também.

Em outras palavras, apenas dar instruções aos funcionários é uma via de mão única. Aproveitar todo o talento para tomar decisões melhores na empresa e ter mais lucro requer uma via de mão dupla para que as informações sejam trocadas. Afinal, as perspectivas no andar de baixo dos funcionários englobam diferentes detalhes em relação à visão de cima dos executivos. Ambas as perspectivas são valiosas e fornecem um melhor contexto. Utilize as duas.

LEMBRE-SE

Na maioria das vezes, não será necessário informar as decisões à alta gerência, pois as decisões do funcionário costumam ser um aspecto comum e rotineiro de seus trabalhos. A decisão inteligente pode ser usada para definir as regras e o escopo das decisões de nível mais baixo para manter a empresa no caminho desejado. O grau de autonomia dado aos funcionários é um julgamento que deve ser feito por toda empresa.

Em qualquer caso, espere que as empresas facilitem uma mudança em como as pessoas nos vários segmentos comerciais pensam em sua tomada de decisão, significando empoderar mais funcionários para tomar mais decisões unilateralmente. É possível que isso envolva uma nova geração de assistentes digitais virtuais (VDAs) para as empresas, nos moldes da Alexa, não apenas para fornecer aos funcionários insights relevantes, mas também para responder à pergunta: "Quais serão os resultados dessa decisão?" Os VDAs corporativos já existem e estão proliferando nas aplicações comerciais produzidas por diversos revendedores para essas finalidades comerciais. Exemplos incluem Oracle, Microsoft e SAP, todas fornecendo VDAs em seu software para ajudar os funcionários nas organizações de clientes a fazerem uma grande variedade de tarefas. Os VDAs também podem ser usados para desenvolver outros chatbots assistentes e com habilidades (assistentes de IA especializados em habilidades específicas). Por exemplo, o Assistente Virtual da Microsoft é um modelo de fonte aberta que permite a você e outras pessoas na organização criarem um chatbot para auxiliar ou complementar os funcionários com qualquer tarefa, ainda mantendo total controle da experiência do usuário, tratamento organizacional e acesso de dados necessário.

Alguns gerentes de pessoal das antigas podem ter problemas com a ideia de empoderar o operário para tomar suas próprias decisões. Mas esse modo antiquado de pensamento cairá conforme a automação do trabalho avançar. A verdade nua e crua é que:

As únicas pessoas que ficarão empregadas na era da automação profusa são aquelas que são mais fortes nas habilidades de pensamento crítico, criatividade, inteligência emocional, liderança e outras habilidades humanas difíceis de codificar.

Uma empresa achará tais funcionários de pouco valor de negócio se eles não têm permissão para trabalhar com certo grau de autonomia. Admito, a orquestração de seus esforços ainda será necessária, mas é só outro argumento para usar a decisão inteligente, pois unifica os processos e os orienta para uma meta bem definida.

DICA

Priorize a inteligência coletiva, também conhecida como *pensamento de grupo*, como uma fonte de dados principal para alguns projetos. Os grupos muito diversos em conhecimento, cultura e profissão, coletivamente focados em resolver um problema específico, serão especialmente úteis ao fornecer um contexto adicional e perspectivas ampliadas.

Como consequência, uma tomada de decisão descentralizada será a norma comercial conforme as empresas buscam maior agilidade, melhoras comerciais contínuas, vários caminhos para atrapalhar ou se tornar disruptores, mudanças rápidas do modelo comercial e outros conceitos não considerados anteriormente como parte do arsenal competitivo de uma empresa. Mas isso fica para outro livro.

O fato aqui é que a pandemia mudou para sempre os negócios e as economias de modos fundamentais, tornando o novo normal qualquer coisa, menos normal. As empresas que prosperam serão aquelas que podem prosperar em um estado quase constante de fluxo, por meio de uma tomada de decisão melhor e direcionada, em que cada gota de talento e de dados é extraída e aproveitada.

TESTE O RESULTADO BUSCADO — ERA ESSE MESMO?

Qualquer descoberta inicial feita pode ser interessante na superfície, levando a cumprimentos entusiasmados, mas pode ficar aquém das expectativas no final. Por isso, decidir sobre o resultado comercial desejado deve ser um processo disciplinado, não um em que você decide do nada ou escolhe aleatoriamente em resposta a uma oportunidade ou uma demanda.

Algumas pessoas contam com o cérebro para pegarem os atalhos habituais e examinam seu próprio subconsciente para chegar a uma busca da decisão comercial inspirada. Não há absolutamente nada de errado com essa estratégia. Mas contar com a ciência da decisão para sair do conforto e entrar na codificação fria é uma abordagem mais inteligente ao determinar um resultado comercial e a decisão que leva a isso.

É assim porque você deve fazer várias considerações reais, e de vital importância, no processo. Essas considerações incluem análises de risco, análise de custo/benefício e análises da eficiência do custo, além da modelagem de simulação, da microeconomia, da pesquisa de operações, da teoria da decisão comportamental, do controle da gestão, dos impactos da mudança, da inferência estatística, das psicologias cognitiva e social, da ciência da computação, entre outras.

Resumindo, a ciência da decisão codifica suas tendências, suas individualidades, seus talentos e inspirações geniais (até certo ponto). (O termo técnico para esse processo de codificação é *heurística,* mas em termos leigos, atalhos cognitivos e regras gerais são usados para simplificar e melhorar as escolhas.)

A ciência da decisão orienta como essas decisões iniciais devem ser formadas, desde a inspiração até um objetivo prático. Essa metodologia se baseia em várias técnicas quantitativas. As ciências integradas ou combinados sob o guarda-chuva da ciência da decisão são a psicologia, a economia, a filosofia, a estatística e a ciência da gestão.

A ciência da decisão é a estrutura a partir da qual uma decisão se baseia para aproveitar um indivíduo, um negócio, uma ONG, uma agência do governo, ou outra entidade. Nesse caso, você usa essa estrutura para identificar a decisão inicial a partir da qual trabalha de trás para a frente na decisão inteligente.

E se você toma uma decisão por instinto ou no chuveiro, e sente o momento Eureca, pode avalizar sua viabilidade usando essa mesma estrutura.

De qualquer modo, pode julgar se o resultado é o buscado, aquele que deseja alcançar.

Note que a *ciência da decisão* é um campo interdisciplinar que usa muitas técnicas quantitativas para informar a tomada de decisão. A *decisão inteligente* é uma estrutura planejada para o resultado (ação) para uma decisão predeterminada de um valor de negócio bem definido. A decisão inteligente é, em essência, a combinação de ciência da decisão e data science.

A decisão inteligente coloca executivos e pessoas comuns de volta no comando

Há muita preocupação com os avanços da IA. As pessoas temem que a automação e/ou a IA dominará todos os trabalhos restantes em breve. O fantasma do desemprego em massa paira sobre trabalhadores preocupados em todo lugar. Até as pessoas que trabalham em três ou quatro lugares ao mesmo tempo ganhando salário mínimo, para conseguirem sobreviver, relutam em pedir aumento porque "as máquinas estão chegando".

A pandemia acelerou a adoção da automação muito antes do previsto, quando a maioria das pessoas entrou em lockdown para evitar o vírus. Grande parte dessa automação ainda existe, mas a escassez de trabalho que se seguiu no período de recuperação mostrou que a automação não é suficiente para manter vivos os negócios, muito menos fazer com que prosperem.

E mais, apesar da previsão do Fórum Econômico Mundial de que a automação "substituirá 85 milhões de trabalhos globais até 2025", ele também prevê que, no mesmo período, "97 milhões de novos trabalhos serão criados, mais adequados para uma economia fortemente automatizada".

Esses trabalhos mais adequados serão preenchidos por pessoas com grande conhecimento do setor, conhecimento institucional, habilidades de pensamento crítico, capacidades para solução de problemas e um alto nível de criatividade, entre outros traços especializados e exclusivamente humanos.

Em outras palavras, a automação não elimina os trabalhos tanto quando muda a natureza dele.

As altas funções corporativas (C-suite) de executivos e diretores veem o começo de uma tendência parecida. Essa ênfase no que chamo de "traços especializados e exclusivamente humanos" é uma mudança bem-vinda em relação à trajetória anterior orientada a dados. Para entender, veja a história da Deep Knowledge Ventures (DKV), um fundo de investimentos de Hong Kong que fez história em 2017 quando nomeou para seu conselho uma IA chamada VITAL (desenvolvida pela empresa Aging Analytics, agora extinta). E mais, a DKV previu na época que a IA estaria administrando empresas asiáticas dentro de cinco anos. Parecia que a empresa de capital de risco tinha certa razão, considerando o fato de que a IA estava avançando de forma progressiva dentro de muitas empresas na época.

Muitos CEOs já estavam se irritando ao terem que justificar cada decisão comercial com dados, em vez de decidirem por instinto ou tomarem uma decisão por eles mesmos. Muitos ignoravam em silêncio os dados quando eles não concordavam com seus pensamentos sobre o assunto. Então, com incursões cada vez mais frequentes nas diretorias e outras posições do alto escalão, parecia que a IA acabaria com os CEOs carismáticos e superiores muito mais do que seus parceiros humanos de meio período. No que diz respeito às altas funções corporativas, esse não foi um desenvolvimento bem-vindo.

Felizmente para eles, a ofensiva esperada não aconteceu. Uma série de questões legais e éticas logo enredou a VITAL em um pesadelo de relações públicas, com muitos comentaristas sobre o cenário de investimento rotulando as ações da DKV como golpe de publicidade. Em 2019, a DKV desligou, sem muito alarde, a VITAL.

Por mais sorte ainda, os CEOs devem retomar o leme de novo, mas isso não significa que eles tomarão decisões *sem* dados e IA. Mas a maré está mudando e permitindo uma maior autonomia para os CEOs também. Tal como acontece na diretoria, agora há muito espaço para exercer criatividade, especialização no setor, experiência e talento, mas fazendo isso dentro da relativa segurança dessa nova metodologia de decisão.

LEMBRE-SE

CEOs e outros executivos de alto escalão determinarão muitas das decisões gerais no topo do processo da decisão inteligente. As ferramentas automáticas da ciência da decisão podem ajudar a aprimorar e testar essas decisões, enquanto a decisão inteligente os informará do provável impacto real. Resumindo, movendo os dados e a IA para um papel de suporte, em vez da posição principal, as pessoas em qualquer cargo podem contribuir mais com seu trabalho e se sentir menos robóticas. Isso deve ter um impacto muito positivo na moral, nas taxas de retenção de talento e nas avaliações de satisfação profissional.

Limitando as Ações ao que a Empresa Realmente Fará

Nem todas as decisões boas, ou mesmo ótimas, são executadas. A frase *ação não tomada* costuma ser uma observação surpreendente e desanimadora encontrada no registro de um algoritmo. Esse fenômeno não é novo. As empresas escolheram processar as falsificações que copiam sua marca ou propriedade intelectual, escolheram preparar defesas contra ataques ransomware e até reforçar suas defesas para impedir um segundo ou terceiro ataque da mesma parte.

A lista de movimentos que parecem incrivelmente ruins após receber boas informações e insights assistidos por máquina é longa e notável, mas não se limita a alguns setores.

Se essa declaração o assusta, junte-se ao clube. Muitos cientistas e analistas de dados ficaram frustrados vendo seu trabalho diligente ignorado enquanto condições comerciais insustentáveis (mas possivelmente evitadas) são mantidas de bom grado.

Por vezes, a hesitação ou a recusa em agir é prejudicial ou até desastrosa. Outras vezes, passar à ação com um bom insight não é uma má decisão em relação ao esquema maior das coisas. O foco deve estar no resultado comercial dado, manter os olhos no prêmio é tudo. Se o insight não aproxima o prêmio, ele não deve ser aplicado, ou seja, antes de começar a buscar um resultado comercial específico, verifique primeiro a vontade da empresa, o orçamento, os recursos, a cultura e outros obstáculos internos em potencial. Essa estratégia economiza muito tempo, dinheiro, esforço e frustração.

Orçamentos *versus* vontade da empresa

Verifique o resultado comercial desejado em relação a mais de um obstáculo interno em potencial antes de fazer o resto do trabalho na decisão inteligente. Por exemplo, a empresa pode ter vontade de ver uma decisão direta, mas não ter orçamento suficiente para um esforço bem-sucedido. Por outro lado, a empresa pode ter o orçamento, mas não a vontade para implantar a decisão.

Nesses gargalos da empresa que ameaçam bloquear o seu caminho, muitas vezes você descobre várias camadas de possível confusão. Por exemplo, as áreas minadas em potencial na empresa, para uma decisão bem elaborada, podem aparecer pelos seguintes motivos:

- **Orientação política:** Às vezes, uma decisão é tomada ou descartada de acordo com como é percebida dentro das crenças políticas e das afiliações de pessoas em uma organização. Por exemplo, uma decisão para oferecer um local de trabalho seguro designando máscaras e teste para os funcionários não vacinados é vista por alguns como sendo uma postura política, não como uma questão de segurança. Alguns funcionários desafiam tais ordens porque valorizam sua opinião política acima de qualquer preocupação com a saúde. Executivos também costumam tomar decisões que se alinham com sua afiliação política. O fato aqui é que as políticas da empresa ou do país podem ser grandes obstáculos para seus projetos de decisão inteligente não políticos.
- **Conflitos com a cultura da empresa:** Se uma decisão não se encaixa na cultura da empresa, é improvável que seja adotada e implementada. A cultura da empresa são seus valores compartilhados. Por exemplo, se a cultura da empresa inclui o compromisso com o bem-estar animal, então uma decisão para testar seus produtos em animais vivos seria um conflito direto.

» **Prioridade baixa na missão da empresa:** Toda empresa tem prioridades sobre como ganhar o dinheiro, quais trabalhos preencher e outras questões comerciais. Se o projeto de DI aborda uma decisão com baixa classificação nessa escala de prioridades, é duvidoso se receberá muito apoio ao vê-la dando frutos. Na verdade, pode se tornar um rápido candidato ao corte de custos. Um exemplo: uma decisão para comprar mais cisnes para o lago na frente da fábrica. Sim, seria ótimo ver pássaros todo dia, mas é claramente um projeto de baixa prioridade. Outro exemplo: uma seguradora pode decidir excluir uma droga mais cara de seu receituário, mesmo sendo um tratamento superior, porque cortar os custos do pedido de indenização é uma prioridade mais alta do que melhorar a saúde do paciente.

» **Fora da missão da empresa:** É fácil se apegar a uma nova ideia interessante, mas se ela não se encaixa nem avança na missão da empresa, é provável que não terá apoio no orçamento ou de outros recursos. Por exemplo, os dados mostram que a empresa poderia economizar milhares de dólares em custos com energia instalando painéis solares para alimentar o sistema de refrigeração no data center da empresa. Embora seja verdade que poderia haver economia de dinheiro, essa eficiência não avança na missão da empresa como a decisão alternativa: usar computação na nuvem que não tem custos com energia para a empresa pagar e também fornece recursos e capacidades acima dos obtidos com os mesmos custos usando o data center da empresa. Resumindo, a computação na nuvem economiza dinheiro e avança na missão da empresa. A decisão de instalar painéis solares não teria o apoio nesse cenário.

» **Controverso demais:** A maioria das empresas prefere evitar controvérsias e decisões sobre tópicos polêmicos que podem despertar uma reação do cliente, do empregador ou do público. Por exemplo, muitos funcionários evitam tomar decisões em relação a se os planos de saúde cobrem cuidados com a reprodução humana. Assim, qualquer tentativa para decidir se deve oferecer ou não, na maioria dos casos, seria rejeitada em favor de deixar as seguradoras oferecerem o que elas querem e evitar tomar uma decisão que seria controversa.

» **Conflitos com as expectativas de parceiros, revendedores ou clientes:** Identificar grupos que terão um possível impacto em sua decisão antes de prosseguir e descobrir que foi rejeitada ou abandonada em algum ponto adiante. Por exemplo, verifique os contratos com revendedores para saber se você não está quebrando um acordo anterior com um revendedor quando decidir como melhorar mais sua cadeia de suprimentos ou aproveitar a relação com um novo revendedor. Outro exemplo: se as expectativas do cliente incluem um programa de recompensas, não decida parar com o programa ou substituí-lo por outro até primeiro lidar com como as expectativas do cliente serão atendidas em relação ao programa de recompensas inicial.

- **Repercussão pública em potencial:** Se sua decisão obtém uma cadeira elétrica no tribunal da opinião pública, as consequências podem ser caras. Por exemplo, se uma grande empresa farmacêutica aumenta o preço de uma droga vital, como a insulina, que sabemos ter um baixo custo para produzir, a indignação pública pode acabar levando a um ambiente regulatório que reduza os lucros da empresa e da indústria. Na verdade, quando este livro foi escrito, um plano de prescrição de drogas para regular os preços estava no Congresso dos EUA como parte do projeto de lei Build Back Better. Não importa o tipo de decisão tomada, é bom verificar os impactos esperados para uma possível repercussão pública antes de seguir adiante no processo.
- **Fora da tolerância a riscos da empresa:** Como as pessoas, as organizações têm diferentes níveis de tolerância a riscos, ou seja, algumas empresas se sentem mais confortáveis em assumir riscos maiores que outras. Veja se sua decisão não é tímida nem corajosa demais para a zona de conforto de risco da organização. Por exemplo, se a decisão é aceitar criptomoeda nos esforços de captação de recursos da organização, primeiro verifique se a organização se sente confortável com os riscos, como o fato de que essa moeda tem alta volatilidade de valor, é um ativo imaterial que pode ser perdido facilmente com uma senha esquecida, não regulada ou não assegurada por qualquer autoridade.
- **Conflitos interpessoais entre os tomadores de decisão:** Guerras territoriais entre tomadores de decisão ou empresários podem sabotar o sucesso de sua decisão. Por exemplo, o diretor de tecnologia (CTO) pode querer adicionar uma nova tecnologia ao portfólio de ativos da empresa, mas o diretor de informação (CIO) prefere usar o dinheiro no orçamento da tecnologia para contratar um provedor de serviços gerenciados (MSP) para ocupar o cargo durante a escassez de mão de obra. A luta pelo controle do orçamento pode ser grande e emblemática, mas também pode arruinar seu projeto de DI. Veja se você tem uma boa leitura dos vários territórios e protetores do território antes de buscar apoio para seu projeto de DI ou procurar sua implementação.
- **Aprovação pendente da regulação:** Por sorte, a regulação raramente acontece da noite para o dia. Mesmo que um projeto de lei seja acelerado e siga seu caminho pelos órgãos reguladores mais rápido que o previsto, ainda leva tempo para que as organizações afetadas o vejam chegando. É bom levar em consideração essas regulações pendentes na tomada de decisão, junto com a probabilidade de se tornar lei ou uma nova regra. Exemplos incluem os possíveis mandatos da vacina Covid no âmbito da agência OSHA (Administração de Segurança e Saúde Ocupacional) dos EUA e o lockdown na Áustria das pessoas não vacinadas, ambos afetando a mão de obra e os voluntários para empresas e ONGs, respectivamente.

» **Problemas de conformidade:** Toda organização tem políticas, processos e procedimentos que asseguram que tudo na empresa esteja em conformidade com as leis relevantes, regras e regulações. Isso é coletivamente referido como "governança e conformidade". Verifique se a decisão que você quer implementar está bem dentro dos limites dos requisitos de governança e conformidade de sua organização. Exemplos de regulações que você pode precisar cumprir incluem (mas não se limitam a), nos EUA:

- EU GDPR (Regulamento Geral de Proteção de Dados da União Europeia).
- GLBA (Lei Gramm-Leach-Bliley).
- HIPAA (Lei de Portabilidade e Responsabilidade dos Seguros de Saúde).
- PIPEDA (Lei de Proteção de Informações Pessoais e Documentos Eletrônicos).
- CCPA (Lei de Privacidade do Consumidor da Califórnia).
- SOX (Lei Sarbanes–Oxley).

» **Preocupações orçamentárias:** A conclusão é o fim da linha. Veja algumas considerações orçamentárias que podem inviabilizar a decisão à frente do seu esperado projeto de decisão inteligente:

- Você pode ter um orçamento para o processo de decisão e o início, mas o orçamento é insuficiente para as ações complementares ou os custos recorrentes que mantêm o impacto ao longo do tempo.
- Um orçamento não consegue cobrir todos os custos das ações, mas o dinheiro de vários orçamentos de departamentos sim. No entanto, o resultado comercial não atende às necessidades de todos os departamentos envolvidos, portanto, não justifica o fim, e os fundos não são disponibilizados.
- A ação ocorre além do período de um orçamento, deixando uma lacuna financeira no período ou entre os períodos fiscais.
- O retorno esperado no investimento não atinge níveis suficientes.
- Não é interessante o bastante tirar dinheiro do orçamento de um projeto favorito que já está no cronograma.

As restrições de orçamento e a falta de vontade são os principais obstáculos que um projeto pode ter, mas outras barreiras podem ser igualmente fatais. Leia para ver o cenário geral.

Colocar a cultura da empresa contra os recursos dela

A cultura da empresa raramente é um bloco unificado de comportamentos aceitos, embora costume ser apresentada assim. Em geral, as empresas listam os valores que elas adotam em termos claros como parte de uma declaração de missão ou outra declaração oficial, mas o local de trabalho real normalmente tem muitas outras nuances.

Por exemplo, uma empresa visa honrar e promover a diversidade, mas ser tendenciosa, de propósito ou não, de vários modos. Verificar a viabilidade de uma decisão em relação à cultura da empresa deve ter a mesma nuance para ela ter sucesso na implantação. Os mesmos problemas nas tendências intencionais e não intencionais nas taxas de adoção das tecnologias se aplicam na decisão, embora mais à luz dos resultados do que das tecnologias e dos métodos envolvidos.

O curso mais fácil é cumprir bem as declarações da cultura documentadas pela empresa e estar preparado para trabalhar nos pontos de resistência não declarados, como tendências e medos de perder o trabalho, autonomia ou autoridade. Verifique a ação em relação à cultura declarada da empresa antes de continuar. Mas isso não significa necessariamente que você deve ceder às pressões culturais. Se o resultado comercial é sólido e ético, pode ser preciso rever a apresentação para abordar de modo proativo o desvio das normas da empresa ou reformular sua decisão para continuar de acordo com a cultura da empresa. Veja algumas questões a considerar:

- A decisão dispara focos de resistência conhecidos na empresa?
- A decisão atende aos padrões éticos da empresa e espelha seus valores?
- A decisão está à altura dos valores sociais regionais e dos costumes?
- A decisão tem uma implicação política ou religiosa, ou uma conotação na mente da liderança, dos funcionários ou dos clientes?
- A decisão afasta os aliados do mercado ou do setor?

Sua decisão também deve ser verificada quanto aos recursos da empresa. Eu mencionei dinheiro e orçamentos anteriormente neste capítulo, mas aqui falo sobre recursos não monetários, como talento disponível e horas de trabalho, ativos em hardware e software, ativos de dados, outros ativos, adesão dos executivos e dos funcionários, e outros recursos. Veja alguns recursos comuns para verificar com sua ação pretendida:

- Disponibilidade de energia e custos.
- Considerações da cadeia de fornecimento.
- Disponibilidade de inventário.
- Disponibilidade dos principais talentos.
- Market timing.

Assim que você verificar sua decisão em relação a esses e outros fatores internos, poderá calcular a probabilidade de a ação ser realizada. Pode ser que você precise riscar a ação inteira, escrevê-la e estabelecê-la de modo diferente para assegurar recursos extras.

De qualquer modo, saiba onde você está antes de continuar com o resto de seu trabalho de decisão inteligente.

Usando a decisão de longo prazo para elaborar retornos de curto prazo

Uma crítica que as empresas norte-americanas costumam encarar é pensar demais em curto prazo. A crítica é justificada, pois os executivos da empresa tendem a tomar decisões com base nos possíveis retornos do acionista no trimestre. Sem dúvidas, os executivos pouco fazem para aliviar essa pressão, mas não significa que eles não têm que ceder a isso também.

Como a decisão inteligente começa com um resultado comercial, ela pode ser usada para planejar um resultado de longo prazo, e então trabalhar de trás para a frente para identificar e criar uma série de resultados de curto prazo que entregarão aos acionistas, mas também manterá a empresa avançando na estratégia de prazo mais longo. Contudo, os tomadores de decisão também devem considerar as vantagens obtidas ao tornar a empresa mais ágil à luz do fluxo pandêmico em que se encontram todos os setores atualmente.

Planejar uma resposta deliberada e precisa, em vez de adotar um curso reativo, pode significar a diferença entre ter a empresa no tribunal de falências ou tê-la coroada como a rainha do setor. Essa informação valiosa é bem conhecida, embora algumas empresas ainda estejam no modo reativo. Isso pode ser facilmente compreendido no advento de um choque econômico considerável, que foi o caso na recente pandemia. Mas o fato é que, quanto mais rápido uma empresa sai do modo reativo para o modo responsivo, melhores são as chances de prosperar.

A decisão inteligente pode ser uma ótima ajuda ao endireitar o rumo da empresa e colocá-la no curso certo, mas também pode ser usada para atender a demandas mais imediatas, desde corrigir a ruptura da cadeia de fornecimento até entregar retornos aos acionistas.

Começar pelo fim é como você incorpora decisões de curto prazo no caminho do resultado de longo prazo. Faça isto:

- » Use projetos de DI separados com resultados de curto prazo no final de cada um.
- » Articule os resultados de curto prazo da DI com a decisão de longo prazo dela.
- » Considere os resultados de curto prazo como resultados de incremento que você pode imaginar como regras a seguir ao retroceder da decisão de longo prazo para descobrir o caminho para todas essas decisões.
- » Avalie sua decisão de longo prazo em relação aos impactos de curto prazo ao longo do caminho para assegurar que tudo esteja alinhado e os resultados individuais e a soma dos resultados sejam razoáveis.

Podem surgir outros modos também, mas o fato aqui é que a metodologia da decisão inteligente permite considerar não apenas vários fatores, mas impactos de incremento também. Essa é a intenção da decisão inteligente: nomear os resultados desejados e trabalhar de trás para a frente a partir desse ponto para assegurar que os resultados sejam entregues.

NESTE CAPÍTULO

» Percebendo que a DI envolve repensar, não refazer

» Trabalhando para reaproveitar mais que substituir

» Reconhecendo que provavelmente você já tem a maioria das ferramentas necessárias

Capítulo 7

Caixa de Ferramentas de DI

Decisão inteligente (DI) é uma metodologia de guarda-chuva grande e ampla que qualquer pessoa na organização pode usar para tomar boas decisões. Lembra a boa prática de analytics para você, e, em muitos aspectos, é.

A decisão inteligente difere no sentido de que vai além do analytics e tem vínculos com as operações, incluindo um resultado direcionado desde o início, domínios fora dos analistas e cientistas de dados, automação de data science e ferramentas que reduzem muito a complexidade na análise dos dados.

Algumas ferramentas podem ser familiares para você e é possível que já estejam em uso na empresa. Outras estão evoluindo e surgindo, e há ferramentas que ainda não surgiram.

Em outras palavras, a decisão inteligente está em transição. As condições voláteis do mercado trazidas pela pandemia e a recuperação subsequente estão impulsionando sua adoção. As ferramentas ainda têm que acompanhar isso de forma geral.

A data science, que continua consistente, ainda é muito usada na maioria dos projetos de DI. Essas ferramentas permanecem no jogo, mas muitas também estão passando por uma transformação.

Neste capítulo, mostrarei as ferramentas atuais e descreverei as transformações que você pode esperar em um futuro próximo.

Decisão Inteligente É Repensar, Não Refazer com Data Science

Decisão inteligente é repensar o processo de decisão em geral, não refazer com data science, ou seja, a DI é mais uma melhoria do processo de decisão e reordenação do que uma reforma com data science. Considere isso como uma gestão da decisão no sentido amplo, não no sentido técnico, pois os termos não são realmente usados alternadamente quanto a categorias de software e sistemas.

Os sistemas de gestão da decisão tratam as decisões como ativos reutilizáveis, isto é, eles automatizam partes do processo de tomada de decisão. As ações baseadas nos resultados podem ser automatizadas (aprovações ou rejeições de pedidos de empréstimo automáticas, por exemplo), mas são apresentadas como opções selecionadas que funcionários ou clientes podem escolher fazer.

Em geral, os sistemas de gestão da decisão não começam com o resultado e trabalham de trás para a frente para determinar o processo, mas focam as melhorias contínuas e a reutilização das decisões anteriores nos sistemas automatizados.

Mas existe um movimento que pede mudanças nos sistemas de gestão da decisão. Pioneiros e líderes na decisão inteligente estão liderando a mudança para usar a DI para melhorar esses sistemas. Grandes nomes, como a cientista-chefe de decisão do Google, Cassie Kozyrkov, Meta Brown (autora do livro *Data Mining For Dummies* [sem publicação no Brasil] e presidente da A4A Brown, Inc.), James Taylor (principal consultor e CEO da Decision Management Solutions) e Lorien Pratt (pioneira em transferir o aprendizado para máquinas, em DI, cientista-chefe e cofundadora da Quantellia) logo vêm à mente. Taylor, em particular, definiu precisamente como adaptar os sistemas de gestão da decisão e outras tecnologias à estrutura DI.

Esse repensar é orientado em grande parte pela turbulência abrupta que o mundo vivenciou recentemente por causa da pandemia de COVID-19. Em um mundo em que o normal nunca será normal de novo, a tomada de decisão assumiu uma nova urgência e importância. Como a pandemia e as várias formas de recuperação mostraram os dados existentes e os muitos resultados e decisões anteriores como inválidos, um grande vazio de incerteza existe onde a certeza era antes considerada. Organizações de todos os tipos e tamanhos agora estão lutando para descobrir o que fazer.

As metodologias e as tecnologias atuais estão confundindo as coisas. No momento, o analytics tem muitos nomes, muitas finalidades e reside em muitas tecnologias, refletindo várias abordagens, como (mas não limitadas):

- IA.
- Mineração de dados.
- Categorização (descritiva, preditiva etc.).
- Automação.
- Computação de borda.
- Gerenciamento autônomo de máquinas.
- Gestão da decisão.
- Business Intelligence.
- Streaming de dados.
- Análise de gateway.
- MLOps.

A decisão inteligente reúne tudo sob um guarda-chuva e trata isso de forma individual e coletiva como ativos na tomada de decisão. Podem ser usados ou ignorados como quiser, dependendo dos requisitos em qualquer processo identificado pela DI.

Até certo ponto, o termo *decisão inteligente* resolve muito da confusão que as pessoas sentem sobre os conceitos que parecem já estar unificados, como IA e analytics. A maioria dos usuários comerciais não sabe a diferença entre as duas, nem se importa, porque há pouco valor em resolver os aspectos técnicos quando seu interesse está unicamente nos resultados. Por isso a automação de data science e o acréscimo da IA (além de remover os componentes matemáticos da interface do usuário geral dos apps BI) são tão eficientes ao incentivar a democratização dos dados e a descentralização da decisão.

Retirar a ciência, a matemática e a codificação de computador da experiência do usuário é como outras tecnologias dominaram seus setores, como os sistemas operacionais da Apple e dispositivos, e todos os produtos do Microsoft Office. É muito provável que a decisão inteligente dominará do mesmo modo o analytics e as tecnologias afins conforme os produtos se desenvolvem e novos surgem, seguindo o mesmo caminho amistoso para o usuário.

Um Balanço do que Você Já Tem

É difícil imaginar uma empresa qualquer sem tecnologias de assistência da decisão. Até os micronegócios têm acesso à análise e à IA em vários apps de terceiros, como os encontrados em softwares, veículos, sistemas de GPS e smartphones. Por exemplo, os analytics bancários e financeiros integrados têm muitos e variam desde os apps incorporados na pontuação de crédito, como o Experian, até planilhas do Excel e uma grande variedade de softwares de contabilidade e fiscal. Os analytics estão predefinidos em muitos ativos comerciais também, desde frotas de veículos da empresa e sites comerciais (uma cortesia do sistema de host) até sistemas de ponto de venda "smart". Cada uma dessas ferramentas serve para ajudar nas decisões comerciais.

As organizações maiores adotam uma abordagem mais prática e criação rotineira:

- Serviços de decisão (encontrados na Arquitetura Orientada para Serviços ou SOA, em que cada serviço automatiza uma tarefa de tomada de decisão separada e específica).
- Modelos de aprendizado baseado em IA.
- Algoritmos criados do zero.
- Personalizações de modelos dentro de apps de terceiros.

Por isso eu digo que muitas das tecnologias de que você precisará para os projetos de DI já estão nos componentes de hardware e software que são suporte à execução de uma aplicação. As tecnologias que sua organização usa para facilitar transferências de dados, armazenamento, gerenciamento e analytics, além de qualquer plataforma de gestão da decisão, normalmente podem ser reaproveitas no uso da DI.

De qualquer modo, é possível que você encontre muito do que precisa já à mão e provavelmente está em uso agora, mas também achará que precisa fazer um upgrade para as versões criadas para serem mais amistosas para a DI, ou que precisa adicionar algumas novas tecnologias.

LEMBRE-SE

Repense e reordene como o trabalho da tomada de decisão é feito. Veja com atenção as capacidades de todas as tecnologias afins, em vez de presumir que aquelas que você tem podem fazer o trabalho que precisa ser feito agora.

Visão geral da ferramenta

Para os micronegócios e os empreendedores individuais, reunir fatos de vários analytics e outras fontes seguidas por uma análise SWOT (FOFA) manual (o exame testado e aprovado das forças, das fraquezas, das oportunidades e das ameaças das opções de decisão) pode ser suficiente para alguns projetos de DI que requerem menos etapas. Ou você pode escolher usar um app de lousa virtual, como o Lucidspark, para mapear a lógica na ação e compartilhar ou obter informações de outras pessoas (ficou curioso com o Lucidspark? Acesse o site em `https://lucidspark.com` — conteúdo em inglês).

Mas você também pode usar ferramentas mais sofisticadas, como os apps de business intelligence (BI) de autoatendimento, como o Power BI, que agora vem incorporado nas versões Enterprise do Microsoft Excel e do Microsoft Teams. Se ainda não tem as versões Enterprise, acesse uma versão gratuita, mas limitada, do app online. Veja também outros apps BI, como Sisense, Domo e Qlik Sense, todos úteis no trabalho da DI, mas de modos diferentes. Alguns desses apps são úteis porque ocultaram a data science e a codificação do computador quase por completo na interface do usuário, tornando-a poderosa e mais fácil de usar. A data science e a codificação do computador ainda existem, claro, só estão automatizadas e fora da visão do usuário. Porém, o Qlik Sense se destaca porque vai além, entregando insights do usuário relacionados à sua busca, mas que o usuário não pediu, o que força o raciocínio dele e o faz pensar em possibilidades ampliadas (para saber mais sobre o Qlik Sense, acesse `https://www.qlik.com/us/products/qlik-sense`— conteúdo em inglês).

É possível que as empresas maiores precisem de muito mais músculo tecnológico para conseguirem desenvolver ou personalizar os processos de DI, além de otimizar as tecnologias existentes, como a IA. O conjunto de tecnologias deve ser assim:

- Software de modelagem da decisão.
- Sistema de gerenciamento de regras de negócio (BRMS).
- Stack de aprendizado de máquina (um stack ML automatizado e/ou um stack de data science para sua equipe de data science criar algoritmos ML do zero).

LEMBRE-SE

No mundo da TI, *stack* é uma combinação de tecnologias que uma empresa usa para criar e executar uma aplicação ou um projeto.

- Uma plataforma de gerenciamento de dados com capacidades em tempo real e de streaming de dados.
- Um sistema BI ou aplicação e/ou ferramenta de visualização de dados.

LEMBRE-SE

Se você tem um pequeno negócio, um médio ou uma grande organização, se acha que não tem todos os itens, não importa. Tudo está disponível na nuvem.

Trabalhando com apps BI

Os apps BI de autoatendimento foram desenvolvidos com o objetivo de fazer a democratização dos dados em certo grau de autonomia do usuário separado da TI e do envolvimento do cientista de dados. Antes, a tomada de decisão focava muito a data science e a estatística, provavelmente porque as regras da tomada de decisão e os programas foram desenvolvidos ou implantados por cientistas de dados e estatísticos. É natural trabalhar dentro do escopo familiar da disciplina de alguém.

Mesmo assim, os analistas de dados acharam basicamente as ferramentas muito menos estranhas e mais úteis com cada iteração. Mas outros usuários comerciais normalmente ficam tentando descobrir conceitos de data science obscuros, como junções de dados, dimensões, métricas e opções de visualização.

No momento, a maioria dos apps BI tem várias iterações profundas e a compatibilidade com a metodologia DI está aparecendo muito em certas marcas. Na época da escrita deste livro, Domo era muito semelhante com um design IU único: o princípio fundamental é "Se você pode clicar e desenhar linhas, pode analisar os dados". O Power BI também é bom em termos de facilidade de uso para os usuários comerciais gerais que têm pouca a nenhuma experiência com a análise de dados. Meu conselho seria testar os vários apps BI usando versões gratuitas ou de avaliação antes de decidir qual é melhor para suas finalidades.

Vários desses apps, assim como outros não mencionados aqui, incorporam a consulta da linguagem natural e as narrativas explicativas da IA, sendo quase ideais ao promover a democratização dos dados e a tomada de decisão descentralizada.

Muitos desses apps também são incorporados agora em outros. Exemplos incluem assistentes digitais, como Alexa, Cortana, Hey Google e Siri no lado do consumidor e chatbots criados por aplicações de assistente virtual no Oracle, Microsoft, SAP e outros produtos de software corporativos. E mais, os apps BI podem vir em vários apps comerciais, como planilhas do Excel, Microsoft Teams, Salesforce CRM etc. O aumento nos apps BI incorporados em outros apps também ajuda nos esforços de DI conforme os usuários não precisam sair de seu trabalho em um software e acessar outro para obter a análise necessária para dar suporte ao resultado que esperam conseguir.

Acessando ferramentas na nuvem

A tendência de adoção da nuvem acelerou durante a pandemia no suporte do êxodo em massa do trabalhador no escritório para os ambientes domésticos. É possível que a tendência continue inabalável, mesmo que a recuperação ganhe velocidade, pois a pandemia mudou para sempre o futuro do trabalho, o negócio em si e a dinâmica do cliente.

Muitos serviços de nuvem já oferecem o analytics mais aplicável para realizar o retorno no investimento (ROI) para as organizações. Mas o analytics está se aprofundando conforme mais serviços de nuvem oferecem um maior conjunto de analytics para o uso do cliente comercial.

Um exemplo é o Power BI, incorporado na versão Enterprise Cloud do pacote de produtividade Microsoft Office. As capacidades do Power BI são bem extensas, permitindo que os usuários extraiam muitas fontes de dados diversas para uma análise histórica e de streaming de dados de modo dinâmico. Agora que é um recurso incorporado e gratuito, os usuários comerciais conseguem usá-lo nos esforços de DI conforme lidam com seu trabalho diário ou reuniões colaborativas.

Outros exemplos incluem Domo (incorporado em muitas aplicações comerciais) e Google Analytics (em muitos sites de terceiros).

Outras ferramentas de nuvem reúnem um analytics poderoso, inclusive as ofertas Database as a Service (DBaaS), como Amazon Relational Database Service, Google Big Query e Microsoft Azure. Por outro lado, você também pode ter várias aplicações de computação de borda, as capacidades de computação operando na borda das redes, como dispositivos IoT do consumidor, robôs industriais e carros autônomos. As aplicações de borda costumam ser reunidas na nuvem também e exibem uma análise séria nos locais, como o Xnor.ai recém-adquirido da Apple, Rulex, Edge TPU do Google Cloud e AWS for the Edge.

LEMBRE-SE

O mais importante nas ferramentas de nuvem é a ampliação dos casos de uso para um analytics incorporado e a fusão do trabalho com o analytics (em oposição a trabalhar tendo que lidar com o analytics em aplicações separadas). É a ampliação e a fusão das ferramentas via APIs incorporadas que colocam em sincronia as tendências e as capacidades da ferramenta na nuvem com a metodologia DI.

O mundo inteiro parece se afastar da noção de *orientado a dados* para ser *orientado a decisões.* Por exemplo, o Explainable AI (XAI), um conjunto de processos e métodos que permite aos usuários humanos entenderem e confiarem nos resultados criados pelos algoritmos do aprendizado de máquina, também está surgindo para ajudar a tomar decisões que podem orientar a organização em suas metas. E mais, as ferramentas de nuvem estão passando por um exame maior quanto à veracidade na qualidade dos dados e na consistência da análise para tornar as decisões finais mais confiáveis e responsáveis ao impulsionar os negócios.

Fazendo o inventário e descobrindo as lacunas

O que se deve ter em mente na decisão inteligente é que o resultado comercial escolhido dita os dados e as ferramentas necessários para tornar realidade o resultado. Em termos de ferramentas, você precisa examinar de perto os recursos e as capacidades para determinar a opção, muito mais do que a categoria da ferramenta.

Por exemplo, você precisará de ferramentas com capacidades muito específicas se o resultado comercial buscado requer que todo usuário comercial com contato direto com o cliente consiga aumentar suas posições da experiência do usuário via:

- Uso de roteiros de call center personalizados pelo cliente.
- Capacidade para que todos os representantes de vendas e agentes de serviço do cliente recebam automaticamente informações em tempo real sobre o cliente e todo seu histórico de transações e interações com a empresa (em geral obtidas no software de gestão de relacionamento com o cliente (CRM)).
- Meios de tornar as cotações de preço do cliente em tempo real ajustáveis e personalizadas pela solicitação de forma dinâmica.

DICA

Mantenha um inventário preciso de seus recursos de tecnologia atuais para que a TI tenha uma boa compreensão das capacidades precisas em seu portfólio de tecnologias. Essas informações devem fazer parte da base de conhecimento interna e ser compartilhadas, para que outras pessoas possam pesquisar de imediato as capacidades necessárias para certo projeto de DI.

Um modo de preencher as lacunas da tecnologia é criar armazenamentos de apps internos que permitiriam aos usuários selecionar com segurança aquilo de que eles precisam e pagar conforme a necessidade, com os orçamentos preparados para tal finalidade.

LEMBRE-SE

Como o analytics está se tornando uma opção mais normal com a natureza do trabalho e poucos trabalhadores se esforçam quando se trata de alfabetização de dados (data literacy), muitas das capacidades mais necessárias podem ser encontradas em aplicações incorporadas, portanto, observe a disponibilidade disso em seu inventário também.

A boa notícia é que, se você é um empreendedor individual ou tem um micronegócio, um pequeno negócio ou uma empresa global, o analytics está ficando mais onipresente, eficiente e acessível.

Esses desenvolvimentos também ajudam na adoção da DI pela mão de obra. Por exemplo, como a BI e os líderes do setor de dados escolheram trabalhar para a descentralização da tomada de decisão, cada iteração de seus produtos fica mais fácil de entender e usar, mesmo que o usuário final tenha habilidades limitadas em data science. Porém, o uso da IA atual produz várias aplicações e projetos, mas, curiosamente, pouca ou nenhuma ferramenta existe para unificar os esforços das IAs relacionadas, mas independentes, em direção a um objetivo.

Adicionando Outras Ferramentas

Seu stack de tecnologias atual ou seu stack BI pode acabar sendo tudo de que você precisa para a maioria das decisões. Mas depois de decidir sobre o resultado final buscado, você pode sentir que falta uma ou duas ferramentas. Isso é esperado, dado o ritmo de mudança nas tecnologias e a onda de compras aleatória causada pelo êxodo em massa de trabalhadores para suas casas por causa dos lockdowns induzidos pela pandemia.

É muito comum que um negócio qualquer agora acabe tendo muito de uma tecnologia e pouco de outra. As empresas tiveram que equipar rapidamente a maioria ou toda sua mão de obra para trabalhar de casa, e a velocidade levou a algumas lacunas na aquisição de tecnologia e algumas compras redundantes. Foram tempos estranhos, afinal, quando o papel higiênico se tornou um item de luxo e os funcionários levavam para casa itens do local de trabalho com as bênçãos dos contadores. De qualquer modo, agora seria a hora de fazer o inventário de todos esses ativos também, antes que você faça outros investimentos em tecnologia.

Em qualquer caso, as ferramentas das quais você ainda pode precisar não são muito radicais nem excepcionais em finalidade para o uso repetido. Esses investimentos extras, se necessários, devem durar muito tempo. E se você optar pelas versões de nuvem, as atualizações constantes o abastecerão com capacidades adicionais.

As seções a seguir cobrem as ferramentas que muito provavelmente faltam no portfólio típico da TI. Seus resultados podem variar, mas pelo menos elas o ajudarão a levá-lo à sua decisão.

Software de modelagem de decisão

Para capturar corretamente os requisitos de decisão, siga um padrão, como o modelo DMN (modelo e notação de decisão) para desenvolver especificações precisas das decisões e das regras de negócio. O padrão DMN é para trabalhar com a notação BPNMN (notação e modelo de processos de negócio), que é uma representação gráfica expressando um caso. (Para saber mais sobre DMN, verifique o ponto de vista do Object Management Group em `www.omg.org/dmn` [conteúdo em inglês]. Objective Management Group (OMG) é um grupo de padrões reconhecido internacionalmente, portanto, todos lá conhecem essas coisas.)

DICA

Não se sinta intimidado com esses padrões, eles são para facilitar a leitura e usados por todas as partes envolvidas ao especificar e monitorar as regras de negócio, inclusive os empresários com poucas habilidades técnicas.

O DMN ajuda a capturar os requisitos da decisão. Você também precisa de um software de modelagem de decisão para dar suporte aos requisitos da decisão ao coletar e modelar. E mais, é preciso adicionar um sistema BRMS (sistema de gerenciamento de regras de negócios) para gerenciar as regras de negócios onde há um alto volume e baixa tolerância para atrasos (baixa latência) na tomada de decisão.

LEMBRE-SE

O software de tomada de decisão (DM) ajuda você ou uma máquina a tomar decisões entre escolhas, em geral classificando e priorizando as soluções para os problemas segundo regras e processos predefinidos. Mas há uma diferença clara entre as abordagens de regras de negócios de herança e o software de modelagem da decisão moderno. Uma grande diferença é que a decisão baseada nas regras de negócio de herança costuma ocorrer com uma regra aplicada por vez, já o software de modelagem da decisão usa uma abordagem global para pesar toda a decisão, em vez de partes dela.

Outra grande diferença é que o modelo universal independente da tecnologia da lógica comercial no software de modelagem da decisão fecha a lacuna entre gestão comercial e gerenciamento da tecnologia. É útil compartilhar a lógica entre os lados comercial e técnico.

Em sua mais pura essência, o software de modelagem da decisão é como você gerencia a lógica desde a decisão comercial até a automação, com a colaboração e a compreensão entre os públicos comerciais e técnicos.

Gerenciar modelos em vez de listas de regras é essencial para assegurar que a integridade da lógica seja aplicada, não apenas regras individuais. Porém, você também precisa de um modo de gerenciar as regras, por vários motivos, inclusive onde há necessidade de rapidez e uma alta taxa de repetição. Por isso, você precisa de um.

Sistemas de gerenciamento de regras de negócios

Um BRMS (sistema de gerenciamento de regras de negócios), em geral, é a melhor escolha para gerenciar as regras de negócios em uma tomada de decisão com alto volume e baixa latência, ou seja, decisões rápidas, imediatas e repetitivas.

Um BRMS usa regras de negócios para definir, implantar, gerenciar e manter as várias lógicas comerciais usadas pelos sistemas operacionais. Nesse contexto, *regras de negócios* são afirmações lógicas que incluem políticas, requisitos e declarações condicionais para determinar quais ações são tomadas nas aplicações.

Em geral, um software de herança inclui regras de negócios incorporadas, que ficam desatualizadas, inválidas, pouco flexíveis ou entram em conflito com as mudanças no mercado ou no setor. Como sempre, o software de herança é problemático e, por vezes, um grande obstáculo para os requisitos atuais na tomada de decisão.

Existem ferramentas BRMS que podem extrair as regras de negócios incorporadas nos apps de herança e implementá-las como serviços de decisão parcialmente acoplados no BRMS. Ter todas as regras de negócios fora de todas as aplicações e armazenadas em um único repositório dá um controle máximo e flexibilidade, sobretudo em termos de adaptações e mudanças em tempo real.

Mas é bom usar um software de modelagem de decisão para gerenciar a lógica desde a decisão comercial até a automação, quando a velocidade e a latência não são as preocupações básicas.

Aprendizado de máquina e armazenamentos de modelos

O aprendizado de máquina (ML), também conhecido como IA nos materiais de marketing por aí, é fundamental em grande parte do trabalho na tomada de decisão, não importa o método usado. Como uma boa quantidade do esforço na decisão inteligente está em determinar e otimizar o processo que leva ao resultado predeterminado, você deve considerar como lidará com o aprendizado de máquina.

Para as organizações com especialização técnica e equipes de data science a bordo, tecnologias de aprendizado de máquina sofisticadas e de nível corporativo devem ser adicionadas, se já não foram.

Para as empresas também interessadas em dar suporte a cientistas de dados ou empresas sem equipes de data science, considere adicionar o aprendizado de máquina automático (AutoML) ao stack. Claro, as organizações com cientistas de dados podem querer o AutoML no stack também, pois simplifica o trabalho da IA.

O AutoML usa a automação para aplicar modelos de aprendizado de máquina para resolver problemas reais. Especificamente, o AutoML automatiza a escolha do algoritmo, a geração de features e o tuning de hiperparâmetros, entre outros tópicos relevantes para a modelagem do aprendizado de máquina. A parametrização nesse aprendizado envolve usar um parâmetro definido para controlar o processo de aprendizado. Esse parâmetro é configurado fora do modelo, e seu valor é estabelecido por um profissional, não pelos dados. O profissional costuma usar a heurística para agilizar e simplificar seu desenvolvimento.

Exemplos de sistemas AutoML são inúmeros e incluem Azure AutoML, Google AutoML e Tensorflow/adanet.

Os repositórios de modelos ML, ou seja, os modelos ML armazenados para a reutilização, também devem fazer parte de sua estratégia ML. Em muitos casos, os modelos ML treinados podem ser compartilhados e adquiridos em várias fontes, evitando muito esforço de sua parte.

Mas, fora isso, você deve armazenar seus próprios modelos para a reutilização. É possível armazenar modelos ML com menos de 16MB no armazenamento de documentos em um banco de dados ou bibliotecas ML com suporte para a exportação e a importação do modelo. Em geral, você treina e armazena modelos antes da produção.

Também pode encontrar outros tipos de armazenamento relacionados ao ML. Os armazenamentos de recursos corporativos devem decolar em 2022 e ganhar força a partir disso. Normalmente tais armazenamentos contêm recursos do modelo ML e fornecem dados com consistência para treinamento e pontuação, com a totalidade servindo como um elemento dos canais de dados que alimentam os ecossistemas ML.

E mais, como o ML não é a ferramenta certa para muitos projetos, tenha em mente as ferramentas de automação não IA (automação tradicional), assim como outras ferramentas novas. Um exemplo é uma ferramenta de automação do navegador interessante chamada Browserflow, uma extensão do Chrome que permite automatizar seu trabalho em qualquer site. Seja clicar, digitar, mover dados entre apps ou qualquer outra coisa feita em um navegador, como extrair informações do usuário no Twitter, você pode automatizar o trabalho com essa ferramenta (ficou interessado em saber mais sobre o Browserflow? Acesse o demo em `https://browserflow.app/` — conteúdo em inglês).

LEMBRE-SE

É fato que qualquer modelo ML novo precisará ser criado para entrar no processo que a decisão inteligente mapeia. Mas a data science é madura o bastante agora para que as ferramentas ML e a reutilização do modelo possam reduzir parte do trabalho necessário em vários casos.

Plataformas de dados

Na atual cultura orientada a dados, a maioria das organizações já usa uma ou mais *plataformas* de dados, ou seja, sistemas integrados que controlam, acessam, unificam e entregam dados armazenados em bancos de dados para aplicações e outras tecnologias. Alguns exemplos são Microsoft Azure, Sisense, Collibra, Tableau, Domo, Oracle, Snowflake, Cloud SQL do Google, MongoDB, LumenData, RapidMiner e Datameer.

Mas só porque sua organização já usa uma plataforma de dados não significa necessariamente que você tem disponíveis todas as capacidades precisas. A decisão inteligente informa quais dados são necessários para usar no processo e chegar no resultado comercial buscado. Isso, por sua vez, dita as capacidades da plataforma de dados de que você precisa.

Por exemplo, os dados são SQL, NoSQL ou uma combinação de ambos? Os dados são históricos, estáticos ou de streaming em tempo real? As respostas para essa pergunta e outras pertencentes à natureza dos dados podem indicar as capacidades, os recursos e as ferramentas de que você precisa em uma plataforma de dados.

Ferramentas de visualização de dados

Procure ferramentas de visualização de dados que sejam automáticas e contenham gráficos e explicações de texto. Isso reduz muito a probabilidade de má interpretação dos dados. Na maioria dos casos, as ferramentas de visualização automáticas nas aplicações de business intelligence e plataformas serão suficientes.

Mas se você precisar de uma ferramenta de visualização ou três para fazer sua própria exibição fora da BI, veja alguns exemplos das muitas opções disponíveis (conteúdos em inglês):

- **ChartBlocks:** Uma ferramenta de criação de gráficos online (`www.chartblocks.com/en/`).
- **Chartist.js:** Uma biblioteca de gráficos repleta de modelos (`https://gionkunz.github.io/chartist-js/`).
- **D3.js:** Uma biblioteca JavaScript para fazer visualizações de dados interativos nos navegadores da web (`https://d3js.org/`).
- **Datawrapper:** Uma ferramenta de visualização de gráficos, tabelas e mapas sem a necessidade de código (`www.datawrapper.de/`).

- **FusionCharts:** Uma biblioteca de gráficos JavaScript com mais de 100 gráficos e 2 mil mapas para usar na web e em aplicações móveis (`www.fusioncharts.com/`).
- **Google Charts:** Uma ferramenta de visualização gratuita e fácil de usar com uma grande galeria de modelos, muitos interativos, com movimentos panorâmicos e zoom (`https:// developers.google.com/chart`).
- **Grafana:** Um app de visualização interativa e análise de fonte aberta (`https://grafana.com/grafana/dashboards/`).
- **Infogram:** Uma ferramenta de visualização simples (`https://infogram.com/`).
- **Polymaps:** Uma biblioteca JavaScript gratuita para criar mapas interativos (`http:// polymaps.org/`).
- **Sigmajs:** Uma biblioteca JavaScript para apresentar e interagir com gráficos de rede (`www.sigmajs.org/`).

Como um lembrete gentil, escolher a visualização errada pode distorcer as informações que você tenta apresentar. A menos que você seja bom em estatística, análise de dados ou campos afins, é quase certo que será melhor usar uma visualização automática, só para ter precisão.

Resumo das opções

Embora grande parte da análise das ferramentas gire em torno da automação, você deve notar que só porque *pode* automatizar algo não significa que *deve*. Use ferramentas de acordo com o trabalho em mãos. É possível usar uma lixa para aparar as unhas, por exemplo, mas é provável que isso requeira mais tempo e esforço, e outra pessoa para fazer isso.

DICA

Use a heurística para reduzir sua lista de opções de ferramentas e tecnologias para aquelas que entregarão as capacidades necessárias, como informado pela decisão inteligente, e aquelas com as quais a pessoa a postos pode lidar. Do contrário, escolha ferramentas e tecnologias que adicionem vantagens extras (e mensuráveis), como eficiência, velocidade ou complexidade reduzida.

Como Deve Ficar Seu Stack de Computação Agora

O stack de toda organização deve ser um pouco diferente, pois muitos projetos de DI serão únicos segundo a natureza, a intenção, as metas, a condição e a posição de mercado. Contudo, tenha em mente minhas diretrizes gerais da seção "Visão geral da ferramenta", anteriormente neste capítulo, ao propor sua checklist inicial a partir da qual refinar os pontos conforme avança com os projetos de DI.

A maioria das empresas opera quase totalmente na nuvem agora, tornando desnecessários os stacks de dados locais e pré-instalados para muitos projetos de DI. Observe e verifique quais bancos de dados como serviço e outros serviços de nuvem podem conter as capacidades necessárias sem ter que adquirir os elementos separadamente. Uma configuração de nuvem completa pode simplificar seu trabalho e reduzir os custos também, embora as versões de nuvem nem sempre sejam mais baratas do que suas correspondentes locais.

Se você tem um negócio individual, pequeno ou médio, uma planilha ou um app BI é suficiente. Mas aqui também pode haver outras ferramentas que lhe atenderão melhor. Verifique o software que contém outras ferramentas (por exemplo, o Excel tem o Power BI incorporado na versão Enterprise) para saber se já não tem ferramentas melhores em mãos ou se pode acessá-las. Por exemplo, se não tem uma versão Enterprise do Microsoft Office, ainda pode usar o Power BI como um produto independente gratuito. Encontre-o em `https://powerbi.microsoft.com/en-us/downloads/` (conteúdo em inglês).

Assim como cada etapa na decisão digital ou na decisão inteligente não precisa (ou deve) ser automática, nem toda decisão comercial precisa passar por uma longa lista rigorosa da tecnologia. Muitos proprietários individuais e de empresas pequenas a médias podem coletar a informação requerida para tomar uma boa decisão usando a análise encontrada em várias aplicações e outros recursos. Além disso, execuções mais simples da análise de dados, como as feitas com a ajuda do Excel ou das planilhas do Google, com ou sem BI incorporada, ou uma ferramenta como Browserflow, também podem ser suficientes para planejar seu curso em direção ao resultado buscado.

LEMBRE-SE

Seja qual for sua decisão ao usar a decisão inteligente e as etapas por ela indicadas, use modelos das ciências da decisão para guiar seu caminho.

3

Fazendo Testes de Verificação

NESTA PARTE...

Planeje onde pessoas e máquinas se encontrarão.

Misture de novo as habilidades das equipes de decisão.

Veja por que a IA é tão reservada.

Reúna-se com a IA na alegria e na tristeza.

NESTE CAPÍTULO

» Vendo os dados como coadjuvantes

» Mudando os papéis e as responsabilidades da organização

» Adicionando o novo papel do estrategista de dados

» Criando uma receita das novas habilidades de tomada de decisão

Capítulo 8

Saudações: Adeus, Cientistas de Dados — Olá, Estrategistas de Dados

Embora a decisão inteligente (DI) seja uma abordagem interdisciplinar em que data science e cientistas de dados podem desempenhar um papel, nenhum é um requisito absoluto em toda situação. O título deste capítulo é apenas um reconhecimento de que os cientistas de dados não ocupam mais o centro das atenções em toda tomada de decisão (não uma declaração da extinção da profissão). Resta muito trabalho para os cientistas de dados fazerem; só não é o trabalho árduo diário que eles vêm fazendo nem é envolto em mistério e glamour.

Resumindo, os dados são o único componente possível em um processo de DI. Quando os dados são necessários, eles têm um papel coadjuvante, não principal. Por definição, isso significa que os profissionais de dados muitas vezes (veja bem, nem sempre) podem acabar como coadjuvantes.

Analisar dados é, agora, uma tarefa bem fácil, visto que grande parte do software afim amadureceu para que seja ativado por IA e totalmente automático. Você pode agradecer aos cientistas de dados por tornar essas ferramentas amistosas. Se não fosse pelo trabalho dedicado deles e pelo trabalho árduo dos desenvolvedores de software e outros profissionais, a democratização dos dados ainda não passaria de um sonho impossível.

Na grande maioria, os cientistas de dados (com a ajuda dos desenvolvedores de software) concluíram seu trabalho de democratização dos dados e, assim, permitiram que as pessoas melhorassem e fizessem isso sozinhas. Devido aos avanços ocorridos no setor, os cientistas de dados agora têm maior liberdade para trabalhar em modelos e projetos de IA mais complexos, ou mesmo nos projetos de DI por si mesmos. Afinal, a decisão inteligente é uma nova disciplina, ideal para estabelecer uma liderança em uma era em que a IA é amplamente usada, mas raramente aproveitada. É uma peça essencial ao estabelecer projetos de IA sérios por meio de objetivos responsáveis e um monitoramento confiável via melhor design na métrica e nas redes de segurança para a IA e outra automação em grande escala.

Infelizmente, o mundo ainda enfrenta escassez de cientistas de dados, portanto, as pessoas são aconselhadas a procurar e contratar profissionais com habilidades diferentes para ajudar a orientar as decisões comerciais usando uma decisão inteligente. Inclua o estrategista de dados!

Se você imagina o novo papel do estrategista de dados como sendo mais criativo, mandou bem. Especificamente, os candidatos ideais teriam talento (e habilidades) para uma solução criativa de problemas, uma construção criativa de oportunidades, uma criatividade preditiva, visão de negócios, habilidades de pensamento crítico, lógica e experiência ao desenvolver aplicações práticas a partir de inspirações criativas. Se eles já são bem versados em uma ou mais ciências da decisão, devem conseguir e querer aprender os conceitos e utilizar os principais métodos.

Há chances de que o papel que você procura expandir primeiro em termos de poderes criativos agora seja conhecido como o de analista de negócios. Eles já são caçadores de dados criativos que escrevem um código muitas vezes referido como malfeito, quando é, na verdade, apenas diferente, mais rápido e bem mais eficiente na mineração de dados do que a regra no desenvolvimento de software. Mas há outros cargos em que um bom talento para esse tipo de trabalho pode ser roubado e desenvolvido.

Veja bem: essas profissões novas e em expansão nem sempre são necessárias ao tomar uma decisão via decisão inteligente. Mas, se os dados são importantes ou críticos para atingir o impacto de negócio desejado, você precisa de estrategistas de dados para elaborar um manual de sucesso.

Fazendo Mudanças nos Cargos da Organização

Embora o processo de decisão inteligente possa ser concluído por uma única pessoa, decisões mais complexas de maior impacto podem assegurar uma equipe habilidosa de dois ou mais profissionais. A questão é: quais profissionais você deve colocar em uma equipe de DI? Quais cargos atuais precisam aumentar? E mais, quais cargos anteriores os novos substituirão?

Os cientistas de dados vieram para ficar pelo mesmo motivo que os desenvolvedores de software estão por aí: as aplicações comerciais ainda precisam ser criadas, mantidas ou expandidas. Isso ocorre na decisão inteligente também. Mas, a menos que seu projeto de DI requeira uma decisão digital significativa ou análise de dados, essas são as únicas pessoas de que você precisa em sua equipe.

LEMBRE-SE

A combinação precisa de habilidades e profissionais necessária em certa equipe DI depende inteiramente da natureza da decisão em mãos, ou seja, ferramentas e pessoas devem ser escolhidas conforme a necessidade do projeto.

Se o impacto de negócio buscado vier das ações envolvidas ou implantadas pela IA, da automação ou qualquer aplicação que requer uma extensa análise de dados digital, provavelmente você seguirá a rota da engenharia de dados para seu resultado. Estes são os principais cargos a considerar para a equipe:

- Engenheiro de dados.
- Cientista de dados.
- Profissional nas ciências da decisão.
- Estrategista de dados.
- Analista de negócios.
- Estatístico.
- Engenheiro dedicado ao aprendizado de máquina.
- Engenheiro de análise/líder em data science.

Para concluir, eu também adicionaria a essa lista todos os especialistas no assunto (SMEs) necessários. Eles devem demonstrar uma profunda compreensão:

- Do tópico da decisão em mãos.
- Do negócio em geral e/ou da linha de negócio à qual a decisão pertence ou afeta.

» De qualquer ciência da decisão relevante.

» Dos sistemas de gestão de decisão ou dos métodos e modelos de tomada de decisão.

DICA

Não se intimide com a lista. É apenas uma ilustração dos profissionais que você pode querer considerar adicionar à sua equipe de DI se a decisão for centrada em dados ou requer uma abordagem de engenharia de dados em qualquer ponto no processo. Não significa que você precisa ter todos os especialistas em sua equipe DI.

LEMBRE-SE

Sempre decida primeiro qual impacto de negócio você busca, então trabalhe de trás para a frente e descubra quais ferramentas, recursos e profissionais são necessários para tomar uma ação que causará esse impacto. Se o impacto de negócio buscado é mais orientado a comportamentos, sua equipe DI pode precisar incluir um ou mais especialistas da ciência comportamental, especialistas culturais, experts em tomada de decisão, analistas de dados, profissionais de relações públicas e outros com habilidades e conhecimento diretamente relacionados à decisão que você pretende que aconteça (o impacto de negócio).

Se os dados tiverem um papel central, você precisará de um estrategista de dados ou um analista de decisão para assumir a liderança. Em geral, esses profissionais têm habilidades em matemática, análise de dados ou ferramentas afins. Eles também se destacam em habilidades sociais, como escrever, habilidades interpessoais, criatividade, inteligência emocional, inteligência intuitiva e habilidade para integrar ou conectar ideias, conceitos ou ações aparentemente não relacionados.

Aproveitando os cargos atuais do cientista de dados

Há poucos anos, um cientista de dados era amplamente declarado como o cargo mais badalado e interessante do mundo. Essas pessoas pareciam ser gênios difíceis capazes de entender os dados e a tecnologia em grandes escalas e infinitas aplicações. Sem o poder e a mágica dessa nova classe de magos tecnológicos, acreditava-se que os grandes negócios sucumbiriam à concorrência da noite para o dia. A corrida era para contratar o máximo que a empresa pudesse encontrar.

Os cientistas de dados estavam em alta demanda, e ainda estão. A maioria das pessoas que ocupava esse cargo no início era gerentes de dados habilidosos e analistas em virtude de seus trabalhos: cientista da NASA, por exemplo, qualquer tipo de cientista profissional, engenheiros nucleares, gerentes de dados, estatísticos, pesquisadores médicos e outros. Se você coletasse, gerenciasse e analisasse grandes conjuntos de dados em seu trabalho atual, podia ser transferido ou concorrer a um cargo de cientista de dados.

Alguns anos depois, as universidades começaram a formar pessoas em um curso especificamente rotulado como ciência de dados. Muitos desses cursos e escolas ainda estão produzindo profissionais de dados armados com o conhecimento de usar uma grande quantidade de dados para orientar empresas, ONGs, governos, bolsas de ações e outras entidades com mais rapidez e eficiência para atingir seus objetivos.

Mas atualmente a novidade está passando, e poucos projetos orientados a dados produzem valor. Agora, membros do conselho, executivos e gerentes veem os cientistas de dados e dizem: "Espera aí! Onde vamos parar com isso?" A resposta comum é: "Eu não especifiquei. Eu disse que essa informação está contida no conjunto de dados." É quando ocorreu ao negócio que talvez o termo *orientado a dados* não seja tão inteligente se você não escolhe um destino com antecedência.

Mas isso não apaga o fato de que muitas decisões orientadas a dados ajudaram as empresas a competir e prosperar. E elas ainda competem e prosperam. A DI não visa descartar os antigos processos em favor dos novos. Visa fazer essas coisas de um modo mais inteligente, para que você também conheça o destino com antecedência e possa ter certeza de que a empresa chegará lá.

Sendo assim, os cientistas de dados não correm o risco de ser despedidos ou compartilhar o destino dos técnicos de videocassete por causa da grande aceitação da estrutura DI. Pelo contrário, seus esforços podem ser aplicados com mais estratégia. Teoricamente, pelo menos, mais tempo também pode ser liberado para trabalhar em aplicações comerciais mais difíceis e complexas, como o desenvolvimento de IA e seus casos de uso em expansão. Além disso, o software moderno e outros profissionais podem lidar com uma quantidade considerável das tarefas de tomada de decisão usando as habilidades e as ferramentas agora disponíveis para eles.

DICA

Mantenha os cientistas de dados em seu trabalho e reavalie onde suas habilidades serão mais úteis no negócio. Lembre-se de que a DI é útil em seu trabalho também, sobretudo ao manter os projetos de IA em desenvolvimento em um caminho lucrativo e ético. De qualquer modo, introduzi-los nos conceitos e nos projetos de DI realinhará seus esforços para que eles consigam entregar valor com maior precisão, buscando as metas da empresa.

Como a maioria dos dados e projetos de IA falham em grande parte devido a comunicações ruins entre os líderes comerciais e os cientistas de dados, grande parte do trabalho em IA agora ficará feliz em ver exercidas as decisões definidas meticulosamente. É precisamente o tipo de comunicação clara de que eles precisam para atender às expectativas dos objetivos normalmente vagos e mal descritos articulados por empresários em outros cenários de trabalho.

Realinhando as equipes de dados existentes

Muitas organizações têm equipes de dados que trabalham com dedicação para apresentar um valor de negócio a partir de conjuntos de dados internos e externos. Há boas chances de que pelo menos alguns membros da equipe já tenham ouvido falar sobre decisão inteligente (admito que o tema tende a aparecer com mais frequência em conversas entre profissionais de dados). Mas ocorre uma quantidade considerável de confusão, mesmo nesse grupo, em relação a como definir o termo e se as ferramentas que os revendedores rotularam como dessa categoria realmente pertencem a ela.

Embora muitos revendedores trabalhem para produzir ferramentas de DI reais, a maioria que tem esse título e está agora no mercado não atinge a marca. Essas ferramentas tendem a ser muito regadas com IA, com muita automação e recursos que parecem ou podem ser classificados como inteligentes. Mas a IA, a automação e as capacidades de software da próxima geração apenas não fazem uma decisão inteligente.

Porém, a decisão inteligente é um processo importante ao aproveitar o poder da IA para uso comercial no sentido de focar bem o alinhamento da IA com o impacto de negócio desejado. Sem dúvidas, é o primeiro processo exclusivamente designado a aproveitar o poder da IA e reinar em muitas de suas ameaças inerentes e problemas.

Lá se foram os dias de soltar o aprendizado de máquina (ML) só para ver o que ele aprenderá, como a Microsoft ficou famosa por fazer com o chatbot IA que ela colocou no Twitter para imitar uma adolescente. O chatbot se tornou racista, com tendências de xingamento. A máquina aprendeu, mas não foi nada com valor de negócio e claramente poderia se tornar uma responsabilidade comercial. Não é o único caso real da IA que deu errado e se desviou das necessidades comerciais. As empresas então descobriram que elas não tinham estômago nem uso para uma experiência de IA sem fim. Essa situação criou um dos maiores incentivos da adoção da decisão inteligente, apesar do popular mantra da "organização orientada a dados".

A IA também teve um problema recorrente ao trabalhar de modos que as equipes de IA não pretendiam nem podiam prever. A revista *MIT Sloan Management Review* chama isso de *gap de expectativa*, que ela define como "a diferença entre o que as pessoas esperam que uma solução IA em particular fará e como ela realmente opera". Isso ocorre porque a maioria das equipes de TI "ainda está descobrindo como essas soluções funcionam, mesmo quando elas são implantadas".

Para que tal desenvolvimento de IA irresponsável ocorra, as empresas devem arriscar o cuidado e a prudência em nome da inovação a todo custo. É óbvio que essa situação é insustentável para a maioria das organizações.

LEMBRE-SE

Usando a decisão inteligente, os dados e as equipes de IA podem ser realinhados para entregar regularmente um valor de negócio mensurável e, assim, evitar muito desperdício e risco inerentes em seus métodos de trabalho anteriores.

DICA

Em geral, é desnecessário substituir os dados e os membros da equipe IA; tudo que você realmente precisa fazer é mudar como as equipes tomam decisões e permitir que elas continuem com seu trabalho. Mas talvez seja necessário adicionar membros da equipe para aumentar as habilidades requeridas para os métodos de DI funcionarem ou simplesmente reconfigurar a dinâmica da equipe para assegurar que os antigos padrões de trabalho não persistam.

Examinando os Novos Trabalhos de DI

Data science e estatística (e mesmo IA) não são mágicas. Elas não conseguem ter uma ideia precisa do futuro nem fornecem a você ou à sua organização um mínimo de certeza. Você só pode melhorar suas chances enquanto ainda reconhece que está basicamente no jogo. Alguns jogos são mais arriscados que outros, mas são sempre um jogo, mesmo quando há uma pequena quantidade de risco.

Ao invés de oferecer certeza, a data science e a estatística adicionam suposições aos dados, para que você possa dar um palpite fundamentado sobre o que provavelmente acontecerá. Uma suposição principal é que o futuro espelhará o passado de modo que o que já era verdade permanecerá sendo verdade. Qualquer pessoa minimamente familiarizada com a lei de Murphy, a teoria do caos ou a pandemia de COVID-19 conhece a ligação frágil com a realidade que essa suposição tem.

Mesmo assim, a análise preditiva mostrou seu valor comercial. Ela continuará a informar as organizações sobre os prováveis eventos futuros e também é possível que terá papéis importantes e recorrentes nos projetos de DI. Como tal, as habilidades relacionadas a implantar ou desenvolver analytics continuará a ser uma demanda.

Contudo, muitas ferramentas de analytics tradicionais e plataformas agora são aumentadas pela IA, tornando-as bem mais acessíveis para os usuários com qualquer habilidade analítica. Para os candidatos, familiaridade e habilidade em usar ferramentas aumentadas por IA logo serão esperadas. Por sorte, as versões do consumidor, como a maioria das tecnologias, tendem a ficar à frente das versões comerciais, portanto, a maioria dos candidatos será iniciada nessa exposição. Mas de qualquer modo, alguns trabalhos existirão onde o analytics não realiza uma função necessária.

LEMBRE-SE

A decisão inteligente aborda o futuro de modo diferente da análise preditiva. A decisão inteligente é uma estrutura planejada para manter a empresa no curso atingindo e entregando os impactos de negócios identificados como tendo valor para sua organização. É o meio com o qual mapear os passos em um caminho direto para realizar o resultado predeterminado. Resumindo, a DI é menos uma previsão do futuro e mais um esforço para guiar e controlar, pelo menos, uma parte do futuro da empresa. Esse futuro pode ser de algumas horas, dias, décadas ou mais. Cabe à organização decidir o impacto de negócio desejado no contexto, com o contexto incluindo um intervalo de tempo e outros parâmetros pertinentes.

LEMBRE-SE

O futuro visado pode não se materializar. Imagine, se puder, os objetivos que vários negócios e organizações tentavam alcançar no outono de 2019, alguns meses antes de a COVID-19 arrasar os países em todo o planeta. Toda organização sofreu disrupção logo depois por um ano ou mais.

Apesar da certeza da incerteza, os negócios devem tomar decisões inteligentes com consistência e dentro dos parâmetros do que pode ser conhecido no momento. E mais, os negócios devem conseguir tomar decisões novas no meio de uma crise. As habilidades de tomada de decisão, embora sempre importantes historicamente, terão uma demanda ainda maior na maioria das profissões e dos trabalhos.

Específicas dos novos cargos relacionados à DI, procure aumentar a demanda nas seguintes profissões:

- Estrategista de dados.
- Engenheiro de dados.
- Especialista em ética.
- Assessor de risco de disrupção.
- Analista de suporte à decisão.
- Analista de decisão.
- Tomador de decisão (o técnico responsável pela arquitetura de decisão da IA e estruturação do contexto).
- Analista especialista no assunto (SME).
- Analista de inteligência.
- Chefe responsável pelas decisões de IA.
- Desenvolvedor de decisões de IA.
- Analista de pesquisas de IA.
- Coordenador de relações entre IA e pessoas.
- Analista de dados.
- Gerente de análise.
- Analista de IA.

- Engenheiro dedicado de aprendizado de máquina.
- Chefe responsável pela inteligência da informação.
- Integrador de ideias.
- Chefe responsável pela decisão inteligente.
- Avaliador de disrupção.
- Analista de inteligência situacional.
- Analista de inteligência da inovação.
- Especialista em decisão comportamental.
- Especialista qualitativo/cientista social.
- Gerente de armazenamento de recursos de IA.
- Gerente de modelos de IA.
- Gerente de projetos de IA.
- Gerente de produtos de IA.
- Engenheiro de software.
- Engenheiro de confiabilidade.
- Engenheiro criativo.
- Especialista em coleta de dados.
- Localizador de Informação.
- Designer UX.
- Avaliador de disrupção.
- Avaliador de eventos atípicos.

Esses não são os únicos cargos que provavelmente se materializarão e aumentarão a demanda. Outros serão criados também, pois a DI se consolida, e, como resultado, os modelos comerciais começam a mudar.

Contratando estrategistas de dados *versus* estrategistas de decisão

A diferença entre estrategista de dados ou de decisão e um cientista de dados é que os dois primeiros são responsáveis por assumir o comando e entregar resultados específicos, já o último é responsável por atender às solicitações comerciais e possibilitar a descoberta de informações em um mar de dados. Em geral, não são profissões intercambiáveis, embora uma pessoa possa ter as habilidades de mais de uma dessas ocupações.

Os estrategistas de dados são encarregados por desenvolver um *receituário*, ou seja, uma combinação de conjuntos de dados específicos de várias fontes internas ou externas, que pode alimentar um processo de DI em apoio a um resultado específico ou predeterminado. Por exemplo, se você estivesse tentando a cura de uma doença, primeiro decidiria em qual ponto de vulnerabilidade de uma bactéria ou vírus visaria o ataque para destruir ou desativar. A partir disso, pode determinar quais dados e ferramentas são necessários para construir uma arma (um remédio ou uma vacina nessa analogia) para chegar a esse fim. Um estrategista de dados trabalha de modo muito parecido: assim que um impacto de negócio desejado é identificado, o estrategista da decisão ou de dados parte para determinar os dados relevantes e as ferramentas requeridas para extrair as informações necessárias.

Por tradição, os cientistas de dados fazem um trabalho semelhante, assim como várias outras profissões e gerentes de dados. Por certo alguns desses profissionais adicionarão técnicas de DI ao seu repertório. Mas, como regra geral, a diferença é que os estrategistas de dados procuram ajustar os dados à saída, ao invés de extrair uma saída dos dados.

Os estrategistas da decisão trabalham dentro de um escopo maior. O receituário que eles procuram pode ou não incluir dados. E mais, determinar e organizar os elementos necessários não é o que eles planejam ativamente. Eles também planejam as etapas para a implementação e além. Eles veem a decisão e descobrem quais elementos brutos e ferramentas especiais são necessários para que isso aconteça.

Um estrategista da decisão também determina quais habilidades devem existir na equipe, assim como quem tem essas habilidades em particular e está disponível para o projeto. Essa pessoa também vê quais informações são necessárias e onde elas estão disponíveis, por exemplo, dados digitais (no armazenamento, em streaming ou ambos), como informações que residem na cabeça de um especialista no assunto ou práticas recomendadas armazenadas nas células de memória do membro da equipe mais antigo que tem mais conhecimento institucional.

Um estrategista da decisão possivelmente também fará uma lista preliminar dos colaboradores necessários (com a aprovação do chefe do projeto, claro). Por exemplo, talvez os principais participantes na cadeia de fornecimento devam entrar na tomada de decisão ou, pelo menos, fornecer informações valiosas com suas perspectivas pessoais. O estrategista da decisão também examina os líderes do setor, os líderes no assunto, os influenciadores da comunidade e outros cuja informação ou cooperação é necessária para orientar o impacto que o negócio busca conseguir.

LEMBRE-SE

Um estrategista de dados examina unicamente o receituário de dados. Um estrategista da decisão examina o plano e a operação inteira.

Mas os talentos e as habilidades nos dois papéis precisam incluir habilidades sociais, como curiosidade intelectual, solução criativa de problemas, inteligência emocional e inclinações políticas, além de competências técnicas, como gerenciamento de dados e criação de modelo. Aliás, essas habilidades sociais tendem a ser difíceis de encontrar e mais ainda de ensinar. Em geral, é mais fácil formar uma equipe para que essas habilidades possam ser obtidas por meio de vários indivíduos trabalhando juntos, em vez de tentar encontrar pessoas que têm a maioria ou todas as habilidades precisas.

Outros profissionais também têm um papel no projeto de DI, se necessário, ou outros fora dos campos de dados podem usar ferramentas de dados assistidas por IA para tanto. O fato aqui é que os estrategistas da decisão e de dados podem ou não ter tais competências técnicas, pois as habilidades sociais variam muito em seus papéis em particular.

Integrando mecânicos e limpadores

A suposição predominante nas discussões de DI é que o processo pertence apenas às decisões de alto nível ou automáticas em grande escala. Embora sejam pontos focais básicos de muitos dos primeiros projetos, esse processo é aplicável a todas as decisões em qualquer nível do negócio e de qualquer tamanho. Nesse sentido, e alinhado com a democratização dos dados, qualquer pessoa pode decidir o que deseja que aconteça em seguida e definir seu curso para ver até o fim.

São notícias excelentes para empreendedores individuais e pequenos negócios, mas são ótimas para as grandes organizações também, porque significam que a DI pode ser usada para orientar e gerenciar as decisões tomadas na empresa. Quando uma decisão tomada em algum lugar e momento na organização é tão alinhada quanto a manifestação coletiva do principal objetivo, o negócio opera com o máximo desempenho relativo a esse objetivo.

Na abordagem orientada a dados, descrita antes, cada segmento comercial, e até cada trabalhador, usava os dados no contexto do cargo e dos objetivos do departamento, que costumava criar conflito na organização quando as metas entre os departamentos não se complementavam ou acordavam. Também criava ineficiências onde as prioridades não combinavam e ficavam desalinhadas com uma diretiva maior no processo de reconciliação, em que discrepâncias e conflitos devem ser resolvidos.

Por oposição, a decisão inteligente, sempre colocando a decisão em primeiro lugar, alinha tudo na organização no esforço para esse fim. Se os projetos de DI não estão muito alinhados, a causa normalmente é uma falha em definir com cuidado o objetivo ou colocar a decisão no devido contexto desde o início.

Essa consistência nos esforços alinhados em um negócio é como um bando de aves migratórias voando e atuando em sintonia. Embora a DI não seja computação nem inteligência (um conceito em geral ilustrado pela imagem em um bando de aves em perfeita harmonia), ela pode manifestar uma decisão distribuída perfeitamente em sincronia.

Portanto, o planejamento da DI deve impulsionar o negócio do mesmo modo como foi a democratização dos dados, mas com melhor orientação no alinhamento das decisões menores e maiores.

O Destino do Diretor de Dados

Quando o Hadoop entrou em cena e o termo *big data* se tornou parte do léxico comercial do dia a dia, novos cargos foram necessários para cuidar de todas as partes móveis que caracterizavam as redes distribuídas em massa e aproveitar toda vantagem obtida com tais redes. É quando o cargo de cientista de dados foi declarado o trabalho novo mais popular. Só muito depois o papel do diretor de dados apareceu.

Quase que da noite para o dia, os dados se tornaram uma *commodity* popular, um ativo comercial passível de cobrança e venda, comercializável e valioso. Com esse aumento no valor veio a responsabilidade de fazer o inventário dos dados, gerenciá-los, assegurá-los e lucrar com eles de muitas maneiras possíveis. O *diretor de dados* passou a ser o título da pessoa responsável por supervisionar tudo.

LEMBRE-SE

Na época, possuir dados era a busca. Pense nisso como uma corrida do ouro moderna. Quanto mais dados você encontrava ou adquiria, melhor estaria. Afinal, os dados foram declarados como tendo valor rentável. Parecia que todos estavam em uma busca louca para descobrir como monetizá-los. Infelizmente, o mantra "os dados têm valor" não passava de conversa fiada para muitas empresas da época, quando a avaliação dos dados apenas se tornava uma coisa séria. E mais, algumas empresas ainda descarregam os dados cujo valor elas não entendem e optam por cortar os custos do armazenamento deles.

O fato aqui é que antes o foco estava na propriedade dos dados, já agora isso mudou para o acesso aos dados.

Embora os dados tenham valor hoje, a propriedade é um problema menor; a exceção óbvia são os dados patenteados, que sempre estarão bem guardados e serão vendidos (ou alugados) por uma recompensa. Mas os dados como recurso geral são abundantes. Por exemplo, muitos governos locais a federais oferecem *dados abertos*, que são dados gratuitos para qualquer pessoa usar e compartilhar. Muitas vezes, os dados são compartilhados nas indústrias, entre parceiros comerciais e em ecossistemas, como cadeias de suprimento ou até entre pessoas.

E mais, o valor dos dados é afetado por sua utilidade. Uma boa porcentagem de dados tem vida curta, ou seja, são úteis apenas no momento ou a curto prazo. Assim que sua utilidade expira, seu valor cai ou desaparece.

Resumindo, o valor dos dados sobe e desce, mas existe.

Hoje, o valor de negócio se encontra mais em como os dados são usados do que em quem os possui (a exceção clara aqui são os sigilos comerciais e os dados de propriedade intelectual). Mas, em geral, o valor está em como os dados são usados.

Veja como exemplo os muitos valores dos dados roubados por criminosos que operam na Dark Web. Segundo um relatório da Trustwave, um registro de dados de saúde pode ser avaliado em até US$250 por registro, já os cartões de pagamento roubados são avaliados em apenas US$4,50 por cartão de débito ou crédito. É porque um registro de dados de saúde contém muito mais informações pessoais, facilitando muito roubar a identidade de uma pessoa ou fraudar as seguradoras em milhões. Mas esses mesmos registros de saúde podem ser avaliados em US$1.000 por registro ou mais em resgate quando os criminosos usam um ransomware para bloquear os dados de um hospital até o resgate ser pago.

Em locais mais honestos, os dados também são avaliados de acordo com seu uso ou utilidade. A raridade também pode adicionar valor. Por exemplo, os dados do cliente podem ter um valor mais alto para os departamentos de vendas e marketing, já os dados de uma droga experimental do paciente têm um valor maior para grandes pesquisadores farmacêuticos e organizações médicas do que para restaurantes comerciais, ou seja, tudo é relativo, inclusive o valor dos dados.

Embora essa mudança em ascensão de um foco na propriedade dos dados para o acesso aos dados não elimine a papel do diretor de dados, ela muda um pouco a lista de tarefas e responsabilidades. Esse papel executivo ainda é responsável por supervisionar a coleção de dados, o gerenciamento e o armazenamento deles no nível corporativo, assim como buscar ativamente meios, usar e extrair o valor dos dados. Mas hoje, as aquisições de dados caíram muito na lista de prioridades do executivo, ao passo que lidar com as ameaças (a segurança dos dados) e assegurar a conformidade aumentaram em importância.

Onde essa situação coloca o diretor de dados em relação ao novo papel do estrategista de dados? O estrategista é responsável por identificar e analisar os dados necessários para uma decisão específica predeterminada em um projeto de DI. O diretor de dados é responsável por gerenciar os ativos de dados gerais da empresa. Um estrategista de dados pode ou não prestar contas ao diretor de dados, dependendo de como o negócio está organizado.

Em outras palavras, o estrategista de dados e o diretor de dados fazem um tipo de dança estranha, muito parecida com a do diretor de informação (CIO) e o diretor de tecnologia (CTO) hoje. O CTO pode prestar contas ao CIO, ou vice-versa. Simplesmente não existe uma cadeia de autoridade clara entre esses cargos.

Liberando os Executivos para Liderarem de Novo

Muitos executivos nas altas funções corporativas (C-suite) se irritam com a ideia de se tornar uma empresa orientada a dados. Muitos dos principais executivos achavam que os dados e as tecnologias afins tinham roubado sua autoridade e seu status profissional. O medo comum era o de que eles seriam rebaixados de líder para serem uma figura decorativa. Muitos resistiram ao chamado e continuaram a liderar em seus próprios caminhos. Por extensão, muitos reagiram à primeira menção da decisão inteligente com desconfiança, mau pressentimento ou total rejeição.

Mas, assim que os principais executivos e gerentes de linha entendem que suas decisões e ações não são mais orientadas a dados, e eles estão livres para direcionar as ações que a organização toma, seu nível de conforto melhora drasticamente.

Porém, essa nova compreensão de uma inversão de prioridades dos dados primeiro para dados por último precisa ser moderada. A decisão inteligente não pretendia substituir os dados por instinto. É um processo em que alguém direciona a atividade para alcançar o resultado comercial predeterminado. Com certeza os executivos podem modelar esse resultado, mas devem fazer isso com o mesmo cuidado meticuloso e considerações de qualquer garantia maior da decisão comercial. E mais, muitos ficarão entusiasmados em saber que têm uma voz mais forte do que perceberam ter antes.

LEMBRE-SE

Muitas das decisões nas futuras organizações serão automáticas, liberando mais os executivos para usarem seus talentos e suas habilidades em questões mais difíceis. Por exemplo, os bancos tradicionais agora estão presos em pé de igualdade com disruptores de empréstimo online em concorrências para tudo, desde financiamento para carros até hipotecas.

Os credores nativos da nuvem tendem a ser mais generosos nas quantias emprestadas e nos prazos com base no acesso a mais dados e tecnologias de decisão digital de ponta. Os credores tradicionais poderiam usar a decisão inteligente para afetar os disruptores ou competir com mais agressividade no negócio, mantendo ainda uma quantidade aceitável de risco. Se um banco tradicional continuar com seus processos atuais de aprovação de empréstimos orientados a dados, provavelmente perderá mais negócios do que fechará.

A mudança de ser orientado a dados para a decisão inteligente é, em si, uma decisão. É a primeira de muitas que mostrarão a perspicácia dos negócios e o talento competitivo do tomador de decisão.

O sentimento da autonomia retornada e da autoridade na liderança empresarial pode ser incrível. A desvantagem é que, se a decisão predeterminada for ruim, o ônus também será do tomador de decisão, e isso pode ser uma experiência incrível também, de modo ruim.

NESTE CAPÍTULO

» Olhando por trás da máscara da IA

» Separando verdade e ficção da IA

» Quem vence nas batalhas das IAs

Capítulo 9

Confiando na IA e Enfrentando Seus Medos

Quando você pensa na palavra *smart*, há chances de que a primeira coisa que venha à cabeça seja inteligência artificial (IA); isso ou *coisas inteligentes*, que normalmente são objetos inanimados com IA predefinida e conectados à internet.

Embora seja importante reconhecer que a IA é uma ferramenta essencial para muitos processos e projetos de decisão inteligente (DI), é igualmente importante reconhecer que a IA não é tão esperta quanto a maioria das pessoas pensa. Assim, fica mais fácil ver por que combinar máquina e inteligência humana é o modo mais inteligente de resolver problemas comerciais do que confiar em qualquer uma isoladamente.

A IA, coitadinha, é um pouco tapada.

Por um lado, ela não consegue inferir bem. Uma conquista que muitas criancinhas podem ter facilmente está além de sua capacidade. Ela tem problemas ao tentar entender a língua falada (ou escrita) usada por pessoas, como você e eu. Ela pode dominar as complexidades da sintaxe e da semântica, mas não consegue analisar as nuances do significado. A IA tropeça feio quanto à função pragmática na linguagem, ou seja, a influência no significado do contexto, coloquialismo, implicações, inferência e relevância, entre outros.

A IA também não tem experiência no mundo real, basicamente porque não está conectada em um sentido físico às muitas variações sensoriais e práticas da vida, como as pessoas conhecem. Isso significa que não tem experiência real e pontos de referência nos quais os humanos se apoiam para ajudar a entender qualquer situação.

Continuando na lista das fraquezas da IA, ela não evolui particularmente bem. Em grande parte, ela realiza as mesmas tarefas repetidamente. Ela pode (e consegue) melhorar seu desempenho, mas não tem curiosidade intelectual, portanto, não vai longe em relação ao seu propósito original. Normalmente fica perdida sempre que mudam os dados dos quais seu modelo depende, pois a realidade foi programada para refletir as mudanças.

Mas não são as únicas preocupações. A IA também é impostora. Hoje, ninguém trabalha realmente com a IA, pelo menos não como a IA é apresentada nos filmes de Hollywood, nos programas de ficção científica na TV ou segundo as expectativas da maioria das pessoas e empresas.

A Verdade sobre a IA

É o seguinte: a tecnologia realmente usada na decisão e no advanced analytics hoje é o aprendizado de máquina (ML), que funciona como um subconjunto da IA geral. O ML é bem impressionante e útil ao encontrar padrões em grandes conjuntos de dados e tomar decisões digitais em grande escala, mas não estou falando sobre Arnold Schwarzenegger na franquia *Exterminador do Futuro* aqui. Pode não ser tão ruim — Arnie é difícil de vencer—, mas o ML tem algumas outras deficiências graves também. Mais especificamente, ele consome uma quantidade enorme de recursos em tempo, esforço e dados. Também não ajuda em nada o fato de que muitas vezes está errado!

Para ser justo, as interpretações erradas das saídas do ML são muitas vezes causadas por erro humano. Mas uma boa porcentagem vem da falha do ML em diferenciar com precisão itens parecidos ou corresponder os mesmos itens quando as representações têm pequenas variações (muitas vezes, o ML não pode escolher corretamente gatos em uma foto alinhada com criaturas peludas, por exemplo, o que irrita muito todo povo felino na internet; veja a Figura 9-1). E mais, o ML é altamente suscetível a erros, como resultados tendenciosos ou resultados baseados em suposições erradas. Uma cadeia de erros pode ocorrer, piorando o problema original.

FIGURA 9-1: O aprendizado de máquina tem problemas para diferenciar com precisão objetos parecidos.

Indo direto ao ponto, o ML pontua pior na precisão do que uma criancinha que recebeu a mesma tarefa. Mas os pais não deixam os pequenos tomarem decisões comerciais, porque eles têm deficiências também. Mais especificamente, eles não têm tino comercial, experiência de trabalho e conhecimento do domínio, entre outras características.

Os adultos que são profissionais experientes e especialistas no assunto (SMEs) normalmente também pontuam muito mais que o ML, mas também ficam aquém de uma nota perfeita. Suas deficiências incluem erros de heurística, perspectivas limitadas e incapacidade de avaliar ou encontrar depressa padrões em grandes quantidades de dados. Há outros problemas também. Por exemplo, quem você pensa que deu ao ML seu problema com parcialidades?

Mas, ao combinar as abordagens da máquina e humana, você acaba com uma base muito melhor sobre a qual tomar uma decisão, pois está aproveitando as vantagens dos dois. Ao fazer isso, também reduz ou elimina muitos dos pontos fracos.

DICA

Pense na decisão inteligente como combinar a pessoa e a inteligência da máquina.

Considerando o lado da IA

As máquinas não pensam nem aprendem como os seres humanos. Ajuda considerar a diferença na mente do homem e na da máquina para entender como eles trabalham, juntos e sozinhos, para tomar decisões melhores.

Como mencionei no começo deste capítulo, a análise e a decisão digital não usam agora a IA no sentido mais puro. Pelo contrário, elas contam com um subconjunto da IA chamado aprendizado de máquina. Algumas contam com uma forma altamente especializada de ML chamada aprendizado profundo (DL).

Aprendizado de máquina (ML) é um método de análise de dados no qual a construção do modelo analítico é automatizada. É essa automação de modelos cada vez mais refinados no processo de análise que as pessoas chamam de *aprendizado*. Os algoritmos do aprendizado de máquina "aprendem" de acordo com critérios definidos e previamente programados e se adaptam em cada iteração automática, tornando a máquina muito eficiente em uma tarefa específica. Ela se destaca na realização de tarefas em grande escala também, ou seja, pode realizar as mesmas tarefas em um número grande e crescente de casos simultaneamente e sem intervenção humana.

O *aprendizado profundo (DL)*, uma forma especializada de ML, resolve problemas mais complexos usando camadas extras em seus modelos e muitos mais dados em seu treinamento.

ML e DL se baseiam em software. Porém, ambos agem de modo diferente dos outros tipos de software. Para começar, enquanto os bugs (erros de programação) no ML e no DL são corrigidos do mesmo modo como são no software tradicional, algumas técnicas ML (em especial DL) são extraordinariamente complicadas, dificultando entender o que fazem e encontrar os erros.

Pequenas alterações nos dados de entrada podem levar a grandes mudanças no modelo ML derivado pelo algoritmo ML. Por isso, pode haver instabilidade nos resultados, que é um problema inerente da matemática, não da programação.

Pode ajudar a visualizar os elementos da máquina comparando o corpo humano e a mente com o ML ou o DL como a mente (software) e os robôs como o corpo (hardware). Mas a comparação para por aí.

LEMBRE-SE

Nenhum robô físico é realmente usado na análise de dados, decisão digital ou decisão inteligente. A robótica pode ser automatizada pelas saídas do ML, mas elas não servem como uma finalidade ao tomar decisões. Apenas o ML ou o DL é usado, e, mesmo assim, nenhum é um elemento em todo o analytics ou a decisão automática. Dadas as altas taxas de adoção atuais, o ML está rapidamente assumindo o controle do setor.

Em geral, os cientistas de dados e outros matemáticos ou engenheiros experientes em dados criam os modelos ML. Antes, a escassez de talento nesses campos criou um gargalo no desenvolvimento ML. A enorme complexidade do ML o coloca além da compreensão da maioria dos profissionais em outros setores.

Mas os tempos mudaram, e agora você tem mais opções ao criar e usar ML. É a chegada dessas novas opções que coloca processos e projetos de DI mais complexos dentro do alcance mais cedo, pois eles se destacam ao reduzir a complexidade e agilizar as implantações na produção. Isso, por sua vez, coloca a DI dentro do alcance de muitos mais usuários de DI em uma organização, pois o ML disponibiliza outro software e ferramentas, reduzindo a complexidade e aumentando o acesso também.

O aprendizado de máquina automatizado (AutoML) é o principal entre os avanços, tornando a tecnologia menos complexa e mais rápida de implantar. Todos os tipos de automação IA são muitíssimo úteis, mas a automação da engenharia de recursos é especial, sobretudo quanto a construir rapidamente aplicações de análise preditiva.

A *engenharia de recursos* (FE) deixa os dados brutos prontos para o aprendizado de máquina aplicando conhecimento do domínio para extrair representações analíticas. Os recursos relevantes são essenciais porque ninguém consegue treinar um modelo de aprendizado de máquina sem eles, não importa que algoritmos sejam usados. E veja aqui um segredinho do aprendizado de máquina, que acaba sendo um segredinho da decisão inteligente também: a engenharia de recursos é a parte mais intensa e crítica do processo porque envolve a combinação de conhecimento do domínio, expertise interdisciplinar e habilidades tecnológicas. Mas dos três, o conhecimento do domínio é o mais importante, com a expertise em segundo lugar e as habilidades tecnológicas atrás dos dois.

Não é interessante que dois conjuntos de conhecimento humano sejam necessários *antes* das habilidades de dados e de tecnologia? É como um processo de DI, certo? E mais, se você achava a IA superior aos humanos ou que os humanos não têm nenhuma relação com os processos de IA, agora sabe que são duas partes do *mesmo* processo. As máquinas auxiliam os humanos e os humanos auxiliam as máquinas. Eles devem trabalhar juntos. E sempre foi assim, mesmo antes de o software surgir na realidade do mundo.

Voltando à engenharia de recursos automatizada: com essa tecnologia, os processos para fazer hipóteses, transformar e validar os recursos podem ser gerados pela máquina para que os cientistas de dados possam conectá-los aos modelos de aprendizado de máquina e passar rápido para a produção. Isso significa que o trabalho que costumava levar meses para ser concluído agora pode ser feito em bem menos tempo.

Seguindo as mesmas linhas da conveniência, agora você vê o aumento dos *armazenamentos de recursos*, onde eles são criados e compartilhados entre as equipes e os modelos de aprendizado de máquina (veja a Figura 9-2). Isso elimina a necessidade do suporte da engenharia e agiliza mais a montagem dos modelos para abordar novos projetos de decisão em tempo recorde.

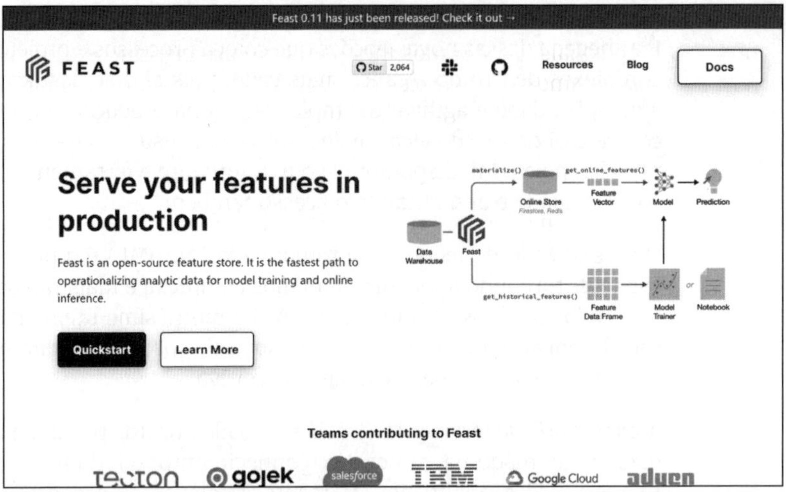

FIGURA 9-2: Feast, um armazenamento de recursos de fonte aberta.

DICA

Não hesite em usar ferramentas capacitadas pelo aprendizado de máquina em seu processo de DI, se são realmente necessárias. Mas às vezes o aprendizado de máquina é um exagero, e ferramentas mais simples, como formas de analytics mais tradicionais, são melhores para o que você está tentando fazer.

LEMBRE-SE

A combinação precisa de processos humanos *versus* de máquina é determinada pelo impacto de negócio que você prometeu (decidiu) e as etapas determinadas como necessárias para manifestar esse impacto no mundo real.

Considerando o lado humano

A tomada de decisão humana é muito mais tensa, complexa e poderosa do que muitos fãs da IA percebem. Apesar dos enormes avançados no aprendizado de máquina nos últimos anos, a mente do homem ainda não foi copiada com sucesso, muito menos superada por qualquer forma de IA. Não é tão simples substituir o computador mais eficiente e brilhante do planeta: o cérebro humano. Embora os criadores de IA e construtores continuem a imitar uma quase perfeição, a mente humana continua a superar continuamente as máquinas em termos de precisão. E é assim mesmo que os humanos tomem decisões erradas na maioria das vezes.

LEMBRE-SE

Nós, os seres humanos, costumamos fazer escolhas irracionais mesmo quando tentamos ser racionais. No caso de uma crise, a urgência de tentar melhorar nossas chances de sobrevivência nos leva a fazer avaliações e suposições rápidas, indo direto mentalmente para uma decisão imediata. Mas só porque nossa vida está em risco não significa que não acabamos tomando decisões irracionais.

Por muitos motivos, os seres humanos tomam decisões irracionais ou emocionais, e acabamos lhes dando nomes científicos elegantes, provando que estamos bem cientes de nossas falhas quanto a tomar decisões. Para conhecer a infinita variedade de modos como podemos cair de cara, veja a lista a seguir:

» **Siga o líder, em um precipício:** Os seres humanos têm a tendência de ver os vencedores como bons tomadores de decisão, então seguimos com eles. Se um líder no setor compartilha algo de seus métodos de escolha de ações em sua rotina matinal, no subconsciente as pessoas pressupõem que o ritual tem um efeito positivo nas habilidades do executivo. Daí, outras pessoas, até CEOs das empresas concorrentes, tendem a fazer o mesmo ou algo parecido. Nenhuma consideração é dada aos "perdedores" que concluem exatamente a mesma rotina ou seguem o vencedor agora e não conseguem resultados positivos. É um modo muito ilógico de decidir como gastar seu dinheiro ou passar suas manhãs.

» **Fique em segurança, na falência:** Outro erro mental comum pode ser atribuído à aversão à perda. As pessoas valorizam o que elas já têm mais do que aquilo que podem obter. Por isso o proprietário de um imóvel normalmente precifica sua casa muito acima do seu valor real e um comprador tende a precificar o mesmo imóvel por muito menos. Também é por isso que as pessoas têm problemas para enxugar, ou seja, é difícil "perder" algo que você tem, mesmo que nunca tenha vestido ou usado. Muitas vezes as pessoas tomam decisões com base no medo da perda, não na antecipação do ganho, que geralmente não é um bom plano ao tomar decisão.

» **Escolha o que é testado e aprovado atrás da porta 1, em vez do tesouro escondido atrás da porta 2:** Repita comigo: disponibilidade ou familiaridade não significa valor. A heurística da disponibilidade leva as pessoas a acreditarem que as coisas que vêm à mente primeiro são mais importantes ou mais confiáveis do que aquelas sobre as quais você tem menos consciência. Os seres humanos supervalorizam as coisas de que eles se lembram (mesmo quando sabemos que pode ser uma lembrança errada) e subvalorizam as coisas que ouvem, veem ou aprendem pela primeira vez, isto é, valorizam o familiar, não o fora do comum, e o conhecido acima do desconhecido.

Eu poderia adicionar muitos outros itens a essa lista, como o número de ancoragem (precificar um item segundo o valor ao qual você foi exposto antes, sendo ele alto ou baixo), parcialidade de confirmação e outros vieses, ignorância ou negligência, excesso de confiança, falhas morais e pontos cegos.

Por isso tomar decisões comerciais com base na intuição, um curioso conceito conhecido como instinto que existe como a soma resultante de todas as nossas experiências passadas e/ou heurística comum e viés, é considerado uma ideia terrível e um modo suscetível a erros ao comandar uma organização.

Deixando de lado o ego

Ao examinar os modos como as decisões comerciais podem dar errado, um alvo bem grande ainda precisa ser abordado: o ego. As outras possíveis armadilhas listadas na seção anterior tendem a se ligar a ideias ou projetos específicos. Mas o ego é uma ameaça flutuante que pode se ligar a qualquer lugar.

Segundo o relatório da *Harvard Business Review*, gerentes comerciais e líderes historicamente consideravam a gerência em termos de "alocação de recursos" ou "elaboração de políticas". Isso até Chester Barnard, um executivo aposentado do setor de telefonia, aparecer. Ele elevou o termo tomada de decisão do campo da administração pública nos anos 1930 e o colocou em um de seus livros sobre funções executivas, consequentemente mudando para sempre como os empresários consideravam seus cargos.

Diferente dos termos mais circunscritos, como alocação de recursos, a tomada de decisão é mais aberta. Sim, você tem uma finalidade definida, porém é mais como um processo, com começo, meio e fim, isto é, um pensamento ou uma deliberação seguido por uma ação. Certo ou errado, ser um tomador de decisão (ou "decisor", como o presidente dos EUA George W. Bush certa vez se descreveu) é um símbolo de status e uma ostentação do ego, uma alcunha que cria instantaneamente expectativas na empresa, nos acionistas, nos clientes e nos outros.

Com o ego sendo como é, as pessoas que investem muito de sua autoestima no status como decisores são potencialmente elos fracos na cadeia organizacional de comando. A mente humana pode ser o maior computador do planeta, mas ela, unida ao ego de alguém, também representa uma quantidade de risco considerável para uma organização que conta com líderes humanos para tomar boas decisões que produzem bons resultados (não apenas uma vez, mas sempre).

LEMBRE-SE

Várias disciplinas estudaram a tomada de decisão das pessoas por décadas, inclusive matemática, filosofia, sociologia, psicologia, economia, comportamento organizacional e ciências políticas, entre outras. Os avanços feitos por essas disciplinas e na tecnologia melhoraram muito as decisões comerciais e os resultados. Mas os humanos tiveram que esperar até a decisão inteligente ter o foco para passarem a determinar as combinações precisas de decisão humana e da máquina necessárias para alcançar uma meta predeterminada como uma receita para uma tomada de decisão ideal. Por isso, na decisão inteligente, você sempre deixa a decisão predeterminada ditar as ferramentas e os processos usados para tornar essa decisão um impacto de negócio mensurável. Isso inclui determinar a combinação precisa de capacidades humana e da máquina necessárias, ou se tal mistura é mesmo precisa. Não se esqueça: uma viagem egocêntrica não leva a lugar algum.

Vendo Se Você Pode Confiar na IA

O grande segredo conhecido no setor de IA é que ninguém entende como ela funciona. Em relação aos algoritmos avançados, ninguém tem certeza sobre como eles tomam suas decisões. Essa situação pode ser problemática, no mínimo.

Os profissionais no setor entendem que a IA, em vez do aprendizado de máquina, para ser mais preciso, comete muitos erros e em grande escala, e eles podem ser um show de horrores. Mas as melhores mentes no desenvolvimento da IA entendem que os erros não são o problema (eles não são os maiores problemas na decisão humana também). É a crença de que os erros não podem acontecer que cria os maiores desastres.

As pessoas que tomam decisões no mundo dos negócios e que usam produtos aperfeiçoados por IA para tanto, mas têm pouca ou nenhuma compreensão básica da IA, tendem a acreditar que Dados + IA = 100% de Insight Correto. Essa suposição as coloca em maus lençóis.

Você pode perguntar: e as capacidades super-humanas da IA e a infalibilidade da matemática subjacente da IA? E por que os resultados da máquina se mostram corretos com tanta consistência mesmo em grandes escalas, se a IA não pode ser confiável para acertar as coisas?

Bem, é assim mesmo. A IA *não* provou estar sempre certa. E apesar do marketing feroz, por vezes é inútil, e outras vezes é até perigosa. E como não existe um modo confiável de descobrir como a máquina chegou a certa decisão, verificar o raciocínio não é possível.

Uma ilustração clara da falibilidade da IA é seu desempenho ruim recente e impressionante durante a pandemia da COVID-19. Médicos e cientistas do mundo inteiro colocaram suas esperanças na IA para ajudar no diagnóstico, no tratamento e na previsão dos resultados de pacientes acometidos pela doença. Alguns foram além e esperaram que a IA pudesse identificar rápido uma cura ou criasse uma vacina. Nada disso aconteceu de fato, apesar dos esforços hercúleos e das grandes quantidades de dados da China e de Israel treinando as máquinas.

Vários estudos — inclusive um relatório do Turing Institute, o centro nacional de data science e IA do Reino Unido; uma análise no *British Medical Journal*; e uma análise focada nos modelos de aprendizado profundo para diagnosticar COVID, publicada na *Nature Machine Intelligence* por pesquisadores na Universidade de Cambridge — descobriram que, das centenas de ferramentas preditivas de IA criadas e usadas para lidar com a pandemia da COVID-19, nenhuma fez uma diferença significativa, e algumas se mostraram prejudiciais.

Derek Driggs, um pesquisador de aprendizado de máquina na Universidade de Cambridge e coautor da análise na *Nature Machine Intelligence*, disse em um artigo relacionado na *MIT Technology Review* que muito da culpa das inúmeras falhas da IA no trabalho da COVID está nos *dados Frankenstein*, ou seja, dados de baixa qualidade, geralmente reunidos de fontes desconhecidas e diversas, contendo erros e duplicatas. Como resultado, algumas ferramentas acabaram sendo testadas nos dados exatos em que foram treinadas, levando a falsas pontuações precisas.

Como a IA a) comete erros, b) não pode dizer atualmente como chegar a uma decisão e c) produz resultados que podem até ser perigosos, como você sabe que pode confiar na IA para tomar decisões automatizadas ou ajudar as pessoas a tomar decisões?

O segredo está em entender que confiar nem sempre é a questão primária ou mesmo secundária, ou até uma meta adequada para ser honesto. Confiar não é uma meta apropriada nas decisões humanas também: você pode criar um processo de DI que não conta com a confiança da máquina ou do homem, mas faz uma verificação e uma validação de uma parte consistente da abordagem geral.

DICA

Considere *todas* as suas opções no processo de DI, mesmo requerendo primeiro uma pesquisa. A IA não é a única nem (necessariamente) a melhor opção de computação inteligente para analisar conjuntos de dados grandes e complexos. Considere que a bioinformática, uma tecnologia de computador para analisar o repositório de dados de biologia molecular de rápido crescimento, foi bem mais útil ao desenvolver uma vacina da COVID-19 e rastrear a origem do vírus do que a IA foi em qualquer projeto relacionado à COVID.

Você deve selecionar com cuidado um impacto desejado na decisão inteligente porque essa escolha aponta as ferramentas necessárias para chegar lá. No caso da COVID-19, a bioinformática que visava evitar, mutilar ou matar o vírus foi muito mais bem-sucedida do que as várias ferramentas de IA que visavam ajudar a diagnosticar definitivamente, tratar de modo ideal e prever em última análise os resultados dos pacientes.

Por que a IA é difícil de testar e mais difícil de entender

Todos concordam que será muito mais fácil gerenciar a IA quando ela puder explicar o que faz ou o que fez para chegar a uma decisão específica em termos humanos. No momento, os sistemas de tomada de decisão da IA, em especial os que usam redes neurais profundas (DNNs), são modelos de caixa-preta em grande parte; basicamente, até as pessoas que planejaram esses sistemas não entendem totalmente como eles funcionam.

E mais, elas *não conseguem* entender esses sistemas complexos e complicados que estão ficando mais complexos, ambíguos e autônomos a cada dia que passa. Essa situação é insustentável, requerendo o desenvolvimento de novos métodos visando aumentar a transparência, a compreensão e a explicação dos produtos, dos sistemas, dos processos e das saídas da IA. É um problema tecnológico fundamental, e não uma questão que possa ser resolvida por meio de mais instrução ou aproveitando a experiência dos mestres humanos.

Para resumir, os negócios estão totalmente cegos para o que a IA faz (pelo menos em suas formas mais complexas), mas contam com ela de qualquer modo.

Por mais assustadora que essa decisão possa parecer, as pessoas costumam contar com produtos e conceitos com o potencial de altos impactos negativos antes de entenderem bem com o que estão lidando; por exemplo, o antibiótico. Os antibióticos são usados pelo menos desde os tempos do antigo Egito para tratar infecções, mesmo que ninguém entendesse como eles funcionavam ou soubesse que as infecções eram causadas por bactérias até por volta do século XX. Por que os humanos usam coisas antes de entenderem como funcionam e quais ameaças elas podem trazer? A resposta: simplesmente porque funcionam. Os usuários podem medir o resultado mesmo que não consigam ver ou entender o processo que apresentou o resultado.

LEMBRE-SE

Por fim, o teste de qualquer coisa (funcionário, processo ou tecnologia) é o desempenho. Fez o que você precisava que fizesse? Se sim, mantenha. Se não, descarte. E é como a IA é julgada em grande parte hoje; a IA funciona, então as organizações continuam usando e criando até mais. Mas são apenas as pessoas no negócio totalmente não familiarizadas com como a IA é feita que confiam nela. Qualquer um que trabalha com ela sabe mais.

A resposta que explica por que algo foi feito ou não é normalmente uma preocupação menor. Em geral, o motivo por trás dos resultados em um teste de aprovação ou reprovação não aumenta em importância e prioridade até algo dar errado (normalmente algo tem que dar muito errado, repetidas vezes). Por isso existem leis de responsabilidade do produto, para forçar uma investigação do motivo e ter alguém ou uma organização responsável por qualquer falha para conter bem a ameaça.

O interessante é que a IA parece entrar no estágio onde noções mais antigas de responsabilidade do produto estão se consolidando. Várias ações maiores de órgãos do governo no mundo todo convergem na regulação da ética e das ações tomadas ou assistidas por IA. Por exemplo, na primavera de 2020, os cinco maiores órgãos reguladores financeiros nos EUA fizeram um pedido formal, conhecido como solicitação de informação (RFI), a bancos, buscando explicações sobre como eles usavam a IA. Essa ação é um bom sinal de que uma regulação sobre a IA no setor bancário e nas finanças está próxima. Logo depois, a Federal Trade Commission (FTC) lançou diretrizes bem fortes e preventivas para a IA sobre questões de "confiança, imparcialidade e equidade". Ao fazer isso, a FTC tornou ilegais certos usos e abusos da IA.

Logo a Comissão Europeia seguiu o exemplo com sua própria proposta para regular a IA. Ela pesa nas multas de 6% das receitas anuais da empresa infratora, tornando-a uma penalidade muito maior do que os 4% incríveis que podem ser aplicados sob o Regulamento Geral sobre a Proteção de Dados (GDPR).

Embora o ambiente regulatório no mundo todo ainda esteja se desenvolvendo, alguns temas centrais em torno das preocupações com a IA já estão aparentes. Os órgãos reguladores querem claramente que as empresas que usam a IA:

- Avaliem e mitiguem os riscos.
- Façam avaliações do impacto e resolvam as consequências não pretendidas previsíveis.
- Assegurem a responsabilidade e a independência no teste e nas análises.
- Insistam em uma análise contínua dos sistemas de IA seguindo todos os passos e continuando assim.

LEMBRE-SE

Esses mesmos princípios devem ser aplicados também nos impactos predeterminados do processo de DI. Afinal, o objetivo é a intenção. Qualquer coisa que distraia dessa intenção é insustentável.

Para chegar perto de cumprir com as novas demandas regulatórias listadas antes, o famoso modelo caixa-preta que foi o padrão IA por anos deve ser substituído por uma explicação e uma transparência totais da IA. A antiga medida de confiar na IA simplesmente porque ela funciona é insuficiente. Agora o problema da confiança deve ser abordado de frente.

E provavelmente os resultados irão além ao estabelecer a confiança na IA. Ou deveriam, se os reguladores concordassem com o que é IA para evitar um medo injustificado ou uma responsabilidade muito limitante. Por exemplo, os órgãos reguladores dos EUA tendem a definir muito a IA, por exemplo, como os modelos ML em geral usados nos negócios e a maioria dos softwares hoje. Já a União Europeia tende a definir mais amplamente a IA como qualquer software envolvido na tomada de decisão.

LEMBRE-SE

A decisão inteligente foca descobrir e dar os passos necessários para criar um impacto de negócio predeterminado. Parte desse processo envolve mitigar os riscos e tomar outras ações para identificar e, espera-se, evitar consequências não pretendidas previsíveis. Isso significa pesar riscos e recompensas ao usar ferramentas específicas também.

DICA

Verifique se cada etapa no processo de DI está totalmente de acordo com as leis atuais e se prepare para atender a uma regulação nova ou previsível. É o modo mais eficiente e fácil de assegurar que nenhum problema novo seja criado em seu caminho conforme você avança.

Ouvindo a confissão da IA

A DARPA deseja que a IA confesse seus segredos. DARPA, que é uma abreviação de Agência de Defesa de Pesquisas em Projetos Avançados, é uma agência militar de P&D persistente em suas tentativas de fazer a IA explicar suas ações, provavelmente porque as decisões militares são literalmente uma questão de vida ou morte. O esforço para aperfeiçoar e gerenciar uma nova geração de parceiros de máquina IA para o serviço militar está a todo vapor.

Mas quando consideramos isso, a DARPA não pede nada da IA que outra pessoa não queira saber. Para garantir que o processo de DI e o impacto também estejam de acordo com as novas regulações da IA no mundo inteiro, organizações de toda parte precisarão explicar o que a IA anda fazendo. E elas também terão que explicar, possivelmente, em quais casos de uso a IA funciona.

Além do mais, extrair as confissões necessárias da IA se torna mais essencial, considerando que alguns processos de DI são executados inteiramente pela IA. Essa tecnologia é muito mais poderosa do que "definir e esquecer". Ela implica em riscos consideráveis, com o menor deles sendo a degradação garantida de seu próprio modelo com o passar do tempo.

LEMBRE-SE

Ninguém consegue gerenciar totalmente a IA, a menos que o modelo caixa-preta seja aberto e substituído por um muito mais transparente e fácil de entender.

O objetivo da DARPA é a XAI — uma abreviação de *IA explicável*, indicando que a DARPA chama os sistemas de IA de *terceira onda* (veja a Figura 9-3.). As equipes de desenvolvedores XAI nos setores públicos e privados trabalham muito para criar a próxima geração de tecnologias ML para tornar a IA compreensível e confiável para os usuários. Um modo de fazer isso é tornar a interface entre pessoas e máquinas mais amistosa ou, pelo menos, forçar a IA a se explicar em uma linguagem humana clara.

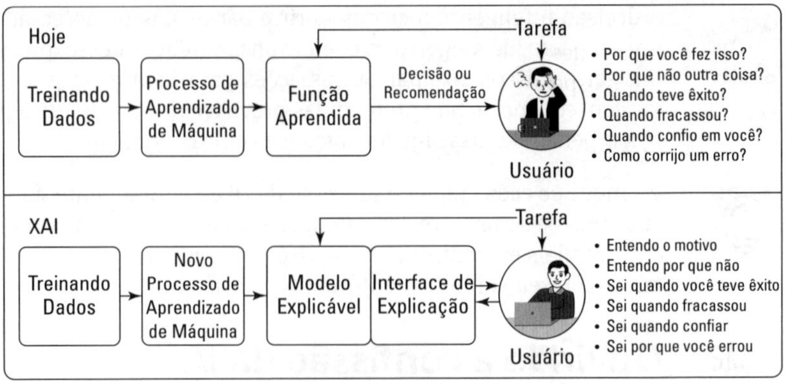

FIGURA 9-3: Comparando o que é com o que poderia ser.

LEMBRE-SE

Criar uma IA explicável facilitará uma maior democratização de seu uso, auxiliando em mais tomada de decisão na organização e também tornando os métodos de DI acessíveis para mais usuários.

Tem sido feito um progresso na explicação da IA. Em 2020, o Instituto Nacional de Padrões e Tecnologia (NIST), no Departamento de Comércio dos EUA, produziu um relatório definindo os quatro princípios da IA explicável para uma análise pública:

» **Explicação:** Os sistemas entregam uma evidência complementar ou motivo(s) para todos os resultados.

» **Significativo:** Os sistemas fornecem explicações que são compreensíveis para os usuários individuais.

» **Precisão da explicação:** A explicação reflete corretamente o processo do sistema para gerar o resultado.

» **Limites do conhecimento:** O sistema só opera sob condições para as quais foi alinhado ou quando atinge uma confiança suficiente em seu resultado.

Os artigos sobre IA e as publicações especializadas em computação normalmente cobrem conceitos afins, inclusive explicação de pré-modelagem, modelagem explicável e explicação pós-modelagem.

Em outras palavras, um trabalho sério está sendo desenvolvido para tornar a IA mais fácil de entender, gerenciar e usar. Grande parte do software usado pelas empresas hoje (tomada de decisão e apps BI, em particular) já tem assistentes de IA que respondem bem às dicas de linguagem natural digitada e falada. Mas essa ação está limitada aos processos pré-programados e predeterminados que o usuário espera como certos. Portanto, sim, quando for simples comandar a IA para criar outra IA (para as especificações de qualquer usuário, então revelar os processos usados tanto para uma inspeção ou uma edição), então a IA se tornará a ferramenta de decisão definitiva.

DICA

Ferramentas como IA que são aplicáveis a muitos projetos de DI mudam com rapidez. Verifique se você ou os membros da equipe DI estão a par dos novos desenvolvimentos para melhorar a escolha das ferramentas e aproveitar totalmente seu uso.

Duas IAs Entrando no Bar...

Sem dúvidas, a IA terá um papel importante em muitos projetos de DI. Na verdade, você pode ter mais de um tipo de IA em um papel, ou seja, um dos dois subconjuntos atuais de IA chamados *aprendizado de máquina (ML)* **ou** *aprendizado profundo (DL)*. Esses tipos de IA costumam ser anexados a uma tarefa específica e/ou software. Isso significa que é possível que você tenha várias IA trabalhando em diferentes tarefas em seu processo de DI. Acrescente a isso os assistentes de IA por aí em vários dispositivos, como Alexa, Hey Google e Siri, todos ouvindo comandos de voz para saberem quando responder a uma solicitação. Infelizmente, esses assistentes de IA acabam apenas bisbilhotando um ambiente comercial. Isso em si é um risco de segurança em potencial, mas estou fugindo do assunto.

Sim, em relação à IA, as coisas podem ficar um pouco complicadas em sua trajetória para tomar ótimas decisões.

Imagine, se puder, que a IA em todas suas várias formas, inclusive chatbots, projetos de produção e dispositivos ativados por IA do consumidor e do tipo corporativo, sejam seres individuais que podem a) trabalhar juntos ou para a concorrência, b) ser espiões corporativos ou apenas maus, ou c) ser intrometidos amistosos. Como eles agiriam e interagiriam em um processo de DI? E seria algo bom ou ruim se sua fatia de decisão tivesse tantos dedos da IA? Se você imaginasse duas IAs entrando em um bar, confiaria que elas não roubariam o lugar? Você as convidaria para sentar à mesa? Elas são os alvos inofensivos de uma piada de trabalho engraçada, mas, de resto, amigas sinceras que trabalham duro?

Como diria que essas IAs se comportarão e como conviverão? Ou você deve esperar que elas olhem para a tela de sua própria versão de smartphones e fiquem indiferentes com a presença de outra pessoa no bar?

Para ser justo, conflitos, questões de integração e problemas afins em seu processo de DI não se limitam à IA. Eles existem no software, nas ferramentas, nos conjuntos de dados e em outros itens usados. Assim que você tomar sua decisão sobre o impacto de negócio que deseja criar e começar a trabalhar de trás para a frente para determinar os processos, as ferramentas e as pessoas necessários para que isso aconteça, lembre-se sempre de que toda ferramenta e todo processo devem trabalhar coletivamente para um mesmo objetivo, não individualmente para seu próprio fim.

Assim, quando duas IAs entrarem no bar, olhe-as com atenção. Considere se o que elas fazem é realmente aquilo de que você precisa nessa situação. Como a IA trabalha de modo autônomo e, em grande parte, no escuro, isso é um assunto sério. E qualquer uma trabalhará "bêbada" se beber os dados errados.

E mais, esses colegas de trabalho de máquina podem ser essenciais para seu processo de tomada de decisão agora, mas você pode esperar que eles acabem mudando, como seus correspondentes humanos.

Os especialistas em IA, inclusive os principais pioneiros e até o padrinho da IA, Geoffrey Hinton, acham que devemos descartar o aprendizado de máquina e o aprendizado profundo, começando do zero. Por quê? Novos obstáculos já se formam no horizonte, e essas técnicas não conseguem superar na tomada de decisão. Provavelmente precisaremos de uma forma diferente de IA para lidar com isso.

A maior lacuna no ML e no DL, segundo Hinton, é que nenhum consegue ser inteligente por si próprio, pois nenhum é capaz de ter um aprendizado sem supervisão. Ele acredita que a falha está na retropropagação, que envolve rotular e pesar os dados.

O consenso é o de que o aprendizado de máquina e o aprendizado profundo serão abandonados em favor de estruturas novas nos próximos anos, criando um caminho melhor para desenvolver uma inteligência artificial geral (AGI) para usar em uma melhor tomada de decisão. O fato é que, mesmo que você pense que conhece todas as ferramentas e técnicas ou se considere realizado no uso de uma ou mais, deve verificar sua parcialidade na porta e considerar o que mais pode estar disponível para ajudá-lo em seu projeto de DI.

Não se deixe dominar. Se você pensar um pouco, o aprendizado de máquina e o aprendizado profundo são apenas técnicas estatísticas sofisticadas. São apenas software, não formas de vida alienígena. Assim, as duas IAs que entraram no bar não são tão intimidadoras quanto você temia.

Além disso, você não terá que aprender tudo sobre aumentar as técnicas estatísticas, pois os subconjuntos de IA atuais e a crescente automação provavelmente farão grande parte do trabalho pesado. Foque em ficar a par das opções disponíveis para ajudar a desenvolver seu processo de DI.

Fazendo cálculo certo, mas a pergunta errada

Por vezes, quando a IA não atende às expectativas, você deve se lembrar de que ela nasceu assim. Com certeza ela aprende conforme avança e pode sair dos trilhos no processo, mas seu começo foi com os dados de matemática e treinamento recebidos, e ela pode fazer só isso com eles.

Os especialistas em IA trabalham muito para acertar a matemática nos modelos, e eles quase sempre conseguem. Infelizmente, acertar no cálculo não conta muito se eles respondem à pergunta errada. Trabalhar com constância e usar toda a matemática certa para resolver o problema errado é, bem, um problema muito comum. Costuma resultar de uma má comunicação entre o empresário que solicitou uma resposta, mas não conseguiu articular com precisão a pergunta, e um cientista de dados que pensou que a pergunta articulada era a pergunta a ser respondida. Assim, o cientista de dados erra usando toda a matemática certa ao responder a pergunta que o empresário nunca quis fazer.

Dito de outra forma, é uma jornada interminável que engoliu muitos cientistas de dados e é um motivo comum para que muitos projetos de IA e mineração de dados não conseguirem produzir um resultado comercial útil.

Existe também a mesma armadilha na decisão inteligente. O problema que você tenta resolver nela é como trazer a decisão tomada previamente para a realidade comercial. Mas se a decisão tomada é uma resposta para a pergunta errada ou é um esforço de resolver o problema errado, tudo que você faz na sequência é só outra jornada interminável.

No máximo, a decisão inteligente tenta se basear em parte de uma ideia, um momento de genialidade, uma centelha fresca e inovadora para moldar um impacto de negócio que apresentará um ganho mensurável no mundo real. É muito provável que uma boa quantidade de trabalho seguinte envolva a decisão digital, como parte de um processo de DI maior ou como todo o projeto de decisão digital. De qualquer modo, a questão ou o problema a ser resolvido deve fazer sentido antes que qualquer coisa depois faça sentido.

Os líderes de negócios devem novamente assumir o controle, ter uma grande ideia, sobrepô-la em um futuro de probabilidade imaginável e baseado em fatos, mexer nela com cuidado e estimulá-la para detectar os pontos fracos, então, após uma verificação meticulosa, partir para planejar o processo de DI capaz de dar frutos.

A decisão nunca foi apenas matemática, algoritmos ou modelos. Era, e sempre é, sobre estruturar primeiro uma ideia.

Lidando com os resultados em conflito

Em qualquer processo que envolve mais de um programa de software e/ou ações relacionadas, mas separadas, existe a possibilidade de conflitos. O atrito pode estar nos esforços de integração, nos resultados opostos ou nas saídas. O conflito também pode aparecer na equipe de decisão sobre qual abordagem adotar, quais pesos ou valores atribuir aos vários elementos em consideração. Disputas territoriais ou mesmo desrespeito e desvalorização da diversidade nas profissões, culturas, gêneros ou raça também podem ser fontes de conflito.

O fato é que o conflito pode confundir seus projetos de DI de muitos modos diferentes. Alguns desses atritos são úteis e ajudam a melhorar o impacto de negócio ou o processo para alcançá-lo, mas grande parte é uma leve distração, na melhor das hipóteses, e uma destruição, na pior. Nas disciplinas dos dados, isso é conhecido como *ruído*. Nas pessoas, é conhecido como interferência. De qualquer modo, reprima rápido.

As IAs podem estar também em conflito. Quase todo software moderno tem um componente IA; realmente nenhuma IA integra ou funciona junto com a IA em outro software. Você pode incorporar uma visualização gerada por IA da narrativa de outro software ou sites e em outro lugar, mas não consegue integrar o software e fazer as IAs conviverem no local de encontro virtual, compartilhar seus conjuntos de dados e resolver os conflitos entre elas. Sim, senhoras e senhores, ainda temos outro silo. Na verdade, dezenas deles.

A AI é tão boa quanto seus dados treinados, os dados treinados novamente e os dados com os quais ela trabalha agora. Portanto, há outros problemas, como declínio do modelo, desvios de dados e mais consumo de dados para outro novo treinamento do modelo. Adicione a isso o fato de que a IA também pode escrever algoritmos para qualquer finalidade, desde otimizar a TI e limpar os dados até refinar a automação. E essas IAs também trabalham em grande parte sem a supervisão humana, sem nem mesmo pedir licença para outra IA que elas podem encontrar ao longo do caminho.

Nenhuma IA no software comercial, no hardware do consumidor (olá, Alexa!) ou em projetos corporativos e personalizados com IA tenta acompanhar os outros. Portanto, se uma IA é melhor que o resto, o resto simplesmente a ignora. Então, sim, resultados (saídas) conflitantes podem acontecer e acontecem.

Não existe uma correção simples para essa situação quando ela ocorre. Basta ficar atento, porque pode arruinar as linhas em seu processo de DI em algum ponto.

Algo que pode ajudar a evitar tais problemas é o ModelOps — processos que operacionalizam e gerenciam os modelos de IA em produção (após a implantação). O ModelOps permite monitorar seus modelos ML no ciclo de vida inteiro para assegurar que estejam se saindo bem, não passam por declínio e são descartados quando necessários para evitar problemas na decisão e nas vulnerabilidades da segurança. Uma boa plataforma ModelOps também ajuda a manter seu trabalho em conformidade com a IA.

DICA

Adicione um armazenamento de recursos aos conjuntos de ferramentas da IA da decisão inteligente e conseguirá criar e compartilhar com facilidade os modelos de IA conhecidos como já em conformidade com seu projeto de DI, assim como com as regras da empresa e os requisitos regulatórios. É um atalho que pode economizar tempo e muita dor de cabeça (para saber mais sobre os armazenamentos de recursos, veja a seção "Considerando o lado da IA", anteriormente neste capítulo).

Batalha de IAs

As IAs podem entrar em outro tipo de conflito também. Não é tão inofensiva como as outras e é mil vezes mais difícil. A *IA Maliciosa* é um aprendizado de máquina que ataca outras entidades, como negócios, infraestrutura e governos. Pode visar qualquer alvo. Na guerra, orienta drones para atacar prédios e militares. Apenas o lado que ela ataca possivelmente a chama de IA maliciosa; o lado que faz o ataque a chama de amistosa. E é assim que funciona com os ciberataques fora da lei também.

A IA maliciosa, também conhecida como IA ofensiva, é o agressor. A IA defensiva é o protetor, exceto que a IA maliciosa converte a IA defensiva para o modo de ataque também ou quando a IA defensiva joga a IA maliciosa contra seus proprietários; nesse caso, é agora uma IA ofensiva/defensiva (tudo bem, usei um pouco de licença poética no nome das IAs que mudam de lado durante um conflito, mas o fato é que as IAs ofensiva e defensiva agora existem, e ambas podem ser manipuladas por outra IA).

No nível corporativo, a IA maliciosa é capaz de inúmeros ataques, desde vídeos deepfake para campanhas de desinformação e falhas da infraestrutura para a contagem de corpos no mundo real até ransomware, whale phishing e outras formas de ataques e manipulação de dados. Por outro lado, a IA defensiva reside, em grande parte, nos produtos de cibersegurança planejados para proteger o negócio de vários ciberataques existentes e novos.

O resultado aqui é que todos os negócios agora estão envolvidos em uma batalha de algoritmos, inofensivos e maldosos.

O que essa batalha de algoritmos tem a ver com a decisão inteligente? Tudo se resume ao fato de que a ameaça que a IA oferece não é que ela tomará conta da raça humana, mas que aumenta a superfície de ataque. Pense assim: o que uma IA pode fazer, a outra pode, pois o que um ML consegue aprender sozinho, outro ML também aprende. Uma IA maliciosa pode atacar sua organização de vários modos simultaneamente, e também atacar centenas, milhares e até mais negócios do mesmo modo, simultaneamente. Um ataque que é impossível para o homem sozinho combater.

LEMBRE-SE

Enquanto a IA o ataca, ela aprende suas táticas da IA defensiva e imediatamente as mitiga, também aprendendo tudo sobre seu negócio a partir de sua avaliação da IA defensiva ou apenas a IA que trabalha em outro lugar em seu negócio. Isso significa que você deve ter esse escape real em mente enquanto implanta ou lida com a IA em seu processo de DI. Use a IA com responsabilidade e prepare medidas de segurança em todos os processos de decisão (digital e DI) para evitar que uma IA maliciosa assuma. E, claro, impedir outros problemas de segurança e conformidade também.

DICA

Considere modelar o desenvolvimento da IA nas linhas do DevSecOps (abreviação de *desenvolvimento*, *segurança* e *operações*) — ele mantém todos os envolvidos responsáveis por garantir medidas de segurança em todas as plataformas da sua organização. Resumindo, solicita que você o torne a política da empresa para corresponder com as decisões de segurança e as ações em perfeita sincronia com o desenvolvimento IA, as decisões e as ações das operações. Assim, seu processo de DI fica mais protegido de uma grande variedade de ameaças de segurança.

NESTE CAPÍTULO

» **Descobrindo onde os instintos e a liderança se encaixam**

» **Espelhando a decisão inteligente na decisão digital**

» **Combinando ciências sociais, ciência gerencial e data science para experimentar**

Capítulo 10

Dados e Pessoas Atentas

Há inúmeras histórias divertidas (e lamentáveis) de análise dos dados e estatísticas que deram errado. Os erros estatísticos tendem a ficar em duas categorias amplas: envolvendo tendências e imprecisões. Por tradição, as cinco fontes mais comuns de erros estatísticos são a amostragem, a medição, a estimativa, o teste de hipótese e o relatório.

Infelizmente, esses erros ainda são comuns, apesar dos muitos avanços sofisticados na tecnologia. Seja diligente ao eliminar esses erros em tudo o que faz, desde uma tomada de decisão manual até cálculos de decisão por IA.

Mas lembre-se de que esses erros têm origem no ser humano, não nas máquinas, pois o software só consegue fazer o que foi programado para fazer, e a IA pode aprender apenas com os dados de treinamento recebidos. O mesmo ocorre na decisão inteligente (DI): os erros tendem a surgir de fontes humanas, mas podem se esconder igualmente nas interpretações do homem e da máquina.

Em todas as formas de tomada de decisão, você deve ser preciso, diligente e sempre atento aos detalhes, às armadilhas e às consequências não pretendidas.

Lidando com a Teoria da Decisão

A tomada de decisão é bem mais complexa do que parece. Todavia, a ciência dedicada a explicar suas complexidades conseguiu produzir fórmulas e processos que podem ser seguidos conforme a pessoa trabalha para tomar melhores decisões comerciais. Você deve aproveitar totalmente esses métodos para assegurar que sua abordagem DI seja baseada em princípios sólidos, não apenas em ilusão.

LEMBRE-SE

Teoria da decisão é uma abordagem interdisciplinar para tomar boas decisões em ambientes incertos. Esse é o caso em cada decisão comercial porque, se você estivesse em um ambiente em que todos os fatos fossem conhecidos e certos, seria moleza decidir o que fazer em seguida. Mas onde você está não é um lugar confortável e sem riscos, é? O problema pode estar nos detalhes, mas é no desconhecido que nascem todas as futuras crises. Portanto, volte à teoria da decisão e à sua jornada para desvendar o desconhecido "além da ciência".

A teoria da decisão aproveita o conhecimento e a experiência de várias disciplinas, inclusive psicologia, estatística, filosofia, economia, biologia, sociologia, ciências políticas e matemática, segundo sua relevância para o problema da decisão sob investigação. A teoria da decisão está intimamente relacionada à teoria dos jogos, que pode ser considerada como a ciência da estratégia porque é uma estrutura para entender as decisões tomadas pelas pessoas afetadas pelas ações dos indivíduos concorrentes.

LEMBRE-SE

A principal diferença entre a teoria da decisão e a teoria dos jogos é que a última considera casos em que as decisões interagem, e a teoria da decisão é a representação matemática das opções de um único agente com o objetivo de alcançar o melhor resultado possível, ou seja, na teoria da decisão, você procura o melhor plano para colocar na mesa, e na teoria do jogo, seu melhor plano pode ser destruído pelos movimentos dos concorrentes. Ambas envolvem tomar decisões em situações incertas. Ambas pressupõem que todas as partes são racionais, o que pode ser um exagero em algumas situações. Nenhuma tem garantias.

Você perde e ganha. São apenas negócios. Mas você usa essas ciências para vencer mais do que perder tomando boas decisões comerciais com consistência.

A teoria da decisão contém três modelos principais: descritivo, normativo e prescritivo. Cada um se aplica a um tipo diferente de tomada de decisão.

» **A teoria da decisão descritiva** se refere à observação de como as pessoas tomam decisões na prática. Não implica que os fatos são certos ou as decisões são óbvias.

- **A teoria da decisão normativa** modela as decisões tomadas sob condições "ideais" presumidas.
- **A teoria da decisão prescritiva** modela como as decisões devem ser tomadas sob condições reais. Considera a situação e as necessidades de quem toma a decisão. Em geral, combina as teorias descritiva e normativa no cálculo. Você passa grande parte de seu tempo mapeando as decisões desse tipo, embora os níveis de risco variem.

Se você aplica a teoria da decisão usando a IA em seu processo de DI, é provável que um cientista de dados precise criar um modelo que seja relevante para sua decisão predeterminada. Mas às vezes você pode encontrar um modelo compartilhado no armazenamento de recursos de IA da empresa ou no armazenamento de modelos ModelOps, em uma ferramenta de árvore de decisão de fonte aberta, como RapidMiner (veja a Figura 10-1) ou KNIME, e até incorporada em um produto comercial, como o Microsoft Power BI.

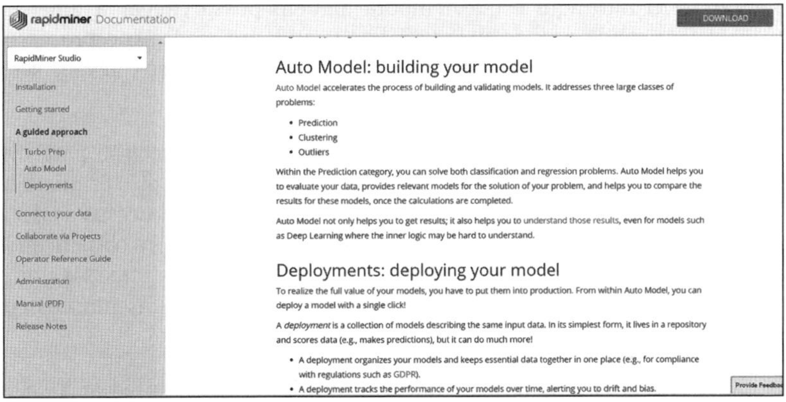

FIGURA 10-1: Examinando o RapidMiner, uma plataforma de software de data science.

DICA

Em muitos casos, você acaba usando mais de um modelo. Pense assim: um único software pode usar dezenas de modelos ou mais. Do mesmo modo, seu processo de DI pode conter facilmente várias etapas que podem envolver vários modelos também.

Trabalhando com instintos

Usar a teoria da decisão para formalizar os processos de tomada de decisão pode parecer contraditório, porque qualquer pessoa pode tomar uma decisão a qualquer momento, lugar e sobre qualquer coisa, aparentemente sem uma estrutura para seu trabalho mental e com pouco esforço.

A aparência enganosa de simples manobras cerebrais junto com a velocidade com a qual elas são feitas leva a referências comuns (embora evasivas) para o instinto e a intuição. Mas acaba que a ciência também lança uma luz sobre esses mecanismos de decisão em particular.

Uma pesquisa recente descobriu uma conexão física direta, via milhões de nervos e um enorme nervo vago, entre o cérebro humano e o intestino. Como os neurônios e os neurotransmissores no intestino são idênticos aos do cérebro, os cientistas agora chamam o intestino de segundo cérebro. E mais, as secreções químicas do intestino afetam como o cérebro funciona em primeiro lugar. A questão é saber se os dois são partes reais de um todo ou se formam o que é melhor descrito como relação simbiótica.

Por outro lado, a intuição especificamente em relação à tomada de decisão intuitiva é principalmente baseada em conexões mentais mais estritas entre a experiência anterior e o talento inerente. Para ser mais sucinto, a tomada de decisão intuitiva se baseia em um reconhecimento e uma previsão padrão quase instantâneos. A parte da previsão vem do rápido processamento que envolve regras gerais relevantes ou atalhos de decisão no cálculo mental. São chamados de *heurística* e usados na decisão inteligente, na decisão digital e em outras formas de decisão de seres humanos e máquina também.

O fato aqui é que, embora alguém possa chegar a uma decisão rápido usando apenas suas próprias faculdades mentais, o processo nunca é tão simples quanto parece. E mais, esses processos devem ser descobertos, repetidos e compartilhados.

LEMBRE-SE

As organizações que implantam ciências da decisão para tomar decisões comerciais buscam mitigar amplamente os riscos e otimizar os resultados. Mas é um erro descartar categoricamente um processo de decisão em favor de outro, como foi feito nos últimos anos, sempre classificando as decisões orientadas a dados em detrimento das decisões tomadas por pessoas. Essa parcialidade da máquina irritou muitos nas altas funções corporativas, e muitas vezes com razão.

Algumas soluções requerem um ou outro ao se pesar a decisão por pessoas *versus* por máquina, mas muitas soluções se beneficiam com o uso de ambas. A decisão inteligente permite que uma decisão digital ou humana seja usada sozinha ou em combinação conforme o caso individual justifica. Logo você descobrirá de quais processos precisa ao longo do caminho conforme retorna a partir de sua decisão predeterminada para descobrir o caminho que leva a ela.

Não importa como o processo funciona em cada caso, os líderes comerciais sem dúvidas ficarão emocionados ao ver que eles reconquistaram seu status e valor na cabeceira da mesa de tomada de decisão. Mas os líderes realmente espertos manterão a decisão digital para aumentar e orientar também sua tomada de decisão.

Examinando o papel das ciências sociais

Ciências sociais são um grupo de disciplinas dedicadas ao estudo e à compreensão da sociedade e a como as pessoas se comportam e desenvolvem uma cultura dentro dela. Na definição mais purista, ciências sociais são a antropologia, a economia, as ciências políticas, a sociologia e a psicologia social. Esses tópicos também são listados na área de humanas, mas essa classificação vem de uma abordagem filosófica, não científica.

LEMBRE-SE

Outras ciências e disciplinas costumam ser adicionadas a esse grupo central de ciências como parte dos processos de tomada de decisão. Elas incluem filosofia, neuroeconomia, teoria do jogo experimental e design centrado no ser humano (HCD), entre outras. Quais serviços você usa para criar suas fórmulas para adicionar à estrutura DI depende do resultado que quer causar e das circunstâncias necessárias para que tal ação aconteça na realidade.

DICA

O segredo para saber qual(is) ciência(s) incorporar em seu processo de DI está em entender qual aspecto da vida humana cada ciência aborda e como se aplica diretamente à decisão tomada. Por exemplo, o design centrado no ser humano (HCD) define e resolve problemas da perspectiva das pessoas que devem usar e dependem de certo design. É uma boa ideia incluir insights do HCD ao tomar decisões que dependem de altas taxas de adoção do usuário, interfaces do usuário simples, conformidade com a paciência e/ou superação de obstáculos culturais ou do idioma.

Usar as ciências sociais nos modelos de tomada de decisão não é necessariamente uma tarefa moral, embora seja esperado que os objetivos da decisão sejam para o bem de todos. Mas seu uso na tomada de decisão pesa a balança em favor do ser humano em relação às máquinas. As ciências sociais asseguram que as decisões sejam modeladas segundo seu efeito nas pessoas, ou seja, ajudam os tomadores de decisão a entenderem como interagir com o mundo social e os impactos que sua(s) decisão(ões) provavelmente terá(ão) nos outros.

Se os medos dos senhores da IA se tornassem realidade, as considerações da condição humana e os possíveis impactos nessa condição nunca fariam parte do cálculo. As ciências sociais tornam o impacto sentido tentando assegurar que todas as decisões foquem a melhoria da condição humana, em vez de substituir a raça humana. Isso não significa que todas as decisões tomadas sob influência das ciências sociais são boas para todos os humanos. O impacto social com a tomada de decisão na política pública, na saúde pública, nas campanhas políticas, nas missões corporativas e em outros esforços pode beneficiar algumas pessoas ou nenhuma impactada por uma decisão que, em última análise, foi criada para beneficiar poucos.

LEMBRE-SE

Incorporar as ciências sociais no processo de DI ou em qualquer processo de decisão, nesse sentido, não assegura a ausência de parcialidade, desigualdade ou outro impacto social negativo, mesmo que normalmente torne as decisões mais amistosas ou humanas.

Examinando o papel das ciências de gestão

Ciência de gestão, como a teoria da decisão, é um campo amplo e interdisciplinar destinado a resolver problemas e tomar decisões. Isso a torna natural ao decidir o que deve ser incluído como parte da maioria dos processos de DI. Ela se preocupa basicamente com a gestão, a gestão de mudanças, alinhamento de metas do processo comercial, consultoria da gestão, economia, finanças, negócios e engenharia, mas toca em qualquer outra função gerencial também.

LEMBRE-SE

A ciência de gestão difere da pesquisa de operações no sentido de que a última foca usar ferramentas como análise de dados e estatísticas para aumentar as eficiências dos sistemas de gerenciamento, já a primeira as aplica em vários campos, como mineração de dados, logística, engenharia e pesquisa médica.

A ciência de gestão pode incluir qualquer uma e todas as atividades que envolvem uma função gerencial. Mas normalmente envolve:

- Descobrir, desenvolver, definir e avalizar as metas de uma organização, e então determinar os passos necessários para atingi-las.
- Convencer a organização a dar os passos necessários para atingir essas metas.
- Determinar se nenhuma etapa, quando implementada, é de fato o modo mais eficiente de alcançar as metas definidas.
- Quando necessário, trabalhar para mudar os processos que se mostraram ineficientes ou não eficientes o bastante.

A maioria desses conceitos foi construída a partir das bases determinadas por disciplinas mais estabelecidas, como administração de empresas, economia, psicologia, sociologia e matemática.

Todos os projetos de DI devem incluir a ciência de gestão no processo porque o sucesso da decisão comercial, os processos que a apoiam e a implantação da ação dependem de boas práticas de gestão.

LEMBRE-SE

A decisão inteligente conta com muitos elementos abstratos, que são difíceis ou impossíveis de capturar nos modelos tradicionais, como moral do funcionário, custos da oportunidade, reconhecimento da marca, fidelidade da marca, capital intelectual, valor do conhecimento institucional e capital de inteligência intuitiva, entre outros. É uma das muitas qualidades que a separam da busca das empresas orientadas a dados e da operacionalização da IA.

O Papel da Data Science na Decisão Inteligente

A data science é o motor que impulsiona as organizações modernas em todo setor. Esse fato não mudou. Ela é também um elemento poderoso na decisão inteligente, pois várias decisões comerciais podem se beneficiar do auxílio da máquina, e muitas outras são, ou deveriam ser, automatizadas e totalmente escaláveis.

A data science tem um dos dois papéis na decisão inteligente. Um é aumentar ou acelerar o processo de tomada de decisão, e o outro é automatizar por completo e escalar a decisão digital.

LEMBRE-SE

Em muitos casos de uso da decisão inteligente, a data science não tem nenhuma função ou apenas uma limitada. Esse fato não nega o valor dos dados ou de suas análises para a organização em outras aplicações ou projetos de DI.

Colocando a data science na decisão inteligente

Em inúmeras decisões comerciais, o processo de DI se aplica a como a decisão digital é feita em uma grande variedade de casos de uso nos setores. É um repensar, não um refazer, de como as pessoas usam a mineração e a análise de dados. A boa notícia aqui é que significa que esse esforço não é hercúleo a ponto de dever ser temido. A má notícia é que você ainda terá muito trabalho para fazer do jeito certo.

Primeiro vamos acertar termos e conceitos. O software de gestão da decisão, que já existe há um tempo, normalmente é conhecido como gestão de conteúdo empresarial (ECM) ou gestão de decisões empresariais (BDM). Seja qual for o nome, ele usa ferramentas como regras de negócio, análise preditiva, melhoria contínua, business intelligence e aprendizado de máquina em seus processos. O principal objetivo do software de gestão da decisão é operacionalizar os sistemas do processo da decisão comercial, inclusive a IA/ML.

A decisão digital também usa a análise e os modelos de aprendizado de máquina no software e nas ferramentas para automatizar as ações e melhorar a tomada de decisão automática. Mas foca entregar o impacto de negócio a partir das próprias decisões, em vez de aumentar a eficiência no processo de decisão automática.

Assim, a decisão digital usa o software de gestão da decisão para entregar o impacto de negócio preciso e desejado a partir das decisões afins, mas em particular a partir das decisões baseadas em IA. Como a meta da decisão digital é entregar um impacto de negócio específico, é perfeita, e é bem difícil separá-la do conceito de DI à primeira vista. Ambas começam com a decisão sobre um impacto de negócio desejado e trabalham de trás para a frente, criando os processos e montando as ferramentas necessárias para tornar realidade o impacto.

A diferença é que, embora a decisão digital (definida como focada em entregar um impacto de negócio) espelhe ou incorpore a estrutura DI, um processo de DI não precisa incluir um componente da decisão digital.

LEMBRE-SE

Em geral, a decisão digital é usada para automatizar as ações em grande escala que afetam as pessoas individualmente. Muitas vezes, as pessoas afetadas por essas decisões são clientes ou possíveis vendas. Por exemplo, você pode usá-la para determinar quais candidatos aprovar e reprovar para um empréstimo para casa, carro ou pessoal, e fazer isso rapidamente, apesar do número enorme de pessoas, apps móveis e/ou candidatos online. O canal que os candidatos usam (voz, texto, app ou site, por exemplo) é irrelevante para o processo de tomada de decisão. A decisão digital pode lidar com tudo em tempo recorde e não cometer erros ao observar as regras e buscar as metas definidas pelos tomadores de decisão.

Em outros casos, a decisão digital é usada para aumentar as ações do funcionário e as respostas. Por exemplo, ela pode informar a um operador no call center sobre as circunstâncias do produto do cliente e o caminho na experiência do cliente, assim como solicitar a melhor ação para o agente ou o cliente tomar. Do mesmo modo, a decisão digital pode direcionar um operador de vendas externas sobre a melhor oferta para o possível cliente que ele está fazendo no momento. E pode fazer tudo isso para muitos operadores no call center e/ou operadores externos simultaneamente e em uma questão de segundos.

LEMBRE-SE

A data science pode muito bem alimentar o analytics e o aprendizado de máquina na decisão digital, mas é o processo de DI que determina as regras e orienta cada decisão individual em um impacto de negócio predeterminado e global.

Vendo um exemplo real, imagine que um banco tradicional esteja preocupado de que seu software de gestão da decisão atual seja regido por regras conservadoras demais para ser competitivo e o banco está perdendo uma oportunidade de mercado lucrativa. Esse problema pode ser resolvido por meios tradicionais? Sim e não. Certamente pode ser resolvido no nível de decisão do requerente. Os cientistas ou os analistas de dados podem reconfigurar as regras para que mais solicitações de empréstimo sejam aprovadas automaticamente. Porém, só facilitar as regras no software de gestão da decisão existente adiciona risco, assim como apresenta possivelmente mais negócios fechados. O impacto de negócio resultante pode ser facilmente negativo como resultado, ou até catastrófico, sendo por isso que as regras originais eram tão conservadoras em primeiro lugar.

O mais inteligente é reconfigurar as regras e os processos para fechar mais empréstimos sem aumentar muito os riscos, para que o impacto de negócio seja mais lucrativo e tenha maior participação de mercado em um nível de risco aceitável. Essa decisão pode ser conseguida de vários modos, inclusive adicionando-se entradas ao algoritmo (talvez adicionando-se reputação e pontuações de relacionamento às pontuações de crédito como parte das considerações de pedido de empréstimo), pensando-se de novo as informações e/ou realinhando o algoritmo e treinando novamente a IA para aceitar um intervalo maior nos valores de saída.

LEMBRE-SE

Ao tornar o impacto de negócio a meta do processo de tomada de decisão, em vez de focar unicamente em melhorar as eficiências nos processos de decisão existentes, o negócio acaba se beneficiando de cada ação tomada na empresa. O ponto principal na decisão inteligente e espelhado na decisão digital é manipular toda decisão para o benefício final da organização.

Reinventando as regras

A decisão baseada em regras na automação é uma abordagem lógica para assegurar a conformidade com regulações, contratos, custos e planos de lucro e expectativas do cliente. As regras também são usadas na decisão inteligente, mas a ideia aqui é ter o impacto de negócio como a maior prioridade. Essa mudança na ênfase o força a adotar uma abordagem diferente ao escrever sua lista de regras, uma bem diferente da abordagem adotada se seu foco era melhorar as eficiências no processo de automação ou atualizar os processos.

As decisões digitais são uma série de pequenas decisões tomadas por algoritmos e que levam a uma ação automática. As regras de negócio são usadas para assegurar o cumprimento das políticas e a conformidade com as regulações que garantem que o negócio fique nos trilhos e não seja penalizado. As regras também permitem que a decisão digital reconheça e responda igualmente com rapidez às ameaças e às oportunidades comerciais. As regras permitem que a organização reduza e contenha os custos ao fazer mudanças para ter conformidade com uma nova lei ou reduzir os custos laborais e de erro humano incorridos nas decisões manuais. Conforme aumenta o volume das decisões, os custos despencam. E mais, as regras permitem que a empresa tenha melhor pontuação na experiência do cliente e nas classificações de satisfação do cliente, agilizando respostas personalizadas para os consumidores.

Resumindo, as regras são a base sobre a qual um negócio prospera. Nesse caso, quem em sã consciência desejaria mexer nas regras da tomada de decisão comercial? Bem, na verdade, você.

Jogar fora as regras seria loucura, mas reinventá-las pode ser um golpe de gênio.

Veja o aprendizado de máquina. Os modelos aprendem com os conjuntos de dados com os quais são treinados. As regras são usadas para orientá-los em sua tarefa. As aplicações de aprendizado de máquina, por exemplo, costumam ser encarregadas de encontrar sinais de fraude em transações bancárias. Para tais aplicações fazerem seu trabalho, primeiro elas são treinadas nos conjuntos de dados que consistem nas transações bancárias.

O ML "aprende" reconhecendo com sucesso os padrões e, então, respondendo de acordo com a ação predeterminada. No caso de detecção de fraude, provavelmente as ações serão um alerta para o banco, o cliente do banco afetado e uma rejeição instantânea da transação.

Então as máquinas iniciam uma melhoria contínua para que se aprimorem constantemente na realização da tarefa, mas a tarefa em si não muda. As regras de negócio ajudam a manter a IA/ML na tarefa, mas conforme os dados mudam com o tempo (comumente referido como *deriva dos dados*), a IA/ML tropeça e até falha em sua tarefa designada. Isso porque a IA/ML não se adapta. Ela segue as regras e seu treinamento, ficando na tarefa. Para resolver as derivas dos dados e outros problemas, o modelo ML deve ser novamente treinado em um conjunto de dados diferente.

Por comparação, a decisão inteligente é altamente adaptável. Ela pressupõe que a mudança no negócio é constante. Os processos de decisão são continuamente reavaliados e adaptados conforme a necessidade. Isso significa que as regras mudam, e que o ML modela a mudança.

Planejar o impacto desejado assim inclui superar o problema de adaptação do ML ou usar um analytics tradicional em seu lugar, onde fizer sentido. No analytics tradicional, a programação é separada dos dados, portanto, mudar os dados não costuma ser um problema. No ML, os dados e o modelo são muito entrelaçados, sendo por isso que os dados que se afastam mais do modelo conforme eles mudam e a idade são um problema importante.

Devido a esses e outros motivos, uma reinvenção das regras não ocorre uma única vez. Por isso o envolvimento humano na decisão inteligente é tão importante em muitos projetos de DI. Alguém, não *algo*, precisa inventar e a reinventar as regras e os impactos de negócios.

Por sorte, há meios de criar regras que mudam e gerenciam os modelos com mais facilidade e rapidez na decisão digital, uma área em que, apesar dos problemas, as vantagens da velocidade e da escala imperam. Por exemplo, agora muitas organizações têm armazenamentos de *recursos*, que normalmente agem como um banco de dados dual, em que um lado armazena uma grande coleção de recursos aprovados pela empresa para o aprendizado de máquina e o outro fornece recursos ML de baixa latência para aplicações. Tais recursos podem ser retirados dos armazenamentos e colocados em um modelo ML, tornando o trabalho do cientista de dados reutilizável, repetido, alterado e fácil de despachar.

Como os modelos ML já em produção, os produtos ModelOps podem gerenciá-los focando estas tarefas:

- Evitar a deterioração com o tempo.
- Aposentar ou destruir no final de seu ciclo de vida para que não se tornem zumbis com perigos de segurança incorporados.
- Recuperá-los em cronogramas precisos para evitar o desvio do modelo.
- Aproveitar e até monetizar os modelos.

LEMBRE-SE

O ModelOps difere muito do MLOps porque o primeiro gerencia os modelos ML via automação baseada em regras e o último combina o desenvolvimento ML dos cientistas de dados com a implantação ML pela TI.

A decisão inteligente pode utilizar todas essas ferramentas para criar e adaptar as regras durante o processo, tornando-o mais fácil para as necessidades do impacto de negócio desejado.

Na decisão digital, onde o processo de inteligência é espelhado em um estado digital, as regras normalmente são alteradas nas decisões operacionais e/ou pequenas decisões tomadas pelo software de gestão da decisão com um impacto de negócio maior em mente.

Em qualquer caso, as regras na decisão da máquina importam muito, mas também devem ser adaptadas continuamente para facilitar a mudança.

LEMBRE-SE

Evite ser reativo ao fazer mudanças nas regras ou no modelo. Você deseja estar claramente em um papel de liderança e à frente na tomada de decisão, em vez de reagir a uma mudança que muito provavelmente coloca sua organização no papel de seguidor.

DICA

Mantenha o caminho para sua decisão fácil de explicar em termos comerciais, não em termos técnicos, e veja se o caminho é fácil de ser mudado quando necessário.

Expandindo a noção de uma fonte de dados

Na decisão digital (quando feita corretamente, espelha a decisão inteligente; como em uma forma digital), as fontes de dados variam e são combinadas para finalidades de análise. As fontes incluem os conjuntos de dados da empresa armazenados no local ou na nuvem, dados adquiridos ou alugados de terceiros e dados de streaming, que costumam vir na forma de dados da máquina.

Mas o conhecimento do especialista é uma fonte de dados também. Esses dados podem ser capturados na forma digital, em geral em um processo longo e árduo de extração de conhecimento com pesquisas, longos questionários, observações manuais e outras técnicas.

LEMBRE-SE

Na decisão inteligente, certamente você pode aproveitar o conhecimento do especialista na forma digital, pode pedir a um ou mais especialistas no assunto (SMEs) as informações exatas que busca ou pode adicionar especialistas à sua equipe DI.

Muitas vezes, adicionar especialistas no assunto à sua equipe DI é melhor. O processo de DI serve para determinar qual impacto o negócio visa, e isso raramente é um problema para que um cientista ou uma equipe de dados faça sozinha.

DICA

Se a folha de pagamento de sua empresa não listar uma pessoa com o conhecimento específico necessário para um projeto de DI em particular, considere recorrer a um consultor para tal função. O ponto é que sua equipe é tanto uma fonte de dados a ser extraídos quanto um grupo de inteligência a ser aproveitado.

LEMBRE-SE

Nem todos os dados e fontes de dados são igualmente úteis, então julgue segundo sua utilidade para o objetivo, não por sua familiaridade ou como funcionaram no passado. Pense nas informações como estando em todo lugar nas formas que ultrapassam os limites do mundo digital. Mas as informações também podem surgir de seus armazenamentos de dados existentes. Procure meios novos e mais inteligentes de usar os dados.

Por exemplo, usar *dados de alteração* (pontos de dados que marcam uma mudança nos pontos de dados de procedimento em uma série repetida de análise) pode eliminar muito o ruído e o overhead de suas análises na decisão inteligente, assim como na análise de dados tradicional. Essa abordagem significa que há menos dados para mover, portanto, eles podem ser movidos de forma mais rápida e barata. Os dados de alteração também costumam representar os pontos de dados mais úteis no conjunto de dados, portanto, você reduziu o volume de dados, mas aumentou a qualidade deles, com todos os outros fatores sendo iguais.

Fique atento às mudanças que retraem os dados em sua essência e podem esclarecer mais as informações buscadas. Por exemplo, veja a computação de borda, que é um termo para a coleta de dados e a análise em uma máquina IoT (Internet das Coisas) (como um carro autônomo, travas e luzes em uma casa inteligente), em um dispositivo móvel (como um smartphone) ou um gateway de internet próximo a qualquer uma dessas coisas. A computação de borda já classifica como os dados devem ser analisados na borda (digamos, para ativar um carro autônomo e evitar um acidente em tempo real) e como os dados devem ser enviados para a nuvem para o armazenamento e mais análise (como o carro fica sob condições da estrada e climáticas variadas). Logo a IA se juntará à computação de borda e provavelmente condensará a tomada de decisão em sua forma mais pura e completa. Obter as saídas da IA na borda provavelmente é outra fonte de dados vantajosa e um atalho para começar.

Você também precisa tomar medidas extras para garantir que os dados que surgem das fontes sejam confiáveis. Embora o ransomware esteja roubando todas as manchetes hoje (junto com o bloqueio de dados da empresa), a manipulação dos dados é uma nova ameaça que não pode ser ignorada.

Tudo, desde vídeos deepfake a dados manipulados para prejudicar os cidadãos de um país, organizações e infraestrutura críticas, constitui um risco. Muita manipulação de dados será feita usando uma IA maliciosa, que pode treinar de novo as IAs privada e pública para se virar contra os seus mestres.

Por vezes, é bom se lembrar de que parte do conhecimento mais profundo obtido pela humanidade foi descoberto por um homem vendo uma maçã caindo de uma árvore, ou seja, nada de análise de dados. Também é bom se lembrar de que os dados não são Deus. Considere todas as fontes de informação e conhecimento, mas questione tudo antes de confiar para ajudá-lo em sua tomada de decisão.

Querer É Poder

Grande parte da análise neste livro sobre métodos, táticas, ferramentas e processos pressupõe que o esforço é racional. Mas às vezes a decisão inteligente é usada de modo errado para "provar" uma parcialidade ou outro ponto que o tomador de decisão tem ou pretende para prejudicar. Assim, a vontade do tomador de decisão pode poluir ou corromper a escolha do impacto de negócio, os processos e as ferramentas usados para causar esse impacto.

Um único indivíduo pode tomar uma decisão, mesmo uma bem complexa, usando tecnologias modernas, uma planilha ou um guardanapo de papel. Mas se você não tem certeza sobre sua intenção ou a motivação e a vontade da outra pessoa, provavelmente é melhor suspeitar de todo o processo. Em tais casos, a perspectiva da outra pessoa pode ser útil.

No caso das empresas, empregar ou criar uma equipe DI é melhor do que depender de uma única pessoa para tomar decisões que podem ser:

- **Carregadas emocionalmente:** Exemplos são demissões de funcionários e questões de mudança ambiental/climática.
- **Carregadas politicamente:** Exemplos são requisitos de vacina ou máscara e decisões de viagem de negócios durante o surto de COVID-19.

- **Sujeitas a polarizações da disciplina:** Um carpinteiro tende a achar que um martelo consertará a maioria dos problemas, já um cirurgião acha que a cirurgia é melhor do que o remédio, e um desenvolvedor de software acha que mais programação finalmente acabará com o bug no software. Todas as tendências são exemplos de polarizações da disciplina.
- **Sujeitas à proteção do território:** Aqui a atitude "*não no meu quintal*" reina soberana. As decisões nunca devem ter um impacto negativo no meu departamento; sempre devem impactar o de outra pessoa.
- **Sujeitas à transferência da parcialidade:** Esse efeito ocorre quando antigos processos são repetidos em um novo e as parcialidades inerentes são transferidas.

Por vezes, os projetos de DI não dão frutos por causa da perda da vontade, não por má intenção. Em geral, a vontade simplesmente não existe para lidar com:

- Limites de orçamento.
- Novas regulações.
- Mudanças nos ventos políticos.
- Falta de interesse ou adesão da liderança.

No outro lado, os projetos de DI podem surgir de:

- Curiosidade intelectual.
- Solução de problemas criativa.
- Pensamento crítico em um projeto que desperta uma nova abordagem para outro projeto.
- Descobertas feitas em projetos de decisão inteligente para exploração e P&D.
- Outras ocorrências de talentos humanos abstratos e experiências, como inteligência intuitiva, instinto, momentos Eureca! e inspiração espontânea.

Por fim, querer é poder. É a natureza da vontade que determina o valor e a intenção por trás do caminho. Crie proteções e pontos de verificação no processo de decisão inteligente para assegurar que a boa vontade vencerá.

NESTE CAPÍTULO

» Por que você não deve vincular certas decisões de aprendizado de máquina às ações automatizadas

» Como aproveitar o valor usando o aprendizado de máquina em grande escala

» Como o impacto do aprendizado de máquina é valioso em questões grandes e pequenas

Capítulo 11

Decisões em Grande Escala

Uma decisão pode ser grande ou pequena, dependendo do tamanho do impacto. Mas as decisões pequenas, quando tomadas juntas, podem ter um impacto tão grande ou maior que uma decisão estratégica muito grande. As grandes decisões normalmente requerem recursos em grande escala. As pequenas decisões, as tomadas especificamente para um cliente ou uma transação, mas repetidas para milhões de clientes ou bilhões de transações, requerem elasticidade na tecnologia para que possam escalar conforme necessário para continuar. Em cada caso, a escala é uma consideração importante na tomada de decisão.

Para você conseguir acomodar altos volumes de decisões em rápidas velocidades, precisa contar com a automação, porque o ser humano não consegue realizar tal feito de modo eficiente, efetivo e rápido. Esse tipo de automação pode ser conseguido com a ajuda de uma abordagem de advanced analytics, em que a IA é o mandachuva. A IA pode ser descrita precisamente (apesar de um pouco simplista) como uma decisão automatizada em uma escala extremamente grande.

CUIDADO

A decisão automática, baseada em IA ou não, não é uma solução milagrosa. Automatizar as decisões requer cuidar da escala em termos de volume, mas também aumentar a escala no impacto. E pode não ser o impacto de negócio planejado.

Por exemplo, considere o iBuying, o setor orientado a algoritmo e troca de imóveis consistindo em empresas como Zillow, Open Door, Offerpad e Redfin, entre outras. No final de 2020, a gigante imobiliária Zillow fechou seu negócio iBuying de troca de imóveis, culpando um algoritmo com defeito por pagar demais por milhares de imóveis e prever mais de US$550 milhões em perdas da empresa como resultado. No terceiro trimestre de 2020, a Zillow supostamente comprou quase 10 mil imóveis, mas vendeu apenas cerca de 3 mil, com uma perda média de US$8 mil por imóvel. Não demorou muito, um trimestre no máximo, para o algoritmo automatizado acumular perdas enormes.

Outro exemplo está em um estudo de 2021 da Harvard Business School que descobriu que um software automatizado basicamente quebrou o sistema de contratação nos EUA e agora bloqueia pessoas altamente qualificadas em um emprego remunerado. Esses sistemas, implantados por sua capacidade de decisão em escala e automática para 75% dos funcionários nos EUA e 99% das empresas Fortune 500, estão piorando o problema de escassez de talento e mão de obra rejeitando milhões de candidatos habilidosos.

Os pesquisadores identificaram o problema existente como vindo da seleção de palavras-chave erradas para fins de triagem, como *programador* quando o trabalho realmente requeria apenas *digitação de dados.*

Outros problemas estabelecem as regras que regem a tomada de decisão automatizada ao classificar bons e maus candidatos. Em geral, as regras eram muito gerais, como se diz. Brincadeiras à parte, as regras eram muito preto no branco, sem espaço para explicações ou nuances. Por exemplo, candidatos com uma lacuna de seis meses na experiência de trabalho normalmente são rejeitados, não triados para outro sistema para uma posterior revisão. Em alguns casos, os candidatos estavam doentes ou machucados, e incapazes de trabalhar por um período, ou estavam de licença maternidade. Alguns tinham voltado para a universidade ou estavam focados em um treinamento adicional, certificação, ou apenas não conseguiam encontrar trabalho com a recessão. Além disso, algumas regras requeriam que os candidatos basicamente reproduzissem a lista de competências do empregador por itens, rejeitando qualquer um que fizesse outras escolhas de palavras para a mesma tarefa ("esfregão", em vez de "polimento do piso", por exemplo), ou listassem habilidades melhores do que as solicitadas.

Os empregadores relatam que agora eles buscam meios alternativos de contratar candidatos qualificados, mas fazer isso é caro porque requer "reformular grande parte do sistema de contratação existente", nas palavras do estudo da Harvard Business School.

Esse exemplo é apenas um dos muitos em que valorizar a escala acima de uma tomada de decisão séria tende a piorar, em vez de melhorar o impacto de negócio. Se as pontuações das decisões são feitas incorretamente e executadas em grande escala via automação, até as pequenas decisões podem ter um grande impacto no negócio. Por isso o foco deve estar primeiro na decisão, depois nos dados e nas ferramentas.

LEMBRE-SE

Se uma decisão é pequena ou grande, singular ou plural, ela requer sua atenção total e focada desde o início, e depois, uma gestão contínua e cuidadosa.

Ativando e Desativando a IA na Automação

Quanto ao processo da decisão inteligente, você *deve* saber quando conectar ou não a IA à automação. Ignorar a IA por completo e ficar com uma combinação de analytics tradicional e automação pode ser sua melhor opção afinal, por muitos motivos, com a principal sendo que ninguém reclamaria seriamente com o fato de a IA ser brilhante. A pobrezinha mal consegue selecionar gatos em várias imagens. Sim, a IA se destaca em realizar tarefas que ela consegue e faz isso em uma escala inimaginável anteriormente, mas não significa que ela deve executar automaticamente uma ação em toda situação ou caso de uso.

LEMBRE-SE

Ninguém está afirmando que a IA é propensa a erros; você não pode dizer isso sobre algo que executa sua tarefa precisamente do mesmo modo repetidas vezes. O problema é que a IA simplesmente não tem um bom julgamento. Ela não consegue se adaptar à mudança nem explicar aos seus mestres humanos o que fez e por quê.

Essas graves deficiências podem causar grandes dores de cabeça em algumas aplicações comerciais, em que o aprendizado de máquina deve analisar e atuar fora da supervisão humana direta. O impacto dessa atividade de decisão não supervisionada e combinada pode ser grande, atrapalhando ou mesmo destruindo a situação. Por isso, você precisa entender os riscos e as recompensas da IA antes de adotar seus processos de automação. Nem é preciso dizer que é necessário testar e testar de novo o modelo antes de liberá-lo para a produção, mas também monitorar o desempenho de seu modelo, sua relevância e sua qualidade ao longo do tempo.

Os motivos por trás de tal abordagem cuidadosa são fáceis de ver após considerar a soma da evolução e do desempenho da IA. Desde o começo, a IA sempre foi vista como algo que se baseia em uma estrutura fornecida pelos especialistas no assunto (SMEs), experts que têm tempo (ou disponibilidade) para compartilhar seu conhecimento em sessões chatas e demoradas para converter o conhecimento humano na linguagem da máquina.

Hoje, em uma abordagem de decisão inteligente, o plano é melhorar a IA com especialistas humanos, e então fazer a IA melhorar a tomada de decisão humana. Se isso parece um ciclo sem fim, você tem toda razão. Mas a linha entre o conhecimento humano e o da máquina é cada vez mais tênue, porque está ficando mais difícil dizer onde um termina e o outro começa.

LEMBRE-SE

Após décadas de trabalho, existe um software que aprende, mas mesmo com sua tremenda velocidade e consumo de dados voraz, a IA ainda não aprendeu o bastante para atuar como uma pessoa. Assim, humano e máquina permanecem enredados, em vez de serem elementos separados na tomada de decisão.

Como mencionei um pouco antes, cada aplicação IA foi planejada para conter e codificar o conhecimento dos especialistas humanos e expandi-lo automaticamente conforme a base de conhecimento aumenta, para aprender com os dados novos que entram. Esses sistemas especializados seguem regras de negócio e contêm capacidades avançadas ao gerenciar a tomada de decisão, usando formas lógicas conhecidas, como lógica tabular, tabelas de decisão, árvores de decisão, lógica heurística e lógica difusa. A IA continua a melhorar e evoluir atualmente, e sem dúvidas continuará evoluindo.

Resumindo, o plano para a IA era e é imitar o raciocínio humano. Mas ela nunca atingiu esse objetivo elevado nem ninguém no setor pensa com seriedade que ela atingirá essa meta em breve. Uma discussão aprofundada até ocorre no campo da IA em relação a quanto tempo levará para o que agora é conhecido como IA (mas, na verdade, é um subconjunto chamado aprendizado de máquina ou ML) ser substituído por algo totalmente diferente. As chances atuais são de que os dias do ML já estejam contados.

No momento, pelo menos dois subconjuntos úteis de IA, chamados de aprendizado de máquina (ML) e aprendizado profundo (DL), são as opções. Dos dois, o aprendizado de máquina é o mais usado, com o aprendizado profundo funcionando como uma forma muito mais especializada de aprendizado de máquina. Mais precisamente, o aprendizado profundo é um subcampo do aprendizado de máquina, normalmente usado para tarefas mais estritamente definidas e especializadas.

O aprendizado de máquina, embora não seja IA do mesmo modo como representado nos filmes de ficção científica e programas de TV, é extremamente capaz ao reconhecer padrões e tomar ações automáticas com base nas saídas de seus algoritmos e de acordo com as regras de negócio internalizadas. Em essência, o ML "pensa", então age (via automação). Para finalidades mais comerciais, é bom o bastante em grande escala, ou seja, perfeito para muitas tarefas comerciais. Mas não confunda essa afirmação de perfeição com perfeição no desempenho.

LEMBRE-SE

Teste, teste de novo, sempre lembrando de que todo modelo falha com o tempo.

Desvios do Modelo e Decisões Ruins

Uma regra básica na decisão inteligente é que você precisa evitar a parcialidade em cada etapa, sendo um viés de confirmação, de preconceito ou de dados/algoritmo. Essa regra também se aplica às escolhas da ferramenta. Por exemplo, tenha cuidado para não ser tendencioso a favor ou contra a IA, mas conheça seus pontos fortes e fracos.

A IA é mais do que "boa o bastante" para muitas tarefas comerciais, mas também está longe de ser perfeita. Os modelos de IA desviam com o tempo. Isso acontece quando os dados com os quais eles trabalham mudam, mas o modelo IA permanece igual. Isso faz com que os dados e o modelo se afastem em relevância e função. Algo parecido pode ocorrer quando uma melhoria contínua automatizada no ML leva à formação de erros nos algoritmos.

O objetivo do aprendizado de máquina automatizado (AutoML) é auxiliar e acelerar o desenvolvimento de softwares de IA. Considere isso como a produção automática dos modelos de IA. Especificamente, o AutoML automatiza a seleção, a composição e a *parametrização* (os valores internos que o ML pode mudar conforme ele aprende) dos modelos do aprendizado de máquina. Sua intenção é democratizar a IA, ou seja, automatizar a construção do ML a tal ponto que quase todos possam convocar e implantar um modelo IA para realizar suas solicitações.

Definitivamente, o AutoML é um bom conceito, mas até agora não parece que acontecerá com consistência no mundo real. Vários casos de uso de IA produziram resultados deploráveis que parecem indicar que a IA não está pronta para lidar com o trabalho, o que dirá sua proliferação para o uso geral. Por exemplo, o Google Flu Trends capacitado por IA prometeu fornecer estimativas de influenza confiáveis para 25 países, embora suas estimativas tenham ficado aquém da marca de modo vergonhoso. Desde então, tornou-se a criança-propaganda para o confiante big data, que se manteve forte na noção de que uma máquina que raciocina, apoiada por grandes quantidades de dados, sempre seria superior à análise dedutiva do homem e hipóteses (ah, a queda foi feia).

Mas o trabalho continua para melhorar como o AutoML trabalha também. A democratização da IA muito antecipada depende dele.

Acrescentando ao desastre do Google Flu Trends está o fracasso épico da IA ao acabar com a pandemia de COVID-19 ou, pelo menos, torná-la menos fatal para as pessoas, os negócios e a economia inteira. Alegadamente a partir de meados de 2021, toda ferramenta IA e projeto lançado no mundo para abordar os problemas pandêmicos falharam em sua tarefa, todos. Isso é um choque para muitas pessoas, que tendiam a acreditar, mesmo depois da famosa disputa em 1997, em que a IA Deep Blue da IBM venceu o campeão de xadrez Garry Kasparov, que a IA vencerá toda e qualquer disputa, sempre. Mas não, ela não vence. Foi a bioinformática (também conhecida como biologia computacional), e não a IA, que levou ao desenvolvimento das vacinas e dos tratamentos da COVID-19, e a mais informações sobre a estrutura do vírus, progressão da doença, fatores de susceptibilidade e modos de propagação, entre outras informações importantes. Bioinformática é muito diferente de ML e é designada unicamente para calcular dados biológicos.

LEMBRE-SE

O fracasso traz um bem em si: as pessoas começam a repensar como e quando usar a computação na tomada de decisão por causa das falhas da IA e das falhas de outros projetos de análise big data. É isso que impulsiona a ascensão da decisão inteligente, insistindo que você foque primeiro a decisão, para assegurar o sucesso pelo devido alinhamento das ferramentas e dos processos com o impacto de negócio desejado.

A nova ponderação deliberada da importância das ferramentas e do valor dos processos existentes não é apenas um exercício mental, mas uma abordagem cuidadosamente medida para ligar as decisões comerciais direto aos resultados preferidos. Por fim, o esforço é para eliminar ou reduzir muito o desperdício de tempo (muito tempo perdido), desperdício de esforço, desvios do modelo, decisões ruins, entre outros efeitos negativos nos esforços de decisão inúteis. Você pode escalar as decisões com sucesso, e deve mesmo, onde houver garantias. Apenas escolha a ferramenta para o trabalho que precisa fazer em primeiro lugar, e suas capacidades de dimensionamento depois.

Controlando o AutoML

O aprendizado de máquina automatizado (AutoML) automatiza a criação do modelo IA para criar automaticamente mais modelos de IA e melhorá-la criando melhores modelos também. Mas como a IA é uma tomada de decisão em grande escala, nem sempre é uma boa ideia ligar a IA à automação em suas tarefas ou sua proliferação.

Mas se você não liga a IA e a automação, de que adianta? É possível que volte a tomar decisões em pequena escala para alcançar as metas comerciais. É um dilema. Só que não.

Siga estas sugestões para controlar um AutoML potencialmente desgovernado:

- **Conheça as ferramentas e saiba quando usá-las.** A primeira coisa importante a lembrar é que as IA/ML são ferramentas, e não uma solução mágica ou estrela no filme *Transformers*. Use-as para tarefas adequadas e evite-as totalmente em projetos em que não são necessárias.

  DICA

  Se outras formas de advanced analytics atendem à finalidade, em geral você fica melhor com elas. Por um lado, o analytics tradicional é mais barato e rápido de usar do que a IA, já por outro, provavelmente são menos complexos de usar.

- **Comece pequeno, fique pequeno, aumente.** A IA/ML funciona melhor ao tomar várias decisões pequenas que levam coletivamente a decisões grandes ou maiores na decisão digital automatizada ou em um processo de decisão inteligente. Contanto que você mantenha o ML bem focado nas pequenas decisões, terá menos preocupação em termos de risco aumentado em grande escala.

  Em outras palavras, não seja como o Google Flu Trends, que parecia depender muito de um modelo algorítmico quando aumentou seu escopo (estimando e prevendo ocorrências de influenza em mais de 25 países durante a época da gripe), mas era pequeno nas fontes de dados (basicamente limitado aos dados de redes sociais). Seja mais como o Waymo, o projeto de carro autônomo do Google. O Waymo começou pequeno em foco (otimizando várias pequenas decisões), ficou pequeno ao criar e testar os modelos de dados (motoristas humanos mapeiam cada cidade, uma por vez, para ajudar na criação dos dados de treinamento para os diversos modelos ML do carro) e ficou grande no número de informações de dados (coletadas por inúmeros sensores e sistemas redundantes no carro, via satélite e outros feeds de dados) para ser um veículo autônomo consistentemente seguro e bem-sucedido. Isto é, seja grande no resultado comercial planejado, mas mantenha a IA/ML focada em pequenas etapas de decisão em série ou coletivas para que possa controlar, adaptar e gerenciar melhor, em geral, seu desempenho.

  LEMBRE-SE

  Pequenas decisões no conjunto podem ter tanto ou mais impacto que uma decisão estratégica muito grande.

- **Perceba que não é uma escolha do tipo "tudo ou nada".** Automatizar ou não? A questão não é essa, pois a resposta é ser semiautomático! Bem, não em todo caso. Por vezes, você deseja ter total automação, e em outras não. Ou seja, o semiautomático funcionará muito bem.

  Como regra geral, fique com a automação total do modelo para tarefas bem definidas e menos complexas que são guiadas pelos Indicadores-chave de Desempenho (KPIs) do negócio que controlam o modelo.

Conforme a complexidade na tomada de decisão aumenta, reduza a criação do modelo automático para um nível semiautomático. Para cada decisão complexa, considere se a decisão automática é garantida e se o modelo desenvolvido é suficiente para dominar as complexidades na decisão.

- **O ML não preenche a lacuna da falta de talentos, é um guia.** Não trate a IA como se fosse equivalente ou superior ao talento humano. Ela não é. Nem o ML é necessariamente inferior ao desempenho humano. Ele não pode substituir as habilidades humanas, mas consegue melhorá-las muito bem. Contrate o talento necessário e coloque um guia IA no calcanhar dele.
- **Use a engenharia de representação para adicionar contexto**. Estou dizendo que você deve assegurar que os dados sejam contextualizados em sua apresentação como dados de treinamento para que o aluno (o algoritmo) aprenda padrões significativos específicos do problema ou da tarefa na qual o ML trabalhará.

  Essa tarefa pode ser realizada via *engenharia de representação,* uma coleção de técnicas que *representa* (retrata com precisão conjuntos de dados maiores em amostras menores) o treinamento do algoritmo para como ele deve detectar ou classificar dados ou padrões. A ideia aqui é manter as expectativas alinhadas com as capacidades da tecnologia para assegurar que os dados de treinamento sejam relevantes, precisos e representativos.

  Embora o ML não seja programado como um software, ele é e deve ser ensinado com um aprendizado guiado, por meio de exposição a dados de treinamento adequados e o uso de regras de negócio. Do contrário, você pode acabar com resultados estranhos. Por exemplo, quando a Microsoft lançou um chatbot IA chamado Tay, no Twitter, em 2016, a única coisa que ele aprendeu sozinho foi a ser racista; dificilmente o resultado que qualquer empresa buscaria.

  Resumindo, a qualidade e a contextualização do conjunto de dados de treinamento importam muito.
- **Integre dados externos complementares**. Aproveite as *capacidades do aprendizado de transferência* no AutoML — o processo de aplicar o conhecimento armazenado obtido pela solução bem-sucedida de um problema em um problema diferente, mas relacionado — combinando dados externos parecidos ou afins com os dados internos para evitar o *subajuste* (underfitting; usar um modelo ML falho que não imita com precisão os dados de treinamento nem generaliza os novos dados que deve resolver o problema) ou o *sobreajuste* (overfitting; quando o ML imita demais os dados de treinamento em um conjunto de dados novo).

- **Reconheça que a IA explicável provavelmente não será uma realidade em breve.** Muito por quase nada é como funciona a IA/ML. Muitos sábios, desde pessoas na DARPA (Agência de Projetos de Pesquisa Avançada de Defesa) a legiões de cientistas de dados e especialistas em privacidade de dados e igualdade, lamentam abertamente o fato de que a IA explicável (uma IA que pode explicar o que fez, por que fez ou cujas ações um especialista humano pode explicar) não existe.

  Se a IA pode explicar o que fez ou está fazendo, nós, os seres humanos, realmente entenderíamos melhor? Talvez sim, talvez não. E você se sentiria mais no controle? Provavelmente não também. A capacidade de microgerenciar o que a IA faz realmente é o que você busca? Ou você buscava um resultado diferente?

  Sem dúvidas há motivos importantes para os especialistas no assunto (SMEs) terem uma IA explicável, erradicando a parcialidade e outros problemas em suas funções, para começar. Mas para a maioria das decisões comerciais, a prova da qual você precisa virá de testar seus resultados, não de ler a explicação complexa por trás da fórmula matemática.

LEMBRE-SE

Teste minuciosamente os modelos no AutoML para assegurar que eles realizem suas especificações e expectativas. Teste de novo com frequência. O AutoML sempre está evoluindo seu modelo, portanto, o modelo testado antes pode não ser o que você está usando agora.

Enfim, o valor em usar o AutoML depende do talento do usuário. Como qualquer ferramenta, reflete as habilidades do artesão e tem limites que o usuário precisa entender. Então grande parte de sua tarefa está em decidir se e quando adicionar essa ferramenta, como qualquer outra, ao seu kit de ferramentas no projeto de decisão inteligente, e usá-la com sabedoria.

Vendo o Valor do ModelOps

Modelos matemáticos sempre guiaram as decisões comerciais. As pessoas os usavam de modo intuitivo (mentalmente) ou formal (desde a pré-história, ao contar com gravetos e seixos até o ábaco mais avançado, planilhas ou computação). Os modelos funcionavam contanto que trabalhassem e fossem revisados ou descartados assim que não davam certo. Ajustar as coisas ou começar do zero não era difícil porque a fórmula (o modelo matemático) existe separadamente dos dados. Você podia abandonar ou rever o cálculo, e não mudar nada nos dados.

Agora isso mudou, porque os modelos avançaram ao ponto de poderem "aprender" no sentido de que podem entender como identificar e reagir aos padrões nos dados. Contudo, os modelos de IA também sofrem com a *deriva do modelo*, ou seja, a deterioração, o abandono, questões de segurança e outras anomalias normalmente associadas ao modelo envelhecendo, mas também por outros motivos.

Como o modelo e os dados de treinamento estão interligados, revisar o modelo significa que você deve treiná-lo mais uma vez nos novos dados. Os modelos de novo treinamento são um exercício constante e rotineiro, ou pelo menos o são quando você gerencia a IA corretamente. Mas o novo treinamento constante não é a única desvantagem dos modelos de IA. A realidade é que a IA/ML não mostra um bom julgamento, não consegue se adaptar à mudança nem pode explicar para seus mestres humanos o que fez e por quê. Se você decidir usar o ML em seus processos de decisão inteligente, em um ambiente de decisão puramente digital ou em um processo de decisão híbrido de pessoas e máquinas, precisará gerenciar os modelos ML para evitar esses problemas inerentes, utilizar e até monetizar ao longo do caminho.

LEMBRE-SE

O compartilhamento e o gerenciamento do modelo são elementos essenciais ao mover a IA do projeto para a produção com rapidez e segurança. Também são essenciais para democratizar a IA. Os *armazenamentos de recursos* (data warehouses que estocam recursos para o futuro uso do aprendizado de máquina) permitem que os projetos compartilhem recursos e os cientistas de dados assegurem que eles estejam à altura e devidamente mantidos.

Os armazenamentos de recursos costumam fazer parte da *operacionalização do modelo IA*, também conhecido como ModelOps. Considere-o como uma plataforma para gerenciar e controlar o ciclo de vida dos modelos de IA. O ModelOps permite uma implantação mais rápida, maior segurança, governança apropriada, conformidade, novo treinamento do modelo planejado, detecção e destruição dos modelos degradados, abandonados ou antigos.

Um bom sistema ModelOps deve fazer parte de seu programa de manutenção para suas ferramentas de decisão inteligente. A última coisa que você deve fazer é usar modelos de IA existentes simplesmente porque eles existem ou adiar a entrada do projeto de decisão inteligente em produção porque pede à sua equipe para recriar um modelo que já existe.

Preparando o Impacto

As decisões comerciais podem impactar sua organização de vários modos. Alguns são bons, outros são ruins, e há ainda os que podem disparar uma cadeia de consequências não pretendidas. Mas também acontece o inverso, no sentido de que seu negócio pode impactar suas decisões de várias maneiras, algumas ruins, algumas boas, e muitas são, bem, totalmente assombrosas.

Para garantir o sucesso na decisão inteligente, sua organização deve se comprometer com a implantação e preparar adequadamente o impacto.

LEMBRE-SE

Você também deve impedir que seu negócio siga seu próprio rumo. Isso não quer dizer que ajustes não possam ser feitos ao longo do caminho se fatores atenuantes aparecem ou mudam. E se a qualquer momento parecer que um impacto desejado se tornará indesejável, tudo bem, e será muito prudente encerrar rápido o esforço.

Mas, em geral, sua empresa deve estar comprometida em manifestar a decisão que você toma desde o início, ou todos seus esforços serão em vão.

Decisão e dedicação

Tomar a decisão em primeiro lugar é essencial para cumprir a tarefa, mas nada acontece a menos que você também implante as ações necessárias via automação e outros meios. Assim, deixe que seu mantra na decisão inteligente seja "decisão e dedicação".

Primeiro, tome uma decisão, seu impacto de negócio desejado, então dedique vontade, recursos e ações necessários para prosseguir.

LEMBRE-SE

Se você acha que essa regra geral também deve se aplicar às decisões tomadas fora do processo de decisão inteligente, está totalmente certo. Contudo, a grande maioria das falhas da decisão comercial, inclusive as falhas de IA, tem origem na falta de acompanhamento no espaço entre apontar e atingir o alvo.

A ausência de acompanhamento pode confundir ou inviabilizar os esforços da decisão inteligente também. Mesmo que tomar uma decisão firme seja o primeiro passo, nada acontece até que essa decisão seja adotada.

Trabalhar de trás para a frente para decidir as ferramentas e os processos necessários para realizar essa decisão é muito importante na manifestação do impacto dessa decisão. Mas há uma grande diferença entre planejar, mapear as ações e implantá-las.

Tome decisões com um impacto específico em mente

Na decisão inteligente, você *deve* tomar uma decisão, e então comprometer-se em segui-la até o fim. Mesmo assim, o impacto resultante pode diferir dos seus planos estabelecidos com cuidado. O caminho das boas intenções pode levar a um resultado inesperado ou até a vários resultados. Também pode haver diferença entre implantar a ação e colher o impacto de negócio. Na alegria e na tristeza, por vezes o impacto não é o que você tinha antecipado.

Você pode achar que os frutos de seu trabalho resultam em uma colheita maior do que a esperada. Isso pode ser um desenvolvimento comercial positivo ou negativo. Por exemplo, sua empresa pode precisar lutar para contratar mais pessoas, adicionar mais espaço de armazenamento, aumentar as cadeias de suprimento ou requerer investimentos de última hora e substanciais.

Por outro lado, você pode achar que o impacto de negócio fica aquém das expectativas e que seu retorno no investimento (ROI) até o momento está abaixo das projeções. Em geral, isso é visto como um negativo comercial, claro, pois dinheiro, tempo e esforço foram gastos e normalmente não podem ser restituídos ou recebidos de volta.

Vez ou outra você encontra um impacto diferente ou um impacto colateral que é uma agradável surpresa; isso não é novidade no mundo dos negócios. A P&D costuma encontrar muito ouro em uma descoberta não intencional em seu caminho para descobrir outra coisa. O projeto Post-it, que cresceu de uma tentativa de criar um adesivo superforte (uma tentativa que falhou miseravelmente na cola usada nos lembretes), é um ótimo exemplo de resultados lucrativos acidentais. Isso pode acontecer (às vezes) na decisão inteligente também.

Contudo, se você acha os impactos de negócios inesperados uma ocorrência habitual ou frequente, suas decisões iniciais para esses projetos não são concisas o bastante para manter o esforço no alvo. Ambiguidade ou imprecisão ao nomear o impacto desejado abre espaço para o aumento do escopo, variâncias da interpretação e perda de direção no processo. Você deve colocar um foco claro no impacto de negócio que busca materializar.

LEMBRE-SE

Na decisão inteligente, você quer conseguir um impacto de negócio predeterminado e específico. Embora mirar sua meta assim melhore muito sua capacidade de atingir o alvo, não há garantias de que conseguirá. *Sempre* há risco no negócio. A decisão inteligente ajuda a mitigá-lo, mas, em geral, o processo não o elimina.

Mesmo assim, as intenções importam. O ônus está no talento e na visão de negócios dos tomadores de decisão conforme o ser humano assume um papel mais de protagonista e de destaque do que nos processos anteriores de decisão orientada a dados. As pessoas desfrutam uma autonomia mais aberta na decisão inteligente, mas isso também significa que elas têm mais responsabilidade. Lá se foram os dias de culpar os dados por qualquer decisão ruim.

Pode ser útil identificar o escopo e a natureza da decisão tomada para que você possa entender melhor as intenções por trás dela e todas as partes móveis necessárias que se seguem. Em sua forma de decisão digital, a decisão inteligente pode ser dividida em três categorias de intenção para decisões repetidas:

- **Decisões estratégicas** normalmente são grandes decisões tomadas de uma só vez. Quaisquer revisões são, na verdade, novas decisões com diferentes variáveis. Em geral, a automação não está envolvida, ou, pelo menos, não no início do processo. Muitas opções são consideradas, e algumas ou todas podem ser executadas em cenários preditivos para ter uma melhor leitura sobre os prováveis resultados e riscos envolvidos.

  Normalmente, apenas alguns executivos (ou mesmo só um) estão interessados e envolvidos no exercício. Os resultados podem permanecer confidenciais. As decisões estratégicas costumam levar à formação de uma propagação de decisões menores dentro da organização. Ou o guarda-chuva da decisão estratégica pode ser compartilhado com acionistas, principais revendedores ou outros parceiros para ajudar no design ou coordenar os esforços compartilhados para um objetivo em comum.

  Essas decisões precisam de grandes quantidades de dados e uma análise sofisticada, mas raramente são escaláveis em termos de sua implantação, apesar de seu vasto alcance e impacto. As implantações escaladas vêm de decisões menores relacionadas e executadas nas divisões afetadas, departamentos ou parceiros externos da organização.

- **Decisões táticas** são mais sobre exercer controle sobre as operações comerciais pela gestão humana. Essas decisões repetidas podem ser alteradas ou adaptadas conforme a gestão justifica a necessidade. Por exemplo, uma decisão tática pode requerer o acréscimo de trabalhadores sazonais, temporários ou independentes para preencher uma lacuna de habilidades ou atender a um aumento sazonal da procura dos clientes. Podem envolver o cálculo da demanda regional para certos produtos ou variantes em preço, abertura ou fechamento de lojas em resposta às mudanças na economia, e outros fatores.

  As decisões táticas normalmente são tomadas pela gerência em resposta a uma necessidade comercial imediata ou prevista, e são repetidas na organização.

» **Decisões operacionais** são decisões executadas com consistência no nível individual de acordo com as regras do grupo. Uma decisão para estender o crédito, oferecer recompensas ou concluir uma transação para cada cliente individual com base nas regras operacionais do negócio seria uma decisão operacional. Do mesmo modo, decisões para a equipe, os vendedores, os parceiros, os distribuidores e outros são lidadas individualmente, mas com consistência e segundo as regras de negócio que regem as interações com o grupo. São decisões de máquina de alto volume e alta repetição.

Nas decisões operacionais, provavelmente você usará a IA para tomar microdecisões, em vez de rever as decisões para serem o melhor curso de ação. As microdecisões são uma forma de microgerenciamento porque permitem respostas personalizadas ou customizadas, em vez de respostas gerais. Isso acontece com o uso de mais dados, podendo ser preditivos, de redes sociais ou outro tipo com nuances para a decisão como pertencendo a um cliente específico.

Esse método não só tende a colher mais lucros e fidelidade do cliente nesses casos de uso, como também ajuda a evitar os erros comuns, como vistos quando um candidato qualificado é rejeitado por engano pelos sistemas de contratação automática, em que um critério universal falhou miseravelmente.

Enfim, o grande segredo no aprendizado de máquina é que ele é basicamente um identificador. Agora, como você pode imaginar, uma identificação útil requer nomes significativos. Até o Dr. Seuss identificava as coisas como Coisa 1 e Coisa 2 para que as crianças encantadas em todos os lugares soubessem instantaneamente a que ou a quem ele se referia em sua história.

Você deve ser igualmente claro ao identificar sua decisão e intenção por trás dela. Se não puder fazer isso, provavelmente já está sem rumo, e é possível que sua decisão falhará. Nomeie seu impacto de negócio pretendido e nunca tire os olhos dele durante o processo inteiro de decisão inteligente.

Resumindo, você tem que prever com sucesso um impacto de negócio, e não meramente produzir uma resposta reativa. Porém, você não usa uma bola de cristal aqui; você toma uma decisão, então trabalha para que ela aconteça.

Seu trabalho é liderar tomando decisões inteligentes, e faz isso com o uso sábio dos dados, das ferramentas e da ciência para garantir que terá uma base sólida sob seus pés e que não apenas está dando um tiro no escuro.

NESTE CAPÍTULO

» Medindo para gerenciar

» Gerenciando não apenas com medições

» Examinando muitos modos de tomar uma decisão

» Determinando o valor de negócio de uma decisão

Capítulo 12

Métricas e Medições

Você não pode gerenciar o que não consegue medir, como se diz nos negócios. Medir para gerenciar os elementos certos em seus processos de decisão inteligente é essencial. Mas isso não significa que tudo pode ser medido com facilidade ou mesmo que deveria ser. Muitas coisas importantes para os negócios são difíceis de medir; por exemplo, o valor monetário das habilidades sociais reconhecidas, mas indispensáveis, como liderança, julgamento, talento, nuance, experiência, pensamento crítico, solução criativa de problemas e disrupção inovadora.

Por exemplo, qual é o valor da documentação do software ou o valor do indivíduo talentoso que compõe tal documentação? Outro exemplo: a capacidade do pensamento crítico de um candidato, visão de negócios ou habilidade em inovar pode ser prevista e/ou medida? Se essas características podem ser medidas ou não, é inegável que elas têm valor para o negócio e para os processos de tomada de decisão.

LEMBRE-SE

Quanto a criar modelos de automação e de decisão por IA, incorporar habilidades sociais é até mais difícil, tornando impossível fazer sua medida.

Devido a essas dificuldades inatas, o ser humano coloca as habilidades sociais na mesa para o processo de decisão inteligente. Entre as muitas contribuições válidas e valiosas das habilidades sociais estão a ancoragem do esforço da decisão inteligente para uma realidade centrada no homem e identificar o impacto de negócio normalmente imaginado por uma mente humana criativa, em vez de estabelecida por um app informado com dados.

Mas lembre-se de que, por causa da complexidade inerente de tomar decisões em altas velocidades e escalas, as máquinas trazem também para a decisão inteligente capacidades únicas e valiosas. A IA é especialmente difícil para medir e monitorar seu trabalho em velocidades e escalas super-humanas. Mas, na verdade, também é difícil medir e acompanhar os processos mentais de uma pessoa conforme ela realiza seu trabalho. Mesmo assim, as capacidades da máquina e do homem têm um grande valor individual e coletivo.

Nenhum desses pontos válidos e exceções é desculpa para abrir mão de métricas como KPIs (Indicadores-chave de Desempenho), ou seja, as medidas de desempenho ao longo do tempo para os principais objetivos e outras medidas (IA e teste de parcialidade, por exemplo) para garantir que você fique nos trilhos em vários pontos críticos em seu processo de decisão inteligente.

Em particular, é essencial monitorar as decisões automatizadas da IA para uma melhoria contínua bem depois de o modelo ser construído e implantado. É ainda mais essencial se o modelo é compartilhado entre casos de uso e aplicações. A gestão do modelo também é fundamental ao identificar e substituir um modelo IA decadente antes que ele provoque o caos.

Dito isso, vejamos uma discussão sobre o que pode e deve ser medido, e como lidar com isso.

Convivendo com a Incerteza

Pode parecer contraditório que até as decisões finais sejam tomadas e executadas no contexto da incerteza. Todavia, você precisa aceitar o fato de que, apesar dos seus melhores esforços, não é possível saber tudo. Isso significa que haverá lacunas nas informações e/ou dados digitalizados usados e onde há lacunas, há incerteza. Quando você tiver isso em mente, lembre-se também de associar o risco inerente para que possa gerenciar melhor as ações e as expectativas.

Simplesmente estar ciente do que está enfrentando será melhor do que ficar obcecado com os perigos em potencial vistos em um futuro incerto. O fato é que há valor na incerteza também. Afinal, é a incerteza que abre espaço para perguntar, criar, inovar, inventar e fazer uma disrupção. É o espaço no qual a mudança e a estratégia se formam pela primeira vez.

LEMBRE-SE

Apesar das possíveis vantagens da incerteza, seu instinto é certo no sentido de que há perigo na certeza não verificada sempre que ela existe. Então, sim, você precisa monitorar o que pode, testar com frequência, medir o que consegue e gerenciar tudo no processo da decisão inteligente. Não há outra solução, a menos que você esteja à vontade em jogar o cuidado para o alto.

Falhar em tomar uma decisão diante da incerteza é uma decisão também, mesmo assim, isso não é uma opção se tudo que você deseja é evitar riscos. Passar dos limites ao tentar mitigar esse risco não ajuda muito também. O microgerenciamento e o medo do fracasso serão sua ruína, como é normalmente no campo comercial. Em algum ponto você precisa parar com a obsessão por coisas que não consegue saber e seguir em frente.

Muitas vezes, você não conseguirá avaliar o real valor da decisão comercial até muito depois do fato, quando pode vê-lo pela lente da retrospectiva. Basicamente, é porque o valor da decisão comercial é determinado por seu impacto na organização. Embora você possa fazer o melhor para prever os benefícios de uma decisão, eles não são realmente conhecidos até a ação ser tomada e suas repercussões se estabelecerem como fato histórico mensurável.

É o seguinte: raramente você terá o luxo de esperar e ver o que acontece antes de tomar outra decisão, e então outra após outra. É a natureza do negócio responder continuamente, mudar, adaptar-se e desafiar o *status quo*. Qualquer coisa menos que isso significa que seu negócio está estagnado e morrendo. Dessa perspectiva, quase toda decisão proativa é preferível à destruição. Assim, quase toda decisão tem algum valor no esquema maior das coisas.

Por mais verdadeiro que isso possa ser, a tarefa central na decisão inteligente é tomar as melhores decisões comerciais possíveis para que você possa aproveitar um valor visado aqui e agora. A decisão pode ser tomada para aumentar a eficiência, criar novo valor, criar novos fluxos de receita ou fazer um progresso constante em rentabilidade, sustentabilidade, vantagem de mercado ou outras metas comerciais (sim, a decisão pode apontar um impacto de longo prazo, mas, mesmo assim, consiste em uma ou mais ações tomadas agora).

LEMBRE-SE

Mesmo que sua organização seja uma ONG, ela deve conseguir se sustentar e produzir resultados, talvez medidos em vidas salvas, desastres impedidos ou reparados ou curas médicas encontradas. Uma organização filantrópica também deve ter vantagem de mercado; deve ganhar terreno em relação à concorrência para atrair mais doações, construir mais influência política ou lobby, ou atrair mais voluntários e apoio. Ou seja, as decisões devem levar ao valor para qualquer organização, mas esse valor pode ser medido de vários modos, como receita, lucros, doações, poder político, eficiência, percepção pública ou apoio, influência no setor ou melhorando uma margem competitiva existente ou nova no mercado.

Seja qual for o valor, basicamente, ele é medido em termos de como impacta o negócio ou a organização. Até a filantropia tem um impacto de negócio e é medida como tal. O valor sempre está no impacto na organização. Podem haver valores adicionais ou compartilhados para entidades diferentes da organização também, mas é uma necessidade de sobrevivência e prosperidade que a organização reúna valor para si mesma primeiro. Embora seja uma certeza nos negócios, deve ocorrer apesar de certo grau de incerteza.

Essa abordagem pode parecer de bom senso ou, pelo menos, ter um senso comercial comum, sendo por isso que alguém tomaria uma decisão comercial sem pesar primeiro seu valor. Para outros, parece assustador escolher um resultado sobre o qual não se tem total certeza em relação a como fazer acontecer e buscar. Ambas as reações são comuns e se correlacionam com várias tolerâncias a risco entre diferentes tomadores de decisão.

Em qualquer caso, você almeja criar valor para o negócio tomando primeiro uma decisão específica. Então, sim, você deve fazer a famosa declaração que o ex-presidente dos EUA, George W. Bush, fez e dizer em alto e bom som (ou talvez baixinho): "Sou o decisor!"

A boa notícia é que você não precisa decidir no vácuo. Pode e deve reunir e analisar os dados, ouvir os principais consultores e tomar as principais decisões estratégicas com a ajuda de uma equipe multidisciplinar confiável. A decisão inteligente não é ouvir seus instintos ou dar seu melhor palpite.

Em outras palavras, esteja pronto para reassumir o papel atemporal do tomador de decisão comercial e assumir o leme e toda a responsabilidade que vem com ele. Agora os dados estão de volta em seu papel vital, mas subserviente, e você, meu caro, de volta à posição de responsabilidade.

LEMBRE-SE

A empresa orientada a dados está evoluindo para ser acionada por dados, mas orientada por decisões, e você está no leme.

Tomando a Decisão

Se os seres humanos vivem em um mundo de incerteza (acredite, é uma verdade comprovada), você pode pensar: "Caramba, qual é a finalidade de tomar uma decisão em primeiro lugar?" A resposta é que, se você não consegue produzir valor de negócio a partir do exercício, não há motivos para fazê-lo. Assegurar que toda decisão tenha valor de negócio é o principal diferenciador entre a decisão inteligente e as abordagens orientadas a dados.

A decisão inteligente liga o trabalho diretamente a um impacto de negócio no início, já as abordagens orientadas a dados são mais como tatear as paredes em um cômodo escuro e esperar encontrar o interruptor. Um número crescente de estudos está descobrindo que as altas taxas de falha para a mineração de dados e os projetos de IA são causadas pelos projetos sem direção e um valor de negócio quantificável. Com certeza são aprendidas lições no decorrer, mas poucos projetos renderam ganhos reais no final.

Você deve primeiro tomar a decisão e pesar seu valor em termos do impacto de negócio visado antes de passar a organizar o trabalho para vê-lo concluído. Um excelente modo de fazer isso é usar uma árvore de decisão.

Basicamente, a árvore de decisão consiste em um desenho com hierarquias. Uma *árvore de decisão* (veja a Figura 12-1) é uma representação gráfica das possíveis soluções para um problema, permitindo pesar os resultados possíveis. Isso organiza seu pensamento em uma visualização que ajuda a revelar o melhor curso de ação e, assim, orientar a decisão.

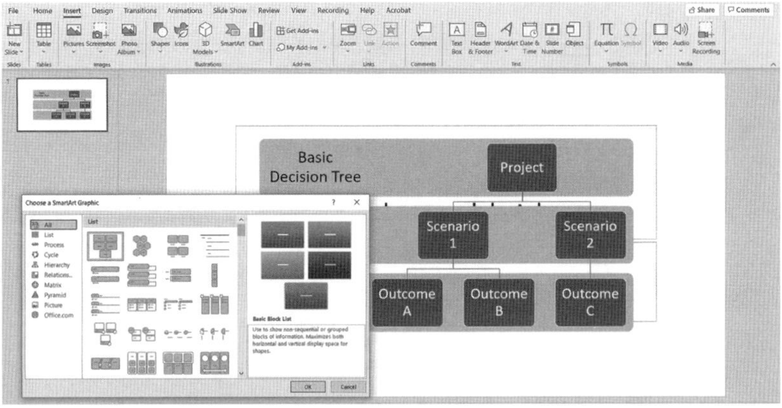

FIGURA 12-1: Um conjunto de modelos de árvore de decisão no PowerPoint.

Quatro etapas gerais em uma análise de árvore de decisão se aplicam, sendo a árvore um desenho grosseiro em um guardanapo ou um programa de computador refinado em um processo de decisão digital. E, mesmo que as árvores de decisão possam variar desde simples a bem complexas, as etapas básicas são as mesmas:

1. **Defina o problema com estrutura e concisão.**
2. **Modele o processo de decisão.**
3. **Aplique valores de probabilidade nos resultados em potencial.**
4. **Tome uma decisão com base no peso dos respectivos valores do resultado escolhido.**

Note que o resultado escolhido não é necessariamente o desejado. Por vezes, você deve decidir entre dois ou mais resultados ruins. Outras, chega a escolher entre dois ou mais bons. A intenção é escolher com sabedoria para realizar o maior ganho ou minimizar o potencial de perda.

Uma análise SWOT (FOFA) pode ser igualmente útil ao pesar uma escolha de decisão em vários contextos. FOFA significa *F*orças, *O*portunidades, *F*raquezas e *A*meaças. Essa análise costuma ser apenas uma grade 2x2 simples, com cada um dos quatro blocos identificados com uma das letras para *SWOT* (ou FOFA, em português). Pontos correspondentes extremamente simples são adicionados a cada bloco.

Mas uma tabela SWOT pode ser expandida para usar na análise de comparação também. A Figura 12-2 mostra um modelo disponível no Microsoft Excel para tal finalidade.

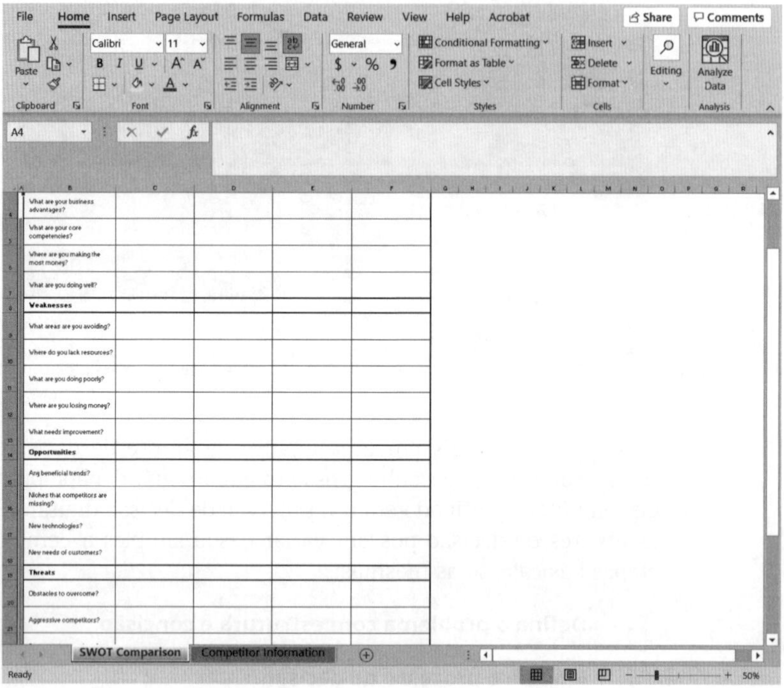

FIGURA 12-2: Um modelo SWOT do Microsoft Excel.

É possível pedir ajuda às *ciências da decisão*, que são uma coleção de técnicas quantitativas combinando teoria da decisão, fórmulas matemáticas, aplicações tecno, ciências comportamentais, pensamento de design e ciências de gestão. Elas combinam as melhores táticas interdisciplinares nos esforços do computador e humano na tomada de decisão.

DICA

Cuidado para não confundir a terminologia enquanto fala sobre o uso de técnicas da ciência da decisão mais complexas em suas conversas ou nas conversas com cientistas da decisão. Por exemplo, no mundo dos negócios, o termo *tomador de decisão* significa o executivo com poder e autoridade para tomar uma decisão comercial. No mundo das ciências da computação e da IA, um tomador de decisão é o cientista de dados ou um profissional semelhante que cria uma decisão verbalizando concisamente um objetivo que resume a estrutura do contexto e a arquitetura da decisão.

Você pode contratar um cientista da decisão para tomar, orientar ou avaliar as decisões comerciais e assegurar que sejam lógicas, imparciais e sem adivinhações, destinadas corretamente a entregar o melhor valor de negócio. Com certeza, é uma opção. Não importa, não opte pela tomada de decisão inventada do nada, significando que é infundada e desprovida de conteúdo. É uma decisão baseada em pouco mais do que um capricho ou um palpite.

Reserve um tempo para trabalhar no processo e tomar sua decisão inicial a partir da qual produzirá de propósito um impacto de negócio. Deixe pouco espaço para a especulação.

Vendo o Valor da Decisão

Se você sugerisse que a decisão tomada como o primeiro passo na decisão inteligente é baseada em um valor de negócio percebido ou esperado, não em um valor definido ou medido, estaria certo. Mas isso não significa que a decisão é um palpite ou um pedido feito a uma estrela cadente.

A decisão inteligente conta muito com a teoria da decisão e as ciências da decisão durante o processo. Portanto, o valor esperado da decisão inicial sobre a qual toda ação subsequente é baseada é calculado.

Antes de entrarmos nos cálculos, estou aqui para dizer que tudo bem se você não gosta de matemática. Não se intimide com as fórmulas. Logo mostrarei as ferramentas que podem fazer os cálculos. Mas se você já tem um histórico de tomar boas decisões, há boas chances de que vem fazendo cálculos por intuição sem estar ciente disso. Por outro lado, se tem um histórico de tomar decisões ruins, agora pode ser um bom momento para estudar matemática para poder melhorar.

LEMBRE-SE

Se você toma decisões comerciais com regularidade, fique familiarizado com a matemática por trás da decisão, se ainda não estiver. Grande parte do setor financeiro a conhece bem. Pode ser uma agradável surpresa para aqueles que usam essas fórmulas no cotidiano do trabalho saberem que o mesmo cálculo se aplica aqui.

Os valores esperados na teoria da decisão é como são avaliados os resultados sujeitos à probabilidade ou às variáveis aleatórias. Na estatística e na análise da probabilidade, o valor esperado (VE) é calculado multiplicando-se cada possível resultado pela probabilidade de sua ocorrência, e então comparando as somas.

Resumindo, os valores esperados são um modo de calcular os riscos e julgar se faz sentido dar um passo. Também ajuda aos tomadores de decisão superarem os obstáculos psicológicos, como medo da perda e parcialidades, para que eles possam avançar para recompensas maiores. Tais obstáculos podem e muitas vezes distorcem uma decisão com base em uma análise simples de custo/benefício. O VE permite quantificar os riscos e usá-los como um elemento na decisão.

Veja a fórmula:

$$VE = \sum P(Xi) * Xi$$

onde VE = valor esperado, P(Xi) é a probabilidade do evento, e Xi é o evento.

Usar o valor esperado do resultado não é um novo jeito de tomar uma decisão. A fórmula existe há tempos e é normalmente usada no setor. Por exemplo, os investidores costumam usar a análise do cenário para calcular o valor esperado de um investimento. Uma startup pode calcular seu valor esperado para os investidores ou os credores do mesmo modo, assim como um negócio mais estabelecido busca calcular o valor de negócio esperado em sua estratégia de saída.

Em geral, os investidores usam probabilidades estimadas com *modelos multivariados* — ferramentas de previsão usando múltiplas variáveis. Mas há muitas opções que você pode usar também, caso as circunstâncias mostrem necessidade. Por exemplo, o VE pode ser calculado usando-se uma variável aleatória, uma variável discreta ou várias, uma ou várias variáveis contínuas.

Se você se considera mais líder empresarial do que matemático, não tenha medo: há opções. A maioria dessas fórmulas está incorporada em planilhas como Excel e Google Planilhas e são encontradas em calculadoras especializadas ou profissionais (online, apps para dispositivos móveis ou dispositivos de mão). Se essas opções ainda o assustam, você pode usar um software de investimento ou ERP (sistema integrado de gestão empresarial), contratar alguém para fazer os cálculos ou recorrer a consultores de confiança para orientá-lo, como professores na universidade local ou um mentor na SCORE, um parceiro de recursos sem fins lucrativos na Administração de Pequenos Negócios (SBA) nos EUA (acesse SCORE em `www.score.org` — conteúdo em inglês).

DICA

Se você procura um atalho simplificado, provavelmente pode calcular o valor esperado em muitas decisões comerciais determinando o resultado financeiro esperado médio da decisão. Mas lembre-se de que é um atalho, e seus limites diminuem seu valor na tomada de decisão.

LEMBRE-SE

Seja cuidadoso ao calcular as probabilidades corretamente, pois há um desastre iminente se você é uma presa de suas próprias esperanças e de seu próprio entusiasmo. As armadilhas comuns incluem adivinhar as probabilidades, basear valores em pouco ou nenhum conteúdo, esquecer de reavaliar quando necessário e esquecer que você basicamente está jogando. Sim, o negócio é um jogo. Jamais perca isso de vista.

Mesmo que você faça os cálculos certos, a resposta não é uma certeza. É um risco calculado. Seu nível de tolerância ao risco pode variar entre os resultados prováveis ou de um projeto de decisão inteligente para outro. É assim que deve ser.

Combinando Métrica e Medição

Meça somente o que realmente importa, e nada mais. Você procura concisão e clareza. Qualquer coisa além provavelmente o levará à *paralisia da análise*, em que você fica preso em pensamentos circulares ou pensando demais, que é o oposto de tomar decisões oportunas e sólidas.

Algumas métricas atuais não serão úteis para você, pois seu foco agora deve mudar de adicionar eficiências para melhorar o desempenho. Um relatório publicado recentemente pelo Hackett Group descobriu que a maioria dos negócios esgotou, ou quase, todas as oportunidades disponíveis para aproveitar os ganhos com aumentos em eficiência, dada a ampla adoção da automação e da IA. Agora a nova fronteira para ganhos negociáveis está solidamente no desempenho.

Portanto, você desejará focar a métrica que revela os problemas e as oportunidades em momentos críticos para que possa adaptar e melhorar seus processos quando necessário para atingir a meta. Como consequência, a medição de seu desempenho será baseada em como sua decisão entregou bem um impacto positivo para o negócio. Você conseguirá determinar como está se saindo no processo monitorando as leituras do desempenho ao longo do caminho.

Por sorte, um grande conjunto de métricas, desde mudar dados para KPIs e várias outras medições, já pode ser usado para manter nos trilhos as várias etapas no processo de decisão inteligente.

LEMBRE-SE

A decisão inteligente costuma ser apenas repensar como são tomadas as decisões comerciais. Muitas ferramentas, táticas e fórmulas já são familiares. É possível que você as esteja usando em uma ordem diferente e para outro fim, mas igualmente do mesmo modo. A curva de aprendizagem deve ser mínima para a maioria dos líderes empresariais. Se por acaso esses termos e métricas são novos para você, não se preocupe. Como muitos softwares comerciais modernos agora têm automação, IA, pesquisa de linguagem natural e processamento, além de outros recursos úteis, várias dessas métricas são fáceis para os novatos usarem também.

Apoiando-se nos KPIs

Qual métrica você precisa usar depende da natureza e das especificidades do seu projeto de decisão inteligente. Mas como regra geral, faz sentido pelo menos começar com os KPIs (indicadores-chave de desempenho) relevantes para a decisão em mãos.

Lembre-se de que a métrica mede fatores operacionais diariamente e que os KPIs medem os processos em um nível alto, não granular. Embora todos os KPIs sejam métricas, nem todas as métricas são KPIs.

KPIs são medidas quantificáveis dos níveis de desempenho relativos às metas comerciais. Tendem a focar as funções e/ou departamentos *horizontais*, como relatórios financeiros, gestão de clientes e processos comerciais automatizados que cruzam os setores *verticais*, ou seja, setores comerciais como fabricação, varejo, setor financeiro e assistência médica. Os KPIs também podem ser úteis ao identificar problemas e oportunidades no início. Por isso, às vezes os investidores se referem a eles como KSIs (indicadores-chave de sucesso).

LEMBRE-SE

Muitos KPIs que seu negócio usa agora ao tomar decisões nas operações cotidianas e gestão geral serão úteis em alguns projetos de decisão inteligente também.

Como a decisão inteligente, os KPIs focam um objetivo específico. Os principais KPIs para os diretores financeiros (CFOs) de grandes corporações e para pequenos proprietários incluem fluxo de caixa, vendas e receita. São em grande parte aplicáveis às decisões financeiras que mantêm um negócio viável e lucrativo, mas podem ser muito míopes se usados sozinhos no projeto de decisão inteligente. Por exemplo, durante a pandemia de COVID em 2020, disrupções da cadeia de suprimento, escassez de mão de obra e resiliência comercial rapidamente se tornaram elementos de grande influência nos cálculos financeiros das empresas. De repente, os custos subiram à medida que as empresas se apressaram em equipar os funcionários para trabalharem de casa, continuando a pagar despesas comerciais regulares, como pagamentos mensais de locação ou hipoteca e despesas afins para prédios comerciais vazios.

O fluxo de caixa tradicional e outras análises de KPI foram distorcidos por esse *evento cisne negro* em particular, ou seja, um evento imprevisto, repentino e surpresa bem fora da norma e capaz de consequências graves e de grande alcance. Agora os valores anuais pouco importam em termos de decidir o que fazer em seguida. Em outras palavras, são uma transição clara entre o passado e o futuro sem nenhuma conexão real entre si.

O cenário corporativo mudou para sempre por causa da pandemia. As organizações lutarão por anos tentando decidir questões antes consideradas rotineiras e bem previsíveis. Agora, uma decisão muito básica, como qual tamanho do escritório e design é adequado em termos de desempenho comercial, custos, recrutamento de mão de obra e requisitos de retenção, se tornou um osso duro de roer. Quando as organizações ajustarem as flutuações nesses valores, as decisões das instalações serão tomadas repetidas vezes com o tempo.

Outro exemplo é que, com base nos indicadores atuais em vários países, o salário mínimo aumentará para estimular a volta ao trabalho das pessoas. Mas os aumentos salariais serão transferidos para um aumento no custo de produtos e serviços, impactando mais o desempenho de toda organização quando medido em vários KPIs.

Resumindo, não é hora de confiar unicamente nos KPIs tradicionais. Mas não é hora de descartá-los também. Pelo contrário, você precisa repensar como e onde irá usá-los. E mais, combine-os com KPIs não financeiros para ter leituras mais completas sobre onde está o negócio e detectar mais cedo mudanças positivas e negativas no desempenho da sua empresa.

Exemplos de KPIs financeiros normalmente usados, além dos KPIs de fluxo de caixa, vendas e receita já mencionados, incluem:

» **Necessidade de capital de giro (WCR, em inglês),** que informa quantos recursos financeiros são necessários para fechar a lacuna entre pagamentos que entram e saem. É uma avaliação em tempo real da posição do caixa da organização entre as contas recebidas e pagas. O capital de giro líquido (NWC, em inglês) também leva em conta a gestão do inventário. Veja a fórmula

  Necessidade de capital de giro líquido = inventário + recebíveis - contas a pagar

» **Índice de endividamento** mede a relação entre passivo e ativo do negócio.

  A fórmula para calcular é

  Índice de endividamento = passivos totais / ativos totais

» **KPIs da margem de lucro** estimam o lucro da empresa. Você pode medir as margens de lucro de vários modos; o mais comum é o lucro bruto, o lucro operacional e o lucro líquido. Seja qual for sua escolha para prever e monitorar o desempenho em termos de lucro, lembre-se de que ele mudará constantemente por causa das flutuações em muitos fatores de influência. Isso significa que você precisa executar esse KPI com frequência.

  As fórmulas para calcular essas diferentes margens de lucro são

  Margem de lucro bruto = receita total - custo dos produtos vendidos/ receita

  Margem de lucro operacional = lucro operacional / receita

Margem de lucro líquido = lucro líquido / receita líquida

Há muitas opções nos KPIs e, por sorte, a maioria está incorporada ao software para facilitar o uso. Procure um software de contabilidade, planilhas como Google Planilhas e Microsoft Excel e apps como ERP e de business intelligence (BI) para fazer esse e outros cálculos automaticamente.

Esta lista descreve vários exemplos de KPIs não financeiros que podem ser valiosos para combinar com os KPIs financeiros:

» **Experiência do cliente** mede a satisfação do cliente e a fidelidade dele. A métrica mais popular usada é NPS (net promoter score), satisfação do cliente (CSAT) e CES (customer effort scores). A maioria usa dados reportados pelo próprio cliente, como classificações online, pesquisas e análise de sentimento das redes sociais. As fórmulas são:

  Para NPS, a partir da soma das respostas, subtraia a porcentagem dos distratores (por exemplo, ícones de rosto franzido) da porcentagem dos promotores (ícones de rosto sorrindo). A pontuação não é uma porcentagem, mas um número inteiro entre –100 e 100 indicando a felicidade do cliente com sua marca ou organização.

  Para CSAT, divida as respostas positivas (clientes satisfeitos) pelo número total de respostas e multiplique isso por 100. A pontuação da satisfação do cliente será medida como uma porcentagem. Quanto maior a porcentagem, mais estarão satisfeitos os clientes.

  Para CES, meça quanto esforço um cliente deve fazer para concluir um único processo, como quanto esforço é necessário para um cliente resolver um problema na empresa, devolução ou troca de um item, ou para concluir uma compra, por exemplo. Para calcular essas pontuações KPI, encontre a média nas respostas.

» **Experiência do funcionário** é a experiência do cliente em relação aos funcionários. Você busca a satisfação e a fidelidade deles para que possa melhorar suas estratégias de recrutamento e retenção. Essas métricas são essenciais nos períodos de escassez de mão de obra. Muitas fórmulas são equivalentes à experiência do cliente. Você pode usar os dados do funcionário, como assiduidade, folha de pagamento, promoções internas e participação do RH, do software ERP (sistema integrado de gestão empresarial) ou verificar as respostas do funcionário em pesquisas e classificações online ou do app. Em geral, é possível encontrar fórmulas para esses cálculos incorporadas no software de RH e planilhas.

- **Análise competitiva** mede vários pontos de dados para determinar os aspectos fortes e fracos de seus concorrentes em mercados específicos. A comparação deve incluir os recursos dos concorrentes, fatia de mercado, preço, diferenciadores (distinções únicas de seu concorrente versus sua empresa e vice-versa), relações com o revendedor, pontuações de satisfação do cliente, locais e outros.
- Você precisa usar uma estrutura de análise competitiva para fazer esses cálculos. Alguns exemplos comumente usados são:
  - *Tabelas SWOT (FOFA):* Listam as Forças, as Oportunidades, as Fraquezas e as Ameaças de determinado esforço.
  - *Cinco forças de Porter:* Um modelo que identifica e analisa cinco forças competitivas que modelam todo setor: rivalidade competitiva, ameaça de novos atores, poder do fornecedor, poder do comprador e ameaça de substituição.
  - *Matriz de crescimento BCG:* Um gráfico que ajuda as empresas a analisarem suas unidades comerciais ou linhas de produto em quatro categorias amplas segundo sua taxa de crescimento e potencial: vacas leiteiras, cães, pontos de interrogação e estrelas. Cada categoria ampla tem várias subcategorias.
  - *Análise de grupo estratégica:* Usada na gestão estratégica para identificar e agrupar organizações em um setor que têm características estratégicas parecidas, como modelos comerciais similares ou estratégias parecidas para seus produtos.
  - *Mapeamento percentual:* Usado por profissionais de marketing de ativos para comparar produtos e visualizar as percepções dos clientes.
- **Análise do canal de distribuição** mede os canais do concorrente e os canais exclusivos (canais em que as distribuições têm direitos exclusivos para vender produtos de uma marca dentro de uma área geográfica definida e vencer/diminuir as regras do fabricante), o custo do canal e benefícios para você, uma classificação das opções e uma avaliação do canal em relação aos seus planos de crescimento. Há estruturas que permitem facilitar essas análises também.
- **Análise da cadeia de suprimento** envolve medir o desempenho de cada estágio da cadeia de suprimento. Comece mapeando a cadeia para conhecer os estágios e ver o que deve ser medido para ter uma boa leitura do desempenho relativo ao resto da cadeia e às cadeias de suprimento do seu concorrente.

Por fim, os KPIs não financeiros escolhidos para usar nos processos de decisão inteligente dependem das imposições do impacto de negócio que você tenta criar. A intenção é assegurar a consideração de todos os fatores atenuantes.

Explorando os dados alterados

Uma boa maneira de identificar rápido quais decisões comerciais provavelmente são necessárias e se os processos de decisão inteligente estão dando conta é monitorar os *dados alterados*, ou seja, dados de certa importância porque sinalizam um tipo de mudança importante. Observar os pontos de dados específicos refletindo uma mudança em relação aos pontos de dados parecidos anteriores é uma boa maneira de detectar um movimento inicial resultante da decisão tomada ou identificar onde uma decisão é necessária. Resumindo, é onde colocamos o pé na estrada, portanto, você saberá se deve pisar no acelerador ou no freio.

Em um mundo que gira em torno de grandes quantidades de dados, identificar um ponto de dados de interesse, ou vários pontos diferentes representando uma mudança sustentada, pode parecer assustador. Por sorte, há maneiras mais fáceis de fazer isso. Por exemplo, a captura de dados alterados (CDC, sigla em inglês) é um conjunto de tecnologias que trabalham juntas para identificar e capturar dados que mudaram no banco de dados. Os dados alterados são disponibilizados para um uso posterior quando necessários.

A CDC tem várias vantagens importantes. Primeiro, enviar apenas os *dados alterados* — dados que pertencem a uma mudança clara nas informações — é mais rápido, barato e eficiente do que mover todos os dados para serem analisados em massa. Isso significa que você pode exibir e analisar os ventos que mudaram nos dados, por assim dizer, em vez de tentar entender todo o furacão de informações no banco de dados.

A CDC também é útil nas arquiteturas orientadas a eventos, ajudando a entregar dados entre os limites dos serviços. Basicamente, isso quer dizer mover qualquer alteração nos dados para onde eles são necessários sem deixar nada, apesar das muitas partes móveis. Não importa como são realmente as arquiteturas orientadas a eventos, elas usam eventos para disparar e se comunicar entre os diferentes serviços. O evento pode ser qualquer coisa, de fato. Um exemplo é uma mudança em um anúncio de imóveis de À Venda para Vendido. Outro exemplo são as respostas RSVP para um convite online para um evento, como concerto de música ou conferência de tecnologia. Seja qual for o caso, o evento é uma mudança identificada nos dados e reagida por meio de uma série de ações em serviços diferentes quando necessários para concluir as reações requeridas e automáticas.

Os dados alterados são úteis para um alerta e um acompanhamento automático para muitas ações, inclusive atualizações em índices de pesquisa, análise, detecções de anomalia, modelos de aprendizado de máquina de produção etc.

Sua tarefa para um projeto de decisão inteligente é desenvolver uma estratégia pela qual possa identificar sobre quais mudanças nos dados você precisa ser alertado, quais mudanças precisa monitorar e quais podem requerer uma resposta automática. Sua estratégia deve permitir observar a mudança ocorrendo em tempo real como resultado de seus esforços ou dar uma dica sobre onde pode precisar adicionar novas decisões ou processos para refinar ou melhorar seu projeto de DI.

Como ilustração, pense em um CFO ou no proprietário de um pequeno negócio que finalmente conseguiu identificar os dados alterados que podem ser os primeiros sinais de sucesso ou fracasso de uma iniciativa, ponteiros para oportunidades novas inesperadas ou consequências não pretendidas que agora surgem pela frente. Um modo de tornar isso possível é identificar os dados alterados nos KPIs que possam ser combinados ou comparados com os dados alterados de outras métricas para revelar uma previsão confiável ou, pelo menos, uma forte indicação do que você pode esperar que aconteça em seguida. Com os dados em mãos, você conseguiria personalizar relatórios, painéis e visualizações para mostrar os dados alterados em novos contextos e ajudar a prever futuras oportunidades e desafios.

Testando a IA

IA é uma tomada de decisão automática; nem mais, nem menos. Você a utiliza para escalar as decisões em velocidades super-humanas, portanto, prefira ter uma certeza extra de que está tomando as decisões certas. Infelizmente, a IA tem uma cara indecifrável. Ninguém tem muita certeza sobre o que ela faz na maioria das vezes.

Sem dúvidas, pessoas estão trabalhando para abrir o cérebro da IA para ler as mentes das máquinas ou soltar suas línguas, mas na maioria dos negócios, nenhuma estratégia é muito útil. Poucos líderes empresariais conseguem ler essas mentes alienígenas ou conhecem o jargão da máquina o suficiente para entender a conversa matemática. Para a maioria de nós, meros mortais, testar os resultados é nossa melhor aposta ao avalizar como a IA está funcionando. Se no final a IA devorar os ovos e mexer com a galinha, saberemos que algo está errado.

Os verdadeiros mestres da IA *realmente* conhecem meios de testar com eficiência o desempenho dela em vários estágios antes e após a produção, mas é complicado também, simplesmente porque a decisão digital, ou seja, a decisão automática, é bem mais complexa e volátil do que a maioria dos processos comerciais, que agora são geralmente automatizados. Como a mudança ocorre mais rápido e em volumes maiores na tomada de decisão automática, e se a TI tem que entrar e lidar com isso, você perde instantaneamente grande parte dos benefícios de usar a IA por causa das interrupções e do tempo perdido. O melhor curso é analisar as decisões antes de implantar para assegurar que a IA esteja tomando as decisões corretas, e então monitorar depois o desempenho da decisão.

Também será inteligente monitorar proativamente as mudanças que orientam as reações na tomada de decisão automática. Para tanto, é preciso capturar os dados sobre a eficiência da decisão usando um sistema de monitoramento da decisão, ou seja, sistemas que documentam automaticamente e verificam resultados, processos e experiências para saber se estão alinhados ou divergem do seu plano. Esses sistemas também estão nas plataformas de gerenciamento da decisão, como Red Hat Decision Manager, FlexRule Decision Automation Platform e SAS Real-Time Decision Manager. Compare esses resultados com KPIs correlacionados, regulações e políticas nos contextos comerciais dentro dos quais as decisões de IA são tomadas e julgadas.

Você deve observar algumas questões de suma importância nos processos de teste da IA. Primeiro, o resultado medido costuma não ser a saída IA, mas o impacto de negócio a partir da ação automática tomada na saída. Você também precisa comparar isso com os KPIs correspondentes, políticas e regulações para ter contexto, como mencionado antes.

Também deve medir em relação a outras decisões automáticas e resultado final a partir dessas decisões combinadas em série ou paralelamente. Lembre-se de que o contexto e o impacto de negócio são tudo. Junto, isso é conhecido como dados de resultado da decisão. A conclusão aqui é a de que você precisa avaliar mais do que a saída analítica da IA apenas. Resumindo, prove o pudim, pois a prova que você precisa está no pudim pronto.

Veja outros itens para sua checklist: seja cuidadoso ao atualizar os KPIs, as regulações e as políticas que afetam as decisões automáticas. Escorregue em um e verá um monte de problemas, variando desde multas a sanções judiciais, metas não alcançadas e esforço perdido. Você sabe, é a sujeira no padrão comercial que todos tentam evitar. E não, não é possível culpar a IA. A lei diz que a falha é do operador, que, nesse caso, é o tomador de decisão nos sentidos técnico e comercial.

Enquanto avanço na lista de problemas para ficar atento, lembre-se de que a IA envelhece como o ser humano, só que muito mais rápido. Você precisa monitorar os modelos de IA para capturar a decadência e o caos antes de causar estragos em seus sistemas automatizados ou em qualquer aplicação que compartilhe o modelo.

Use uma boa plataforma ModelOps para gerenciar os modelos de IA. Tenha cuidado para não confundir ModelOps e MLOps, porque não são a mesma coisa. *ModelOps* gerencia os modelos de IA e ML e ajuda a manter seus armazenamentos de recursos ML novos e em boa forma. *MLOps* é o que as pessoas de TI usam para fazer a transição (implantar) dos algoritmos ML (modelos ML) para os sistemas de produção. Resumindo, ModelOps costuma fazer parte do MLOps, mas nem sempre. Verifique se realmente sabe com o que está trabalhando e o que ainda pode requerer algum monitoramento ou ajuste extra.

Uma última observação: você também pode precisar assegurar que a IA organize a IA, pois inúmeras organizações hoje têm muitas partes com IA, projetos e programas piloto internos. Isso precisa ser reunido e gerenciado para que não entre em conflito. Você também pode precisar ver se os modelos podem ser compartilhados; a última coisa que deseja é perder tempo reinventando a roda à custa de um tempo considerável sempre que tem um novo projeto.

LEMBRE-SE

Lá se foram os dias em que a IA/ML era estritamente experimental. Seu negócio precisa tratar isso como ativos e aproveitá-los de acordo.

Decidindo quando Pesar a Decisão e o Impacto

Aconteceu algo engraçado enquanto você estava ocupado medindo as várias partes móveis em seu processo de decisão inteligente: a decisão que direciona o projeto inteiro acabou sendo uma delatora. Tudo bem, não é divertido, mas, mesmo assim, é algo que às vezes acontece. Os processos, as ferramentas e as métricas escolhidas para executar sua decisão deram uma prova definitiva de que a decisão não era viável ou seu impacto era indesejado.

Em geral, mas nem sempre, isso acontece devido a uma mudança nas metas comerciais, na política, na vontade ou uma mudança no ambiente comercial causada pela chegada de novos desafios ou oportunidades econômicas, ou do mercado, isto é, algo além do seu controle aconteceu, requerendo reconsiderar o que você está fazendo em um projeto de decisão inteligente em particular.

Mais uma vez, costuma ser assim, mas por vezes as coisas saem errado porque a própria decisão inicial era errada, inadequada, mal informada ou cheia de riscos. Isso pode ocorrer apesar do devido cuidado no começo em avaliar o valor da decisão por meio de aconselhamento e determinações da decisão, como avaliação de risco e cálculos do valor esperado (VE).

Se essa for sua situação, pare e reavalie o valor da decisão e de seu impacto de negócio correspondente. Se a reavaliação achar que a decisão ainda é sólida, sua percepção das coisas deve estar errada devido à deriva dos dados em algum lugar no processo da decisão inteligente. Em outras palavras, em algum lugar, você introduziu sem querer dados ou uma consideração fora da tarefa, distorcendo seus insights da meta ou que eram novos demais para despertar uma ideia melhor.

Se a reavaliação achar a decisão falha ou indesejável, risque-a e escolha outra. Quanto antes você descobrir e mudar o curso, melhor. Isso é uma ocorrência relativamente rara, mas, quando acontecer, agradeça por tê-la descoberto no início. Não é uma falha encontrar maneiras de se adaptar à mudança de circunstâncias.

4 Propondo uma Nova Diretiva

NESTA PARTE...

Reconheça que a disrupção é soltar a criatividade.

Veja que a disrupção é a intenção.

Saiba que a disrupção começa com uma intenção.

Aceite que a decisão inteligente é a intenção em ação.

NESTE CAPÍTULO

» Descobrindo quando repetir os sucessos e quando romper com eles

» Transformando decisões em ideias

» Superando a eficiência com uma solução de problemas criativa

Capítulo **13**

O Papel da DI na Economia das Ideias

Por causa da magnitude das disrupções atuais e previstas, variando desde disruptores do setor a pandemia e mudanças climáticas, as empresas precisarão desenvolver novas ideias e tomar decisões mais rápido e a partir de uma base de fatos mais ampla do que antes.

A decisão inteligente está ganhando terreno rápido como um meio de superar a falta de visão dos métodos tradicionais de análise de dados ao prever, evitar e resolver problemas que surgem de qualquer tipo de disrupção.

Note que a digitalização de várias organizações se mostrou crítica para a sobrevivência durante a pandemia de COVID-19, para a humanidade e as empresas. Nos países com altas taxas de digitalização, novos modelos comerciais foram lançados e escalados de modos mais fáceis e bem-sucedidos. Exemplos incluem telemedicina, banco móvel, apps de mercado e delivery de comida.

Mas até nos países onde a maioria das organizações estava em grande parte ou totalmente digitalizada, a produção e o fornecimento ainda travaram para muitos produtos críticos. Os conceitos comerciais anteriores, como produção JIT (também conhecida como *produção enxuta*) e modelos da cadeia de suprimentos (por exemplo, o modelo de fluxo contínuo), destruíram por completo a capacidade de funcionamento das empresas afetadas.

LEMBRE-SE

Não houve uma escassez de papel higiênico no início da pandemia. Produtores, por sua dedicação às eficiências da produção, não conseguiram se adaptar rápido mudando a produção do papel higiênico comercial para as versões do consumidor. Nem as cadeias de suprimento conseguiram ser redirecionadas para entregar papel higiênico aos pontos de venda do cliente, pois os varejistas, como os mercados, estavam presos no modelo de cadeia de suprimentos de fluxo contínuo ou outro modelo igualmente rígido. Embora os consumidores percebessem a falta de papel higiênico, os armazéns estavam lotados de paletes não entregues das versões comerciais do item.

Essa história se repetiu com muitos itens essenciais ao consumidor, como desinfetante para as mãos, soluções de limpeza de superfície e lenços de limpeza. Em quase todo caso, os itens necessários existiam, mas em uma forma que não podia ser realocada facilmente para o uso do consumidor nem enviada para os centros de distribuição varejista.

Pela primeira vez em muito tempo, a eficiência trabalhou contra as empresas em relação à sobrevivência e ao lucro. A lição aqui é que uma maior eficiência pode não ser o melhor impacto buscado afinal, ou, pelo menos, não em todas as condições.

A decisão inteligente, por considerar uma difusão maior dos fatos e das considerações, pode ter um papel fundamental ao encontrar estratégias alternativas e ideias para as metas comerciais aceitas anteriormente. Mas cabe ao estrategista e/ou à equipe DI evitar a armadilha de definir a ação desejada ou o impacto como algo que deu certo nos períodos pré-pandemia e pode não funcionar bem na era pós-pandemia.

LEMBRE-SE

Escolha seus impactos de negócios desejados com cuidado e os reveja com frequência. As condições e as circunstâncias mudam, os dados mudam, e os modelos de decisão e IA se desviam de acordo.

Transformando Decisões em Ideias

Nos negócios, as decisões costumam ser tomadas usando-se data science, em geral, na forma de decisões hipotéticas. Por exemplo, o software pode ser programado para tomar uma decisão como esta: se a pontuação de crédito de um candidato a empréstimo está na faixa X-Z, aprove o empréstimo. Esse tipo de decisão escala bem porque produz resultados consistentes sempre, não importa quantas decisões sejam tomadas.

Mas essas decisões são basicamente votos de aprovação ou não, ou seja, não são exatamente visionárias. Não são ideias. São escolhas entre opções.

Na decisão inteligente, você busca meios de capitalizar novas ideias tanto quanto aproveita a automação para manter nos trilhos as decisões mais rotineiras. Faça questão de verificar rotineiramente os lugares em seus processos comerciais onde possa incutir novas ideias e uma solução de problemas criativa. Então, use a decisão inteligente para descobrir quais etapas realizar para que as novas ideias deem frutos.

Repetindo os sucessos anteriores

A intenção de escalar a tomada de decisão é repetir rápido um modelo que mostrou sucesso anteriormente. A repetição contínua pela automação assegura um sucesso sem erros e combinado.

Mas às vezes os sucessos anteriores se tornam irrelevantes. Por exemplo, em algum ponto os fabricantes de carruagem tiveram que reconhecer que o mercado estava acabando e não podia ser salvo. Se os fabricantes conseguiram mudar com sucesso para a produção de um produto diferente, isso dependeu da rapidez com a qual eles reconheceram a situação e decidiram mudar seu modelo comercial.

É assim hoje: nenhum sucesso anterior pode ser repetido indefinidamente.

Para muitas funções comerciais, automatizar ou usar a IA para decisões estabelecidas e rotineiras em grande escala é adequado e prático. Mas mesmo essas decisões podem se beneficiar de uma atualização ou uma reformulação de tempos em tempos.

Por um lado, os dados não são estáticos; eles mudam com o tempo, portanto, os modelos usados para automatizar as decisões dependem da mudança dos dados também (o termo técnico é *deriva do modelo*). A IA e a automação não são coisas que você pode definir e esquecer. Na verdade, o problema da deriva do modelo apenas é tão comum, que uma nova disciplina para gerenciá-lo, chamada ModelOps, está se consolidando rapidamente.

LEMBRE-SE

Além de manter relevante e atual a decisão automatizada, mesmo as tarefas mais comuns podem e devem ser repensadas para tornar o negócio mais competitivo e menos suscetível aos disruptores.

DICA

Considere usar a decisão inteligente para ajudá-lo a avaliar o valor de negócio atual e futuro nos processos comerciais existentes e na decisão automatizada. Assim como a IA e os modelos de decisão têm um ciclo de vida, os processos e as opções que esses modelos abordam também têm. A decisão inteligente pode mostrar a insensatez ao buscar "o negócio como sempre".

A NOVA DIRETIVA

O mundo dos negócios foi condicionado a esperar disrupção e se adaptar ou morrer. Essa lição ocorreu recentemente na forma de disruptores do setor, como Uber e Lyft na indústria de táxis; classificados e Google Ads para o setor de mídia; e Netflix e Hulu para o setor de televisão a cabo. A economia das ideias chegou com força, e a disrupção foi o nome do jogo.

Os que as empresas *não* esperavam foi o início de um disruptor global muito maior e poderoso: a pandemia de COVID-19, em 2020. Todos os aspectos de cada economia, negócio, governo e setor sofreram um golpe direto e em massa.

Embora avisos de uma possível pandemia tenham sido dados por vários anos, poucas organizações consideraram a possibilidade em seus modelos comerciais, planos ou estratégias, o que dirá qualquer previsão criada por analytics preditivo ou não. O resultado foi uma corrida global pela sobrevivência econômica por parte de muitas empresas e a rápida adoção de tecnologias e novos modelos para tornar possível a sobrevivência.

Apesar de a pandemia e o processo de recuperação subsequentes coexistirem no momento da escrita deste livro, cada um consumindo atenção e recursos em graus variados dos países, agora existe uma grande razão para repensar os limites estreitos das análises comerciais do mundo e nossa definição de dados comerciais.

Nenhuma prática comercial tradicional em uso de dados e analytics deu espaço para uma disrupção em massa. A única salvação é que essa pandemia possivelmente não será permanente, pelo menos não na escala da disrupção vista em seu pico. Contudo, disrupções mais permanentes já surgem no horizonte; disrupções monstruosas, como pandemias ainda mais mortais e prolongadas e o perigo crescente da mudança climática, que impacta negativamente grandes faixas do nosso planeta. Muitos efeitos da mudança climática causarão alterações permanentes nos mercados e em áreas geográficas, como a inundação previsível e permanente de muitas cidades costeiras do mundo.

Resumindo, a disrupção ainda é o nome do jogo, mas agora as apostas são muito mais altas. Os negócios que se adaptaram e sobreviveram até então precisarão voltar sua atenção para tomar decisões que garantirão sua sobrevivência e prosperidade na esteira de várias ondas de disruptores grandes e pequenos, feitos pelo homem e naturais.

A nova diretiva é lucrar por meio de resiliência. Essa diretiva sobreporá, de hoje em diante, toda decisão tomada nas empresas inteligentes.

Na decisão inteligente, ao estruturar o impacto de negócio que você deseja conseguir, considere e planeje uma agilidade e uma resiliência extras. Você pode fazer isso incluindo cenários em seu processo de tomada de decisão ou desenvolvendo um plano de contingência alternativo antecipando o surgimento inevitável de bifurcações em seu caminho devido a tais fatores e incluindo meios de mudar imediatamente sua decisão de acordo.

Prevendo novos sucessos

Muitas vezes, a análise preditiva tem um grande papel na decisão inteligente, porque as decisões comerciais não estão limitadas à análise dos dados históricos ou às capturas do desempenho em certo intervalo de tempo. Pensar no futuro é o que mantém uma empresa à frente dos disruptores e também sua vantagem nos ambientes competitivos aquecidos. Pensar no futuro, ou seja, *análise preditiva*, é como as empresas entendem o que provavelmente está à frente para que possam tomar decisões informadas e fazer planos.

DICA

A análise preditiva não requer necessariamente o uso de analytics preditivos, mas na maioria dos casos, é exatamente o que será preciso e como deve ser usada. A análise preditiva e a IA podem classificar padrões nos dados que ajudam a definir um futuro bem antes de o ser humano notar os sinais. Mas lembre-se de que essas previsões fazem certas suposições, por exemplo, a de que as condições atuais continuarão inalteradas. Em outras palavras, as previsões se baseiam em padrões nos dados históricos. Quando o ser humano faz a análise, as previsões são baseadas, pelo menos em parte, na experiência que também envolve fazer suposições. Portanto, é bom verificar periodicamente essas suposições para assegurar se continuam verdadeiras.

Por exemplo, o analytics preditivo pode indicar quando a climatização (HVAC) automotiva e comercial ou uma peça de avião atingirá o fim de sua vida útil e especificar uma data de substituição antes de sua expiração prevista. Mas se a peça for usada com mais frequência que o esperado no mês seguinte ou mais, ela poderá precisar ser substituída antes.

O mesmo pode ser dito de quase toda decisão comercial. Na decisão inteligente, você verifica as suposições em qualquer análise preditiva usada no processo, do mesmo modo como precisará verificar a integridade (deriva) em seus modelos de IA e de decisão.

Pesando o valor de repetidos sucessos *versus* criar novos

A decisão inteligente visa assegurar que você perceba um impacto de negócio positivo em toda decisão tomada em qualquer nível do negócio. As decisões atuais em seu negócio que fornecem impactos de negócios positivos, inclusive uma decisão digital automatizada, podem precisar ser revistas quando você muda as decisões em outro lugar. Mas se essas decisões continuarem atuando bem no momento, então provavelmente será um melhor uso de seu tempo e de seus recursos primeiro voltar sua atenção para os resultados da decisão digital que não estão bem ou para os problemas comerciais que não foram resolvidos ainda.

Resumindo, a decisão inteligente é repensar como o negócio é feito em sua organização. Não requer necessariamente uma substituição integral, reconstruções ou cargas pesadas ao fazer mudanças em seus processos de decisão. O importante é começar. Escolha primeiro uma decisão mais simples para ter uma experiência rápida prática em como o processo de DI funciona.

DICA

Avalie quais decisões têm bons resultados e mantenha as que existem agora. Lembre-se de revê-las periodicamente para assegurar quais suposições e ações resultantes ainda criam valor de negócio. Foque suas iniciativas de decisão inteligente nas decisões atuais na empresa que não levam ao valor de negócio ou não são mais relevantes diante das mudanças no setor ou no mercado. O objetivo final é converter todas as decisões comerciais no processo de decisão inteligente para assegurar que cada aspecto do negócio apresente valor com consistência.

Utilizando a IA para encontrar mais padrões de ideias

A IA é melhor quando todos os dados são digitalizados e identificados devidamente. Os modelos são muitos, assim como os algoritmos, e muitos são reutilizáveis, tornando o uso da IA um pouco mais fácil e menos complexo. Em geral, treinar a IA não é mais um problema, mas o novo treinamento sim. A frequência dos desvios de dados a partir do conjunto de dados de treinamento original está aumentando a necessidade de novo treinamento.

O novo treinamento do modelo da IA envolve executar o processo de novo em novos dados (com dados diferentes ou atualizados a partir do conjunto de dados de treinamento originais). Tudo mais sobre o modelo permanece inalterado. Por vezes, o novo treinamento deve ocorrer diariamente, porque os dados mudam com frequência. Outras, o novo treinamento pode ser agendado para ser mensal, trimestral ou mesmo anual, dependendo da frequência com que os dados mudam de modo significativo.

Se você decide mudar os recursos da IA, o algoritmo do modelo e/ou os parâmetros, precisa reconstruir e testar um modelo inteiramente novo antes de colocá-lo em produção.

Mudando de assunto, usar a IA no analytics preditivo pode ser bem útil ao elucidar padrões adicionais nos dados que podem ficar lá invisíveis. Por sua vez, essa nova informação pode despertar novas ideias comerciais e inovação. Utilize essa capacidade da IA para testar a validade dos impactos de negócios buscados na decisão inteligente quando aplicável. Também é possível usar um analytics preditivo acionado por IA para liberar novos padrões dos quais você pode precisar no processo de decisão inteligente.

A Disrupção É o Objetivo

Não faz muito tempo, a disrupção era vista como uma ameaça para os negócios estabelecidos e para as indústrias. Ficou claro que os *disruptores nativos da nuvem*, as empresas que exploravam as vantagens das aplicações predefinidas no modelo de entrega de nuvem para estar sempre disponível e quase infinitamente escalável a serviço de milhões de clientes em todo lugar, não eram uma moda passageira, mas sim uma tendência sustentável e crescente. Esse novo fenômeno do mercado gerou a *economia das ideias*, na qual o sucesso é definido como a capacidade de transformar ideias em valor antes da concorrência. A disrupção era o objetivo, mesmo que você se tornasse um disruptor apenas em sua própria organização. A mudança acelerou como o novo batimento cardíaco do capitalismo.

Em outras palavras, a disrupção evoluiu de uma ameaça comercial para uma meta comercial. Mas, novamente, o sucesso é medido em termos de valor de negócio. É justo dizer que a disrupção é o objetivo precisamente porque impede que empresas e setores fiquem estagnados até que pouco ou nenhum outro valor possa ser percebido.

Essa iniciativa de criar continuamente um valor crescente na empresa explica por que o modelo orientado a dados tradicional não responde às expectativas. Só porque uma decisão comercial é informada, não significa que ela traz valor.

Por outro lado, determinar o impacto de negócio desejado antes informa o processo de decisão para que cada etapa esteja no devido contexto e estruturada para atender às expectativas. Por isso a decisão inteligente está pronta para superar as abordagens orientadas a dados. Simplesmente há menos desperdício e maior custo/benefício.

LEMBRE-SE

Em geral, seguir o processo de decisão inteligente leva à disrupção de outros processos comerciais e modelos. É como deve ser, porque, sim, a disrupção ainda é o objetivo na economia das ideias, em que a mudança é uma necessidade e há certo grau de incerteza.

Uma solução de problemas criativa é a nova vantagem competitiva

A eficiência é muitas vezes superada pela solução de problemas criativa nas empresas modernas. Um exemplo bem extremo, mas atual, do motivo para essa distinção ser importante é a recente pandemia e seu efeito nos setores bancário e de empréstimo. Na época da escrita deste livro, falta de moradia, taxas de juros historicamente baixas e taxas de poupança extraordinariamente altas (poupança acumulada durante os lockdowns da pandemia) conduziam a demanda, gerando uma oportunidade inesperada, mas bem-vinda, para os credores de hipoteca nos Estados Unidos.

Mas um processamento de empréstimo automatizado logo se tornou um obstáculo. Os bancos tradicionais dependem dos registros da Receita Federal para verificar a renda dos candidatos a empréstimo, mas como as datas do imposto de renda de 2020 foram estendidas de 15 de abril para 17 de maio de 2021 pelo governo, em resposta à pandemia, os credores tradicionais não puderam acessar os registros do IR de 2020 na maior parte da primeira metade de 2021. E mais, a Receita Federal teve outros atrasos de processamento conforme trabalhava para processar e distribuir pagamentos de incentivo durante o mesmo período. Isso criou um risco maior, pois os rendimentos comprovados, mas pré-pandemia, são irrelevantes em muitos casos para os atuais ganhos e o processo de pedido de empréstimo.

Os credores tradicionais ficaram em desvantagem. O modelo de aprovação de empréstimo do qual eles dependeram por anos agora falhava. Entretanto, outros credores, muitos nativos da nuvem e armados com táticas inovadoras de decisão de empréstimo, reconfiguraram seus modelos de risco para gerar uma visão atual do risco de pedido de empréstimo sem atrasar sua própria capacidade de capturar as poupanças represadas agora sendo gastas em casas.

Os credores que propuseram novas ideias sobre como gerenciar o risco e ainda capturam rapidamente uma fatia significativa da compra de imóveis prosperaram muito. Os bancos tradicionais que mantiveram seus modelos de empréstimo anteriores por muito tempo perderam. É um ótimo exemplo de como usar uma ideia adequada às circunstâncias para modelar sua decisão (impacto de negócio desejado) muda tudo sobre como e quanto negócio você consegue fazer.

Os bancos tradicionais podem continuar focando o acréscimo de eficiências e a melhoria dos lucros progressivamente baseados em dados apenas ou podem focar permanecer relevantes e competitivos em um mercado que agora ferve com disruptores usando a decisão inteligente.

A única vantagem competitiva restante que os bancos tradicionais detêm em relação à nuvem nativa e a seus correspondentes não tradicionais é o pagamento em dinheiro, ou seja, a simples capacidade de entregar dinheiro ao consumidor no local por meio de caixa eletrônico ou caixa, facilitando um saque imediato e em pessoa. Mas é questionável quanto tempo essa vantagem durará, visto que a pandemia acelerou o movimento para uma sociedade sem dinheiro e novos sistemas de pagamento em dinheiro, e inclusive já estão surgindo no horizonte esquemas de caixa eletrônico compartilhado sem custo para sacar de qualquer app bancário participante ou empresa e a futura possibilidade de dinheiro impresso em 3D.

Esses cenários bancários e de empréstimo são exemplos de por que buscar um caminho orientado a dados no negócio acabará fracassando. Primeiro, você está avançando em grande parte olhando para trás. Segundo, ao olhar para a frente (analytics preditivo), você ainda pressupõe que os antigos padrões continuarão a ser relevantes no futuro. Terceiro, em grande parte, você tenta melhorar os padrões comerciais existentes e os processos, em vez de tentar romper com eles para que o valor de negócio continue a aumentar.

Dobrando a cultura da empresa

Leva muito tempo para fazer a equipe e os parceiros aceitarem e adotarem o mantra da orientação a dados. Muitos estavam preocupados com o fato de perderem seu trabalho ou status sênior, ou mesmo a autoridade geral e o respeito, caso fossem relegados a executar apenas as ações que os dados e a IA ditassem que deveriam ser feitos. Mudar a cultura da empresa para, agora, aceitar a decisão inteligente como uma orientação para como o trabalho é feito pode também ser um desafio, sobretudo quando suspeitas de ameaça das máquinas ainda perduram.

Algumas pessoas adotarão rápido a decisão inteligente conforme reconhecerem que é um tipo de rebaixamento dos dados e uma promoção do talento humano. Os membros das altas funções corporativas (C-suite) em particular provavelmente sentirão um grande alívio por saberem que estão empoderados oficialmente de novo e agora os dados são seus assistentes, não seu senhor.

Outros, como cientistas de dados e analistas de business intelligence, podem se sentir ameaçados conforme percebem sua importância indo do primeiro plano para o segundo. Existem também as pessoas em uma organização que gostarão de ter sua expertise solicitada na mesa de tomada de decisão ou desfrutarão das máquinas servindo como assistentes no trabalho, apresentando pontos valiosos para considerar e, como consequência, uma cobertura política para qualquer decisão controversa tomada.

Resumindo, pessoas diferentes em uma organização reagirão de modos diferentes à mudança. Isso produzirá ondas na cultura da empresa, fazendo com que ela também evolua. Então é prudente implementar uma gestão de mudança desde o início. Esse processo estruturado, com suas etapas e ferramentas específicas, é usado para preparar e apoiar funcionários e executivos ao aceitarem e se adaptarem à mudança organizacional. Uma iniciativa de gestão de mudança bem planejada e implementada com consistência facilitará a adoção da decisão inteligente no geral e se resguardará da resistência com as ações tomadas em qualquer exercício de DI.

Competindo no Momento

Se não quiser sucumbir ao desespero, avalie o impacto de longo prazo das decisões de curto prazo. Mas é igualmente essencial focar a tomada de decisões no momento quando o ritmo da mudança nos negócios e as condições do mercado agora estão em um nível recorde e parecem continuar nessa trajetória.

Claro, isso levanta a questão de quanto tempo leva para concluir o processo de decisão inteligente. A resposta rápida: o tempo necessário. Uma resposta mais definitiva: depende.

Alguns cálculos, por exemplo, aqueles cujos fatos estão prontamente acessíveis, para os quais a confirmação dos dados não é requerida, a heurística adequada é usada e o usuário tem a inteligência necessária, podem ser feitos em um guardanapo ou em uma planilha simples em questão de minutos ou horas.

As mesmas planilhas, ou mais rápidas, podem ser obtidas em algumas aplicações orientadas à IA, como mapeamento GPS e assistentes digitais em computadores, em que o usuário pode adicionar informações para extrair a análise de dados para criar o impacto desejado. No caso do roteamento por GPS, isso pode ser personalizar a viagem e priorizar rodovias para tempos de viagem menores ou rotas panorâmicas com várias paradas para uma experiência mais refinada.

Do mesmo modo, assim que os processos da decisão comercial e as regras são estabelecidos, isto é, o processo de DI é concluído e a gestão de decisão subsequente está pronta para assegurar que o impacto de negócio requerido resulte da tomada de decisão IA, a automação escala e acelera as decisões afetadas posteriormente. Muitas levarão apenas minutos, mesmo em escalas extremas.

Porém, o tempo que leva do início até implantar uma decisão de DI totalmente desenvolvida em seu verdadeiro sentido depende de muitas variáveis. No caso de uma decisão mais complicada, o tempo necessário está diretamente relacionado com o nível de complexidade do processo e as habilidades correspondentes na equipe DI ou à pessoa que realiza o esforço.

Avaliar se as decisões digitais atuais agora apresentam um valor de negócio deve ser uma questão simples. Desafiar as suposições comerciais nessas decisões pode ser menos, porque requer, no mínimo, um elevado grau de inteligência intuitiva e, na melhor das hipóteses, um comando das ciências da decisão para discernir quais suposições serão mantidas em certo período.

Tomar decisões com impactos pronunciados ou significativos deve levar mais tempo, porque um cuidado extra deve ser tomado para assegurar que nenhuma parcialidade ou erro entre em qualquer fenda do processo. Embora essa precaução possa levar mais tempo, também tende a ter retornos maiores, porque busca criar novo valor onde o valor anterior está estagnado ou desmorona.

Em qualquer caso, aproveite o momento enquanto elabora os processos de decisão para evitar deslizes, heurística mal aplicada, suposições falsas ou desatualizadas, e métricas e recursos mal combinados, ou seja, se você trabalha como chefe da decisão, foque em refinar a receita, não em reinventar as ferramentas ou tomar atalhos suspeitos que podem sair pela culatra.

Desenvolver a receita da decisão, preparar, cozinhar e servir com perfeição leva o tempo necessário. Mas no mundo real, leva o tempo que você tem. Por exemplo, você tem menos tempo para fazer isso funcionar se uma pandemia ameaça a sobrevivência de seu negócio e mais tempo se busca novas ideias para usar como disruptores lucrativos.

Você pode ficar perturbado com a ideia de que a DI não tem um intervalo de tempo definido para criar valor. A experiência ensinou à TI e à liderança da empresa que os projetos podem se estender para sempre antes que um produto útil seja lançado. Se isso acontece com a DI, o impacto de negócio foi mal estruturado e o esforço é realmente sem propósito.

Quando o impacto de negócio é devidamente estruturado, ou seja, no contexto total, incluindo o componente tempo, o processo se desdobra sob esses limites. Contanto que o escopo ou os parâmetros não mudem, o processo deve permanecer no curso e no caminho. Quanto demora tem importância apenas para o componente tempo ao qual ele está vinculado. Enfim, atingir o impacto de negócio determinado é tudo que importa.

Mudando os Ventos e os Modelos Comerciais

O analytics preditivo é tão bom quanto os dados analisados. Os dados são sempre históricos, mesmo que sejam transmitidos em tempo real, porque algum tempo, não importa se minúsculo, transcorreu desde o momento em que os dados foram coletados até quando foram compilados no analytics e uma saída foi gerada. É claro que ainda são previsões muito úteis, mas são previsões baseadas em dados histórias, mesmo que um pouco.

Não é uma crítica irreal do tempo de expiração dos dados nem uma preocupação com a natureza do tempo. É simplesmente um reconhecimento de que até o analytics preditivo baseia as previsões no que aconteceu no passado, não no que acontece agora.

Isso significa que os eventos atuais podem ocorrer mesmo que as melhores decisões de negócios saiam dos trilhos. Isso pode ser esperado porque a mudança é a única constante neste mundo, deixando todo juízo de valor vulnerável à incerteza.

LEMBRE-SE

A análise preditiva e qualquer tipo de analytics preditivo não são verdadeiras previsões do futuro. Esses analytics e esses processos de decisão não são bolas de cristal. Ninguém sabe ao certo o que mudará em qualquer aspecto da vida. Não pense que a decisão inteligente removerá por completo a incerteza. Certamente não o fará.

Qualquer decisão comercial é baseada em probabilidades. Na decisão inteligente, você mira um alvo definido (impacto de negócio) usando um processo multidisciplinar para aperfeiçoar o alvo. É provável que acerte o alvo se fez tudo certo, mas mesmo que tenha feito tudo certo, ainda pode errar, porque algo aqui e agora mudou a probabilidade de seu sucesso.

Um grande exemplo muito claro é a pandemia, que foi eficiente ao acabar com as decisões comerciais, planos e modelos de todos. Todo esse trabalho simplesmente desapareceu, puf!, e sumiu no minuto em que os poderes instituídos terminaram de ler a ordem de lockdown em um comunicado público. Outros exemplos com impacto pesado, mas não facilmente reconhecidos no início, são a escassez de mão de obra nos EUA, apesar do alto desemprego nos primeiros dias da recuperação, assim como o forte aumento na procura por moradia, apesar da ameaça contínua de despejos em massa.

O importante nessa discussão é que a decisão inteligente sempre será um esforço contínuo porque seu negócio sempre estará operando com mudanças e porque seu modelo comercial sempre estará sujeito às ameaças que provavelmente você não verá se aproximando. Porém, se seu foco permanece no impacto de negócio para cada decisão comercial, você poderá responder de modos oportunos e eficientes. Tomar boas decisões comerciais sempre foi o ponto crítico de um negócio bem-sucedido. Melhorar nisso é um bom presságio para o futuro de sua organização, não importam os obstáculos à frente.

Contando Vitórias em Termos de Impactos

A decisão inteligente é sobre ficar focado ao criar um impacto de valor para o negócio. Por definição, esses impactos têm valor, e este pode ser medido. Isso significa que vencer ou perder, acertar ou errar é rapidamente discernível.

Ao contar as vitórias comerciais pelos impactos das decisões, em vez de mais marcadores nebulosos, o foco permanece no lucro em curto e longo prazos. De forma contraditória, talvez essa ênfase no lucro não signifique que não há espaço nem lugar para as habilidades sociais. A verdade é que, como essas habilidades não podem ser automatizadas, elas devem ser utilizadas diretamente da fonte: pessoas talentosas. Essas habilidades devem ser adicionadas ao processo de decisão para que possam ajudar a refinar e produzir o impacto de negócio desejado.

As habilidades referidas como *sociais* são inúmeras e incluem características como inteligência intuitiva, integradores humanos (conectando intuitivamente ideias e fatos aparentemente não conectados), solução de problemas criativa, pensamento crítico, avaliações com nuances, reconhecimento de objeto (por que sim, IA, isso *é* a imagem de um gato!), inteligência emocional, gestão das relações humanas, entre outros.

Historicamente, as habilidades sociais têm sido dispensadas, desvalorizadas e até desprezadas. É um erro comercial sério. Mas é um erro que dificulta para alguns reconhecer de imediato as consequências.

LEMBRE-SE

A decisão inteligente estrutura um impacto desejado no contexto. Isso significa que considerações como potencial de reação pública ou do cliente (relações humanas), integração de disciplinas e ideias (integradores humanos), prevenção das consequências não pretendidas (pensamento crítico), heurística refinada com elegância (avaliações com nuance), disrupção por design (inteligência intuitiva, criatividade) e novas abordagens para questões comerciais antigas e novas (solução de problemas criativa) são habilidades sociais necessárias ao estabelecer o contexto.

Em vez de entrar em uma jornada interminável tentando atribuir valores às contribuições humanas e da máquina no processo de decisão inteligente, basta medir as vitórias em termos de valor do impacto de negócio sozinho. Isso mantém os processos no curso e as tensões baixas, porque o valor (percebido ou real) não é atribuído aos componentes individuais (humano ou máquina).

NESTE CAPÍTULO

» **Usando análises hipotéticas para tomar decisões**

» **Reconhecendo que a orientação a dados significa seguir em frente olhando pelo retrovisor**

» **Aprendendo que decisão inteligente é olhar para o futuro**

» **Utilizando a convergência do setor**

» **Aproveitando a disrupção contínua**

Capítulo **14**

Como a Decisão Inteligente Muda Setores e Mercados

A decisão inteligente pode levar a mudanças em mercados, setores e sociedades. Não é que o método de tomada de decisão em si seja uma força devastadora nem uma conspiração em curso ou um esforço de todo o setor empurrando o futuro em certa direção usando táticas de DI. Pelo contrário, é mais provável que uma mudança chegue aos mercados e aos setores após organizações suficientes buscarem com sucesso impactos intencionais que, juntos, criam uma onda de mudanças que varre todos nós. O efeito se compara ao das tendências comerciais que cruzam o limiar de uma prática sustentada e aceita ao longo do tempo. Não é bem um objetivo ou um esforço do setor, mas parte de sua evolução.

Agora, sempre que a decisão de uma entidade reverbera em um mercado ou um setor, isso se chama disruptor se cria uma disrupção da norma via inovação. As pessoas que são criativas, pensadores críticos e habilidosas na decisão inteligente podem se posicionar de propósito como um disruptor ou combater um. Ou podem apenas focar a melhoria de suas próprias empresas e, depois, encontrar seu papel ao mudar o setor com grande surpresa.

De qualquer modo, aproveitar o poder das boas decisões tem consequências. Mas lembre-se de que não tomar uma decisão é uma decisão com consequências. É melhor visar as consequências que entram em seu caminho do que se sujeitar a elas. A decisão inteligente, por causa de seu foco em criar um impacto de negócio desejado, pode ajudar a antecipar os resultados, ou seja, as consequências. No mundo dos negócios, "antecipar as consequências" é mais conhecido como *previsão*, e pode pertencer às decisões internas ou ser aplicadas ao concorrente, ao mercado ou aos movimentos do setor.

Enfrentando o Desafio da Hipótese

A decisão inteligente é uma disciplina que visa tomar boas decisões comerciais usando dados. A decisão é a estrela do show, e os dados são os coadjuvantes, que é o contrário dos modelos anteriores orientados a dados e à mineração de dados. Em geral, a decisão inteligente é usada para tornar a IA mais produtiva do ponto de vista de organização. (A IA é basicamente decisões automatizadas em grandes escalas, portanto, acertar os processos é absolutamente essencial. Imagine fazer uma confusão, então observar isso se espalhando rápido ao infinito ou a base inteira de clientes sendo igualmente ruim.) Mas a decisão inteligente pode ser usada, e é, para tomar decisões sem a IA e sem os grandes conjuntos de dados e analytics. É uma metodologia versátil.

Sua missão, caso decida aceitá-la, é descobrir o melhor impacto de negócio a buscar, e então escolher a decisão que entregará esse exato impacto. Sim, muitas vezes é difícil, mas possivelmente é para isso que te pagam muito (deixarei para outro dia a discussão sobre o que constitui a parte "muito" do pagamento nos dados).

A boa notícia é que você não precisa ver em uma bola de cristal ou, como no meme do Facebook, "fazer alguma coisa" e descobrir. É possível escolher a partir de modos mais científicos de seguir com o processo e até escolher algumas ferramentas disponíveis para ajudá-lo nos cálculos. Por exemplo, você pode prever os resultados para inúmeros cenários hipotéticos para ajudar a escolher uma decisão sobre a qual construir um processo de decisão inteligente mais complicado ou complexo. Ou pode simplesmente ficar com a decisão escolhida a partir de sua análise hipotética e chamá-la de projeto de decisão inteligente bem feito! Você está no comando. Você é quem manda.

LEMBRE-SE

Representar vários cenários possíveis é um método bem estabelecido na tomada de decisão. O importante é pesar as opções com base em custos, riscos, benefícios em potencial e na disponibilidade de recursos. Para alguns cenários hipotéticos, usar tabelas comparativas ou SWOT (FOFA) ou mesmo uma lista de prós e contras em um guardanapo será suficiente. Mas, se deseja mais sofisticação, muitas outras ferramentas de análise hipotética mais avançadas estão disponíveis também, como as ferramentas de análise no programa de planilha do Microsoft 365 Excel. Verifique essas ferramentas para conhecer todas as opções. Quando estiver no programa, verifique a ferramenta Microsoft Power BI incorporada, porque ela é útil para muitos tipos diferentes de tomada de decisão.

Vendo com atenção o Excel, três ferramentas de análise hipotética estão predefinidas no programa: Cenário, Atingir Meta e Tabelas de Dados. Das três, Atingir Meta é mais representativa de um processo de decisão inteligente no sentido de que você insere um resultado e ele calcula de trás para a frente para determinar os possíveis valores de entrada para produzir esse resultado.

Três outras opções também estão predefinidas no Excel. Por exemplo, o recurso Planilha de Previsão permite ver as tendências de dados usando diferentes opções de previsão. Outra opção seria o suplemento Solver, que é como Atingir Meta, mas pode conter mais variáveis. Se você precisa de ferramentas e modelos mais avançados do que estes, precisa carregar o suplemento Ferramentas de Análise do Excel (explico melhor essas ferramentas do Excel na seção "Análise hipotética em cenários no Excel" mais adiante).

Não pense que a Microsoft é a única saída. O Google Planilhas tem as mesmas ferramentas ou parecidas com o Excel, mas você precisa primeiro instalá-las como suplementos a partir do Google Workspace Marketplace. Causal – Cenários, mostrado na Figura 14-1, é a versão Google Planilhas de um gerenciador de cenários.

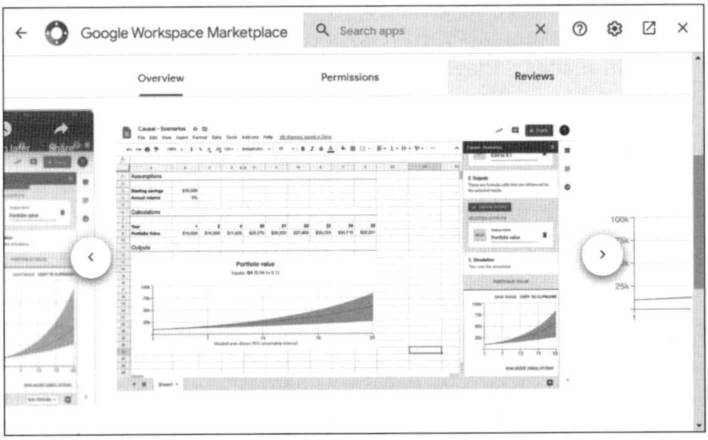

FIGURA 14-1: Causal – Cenários, como mostrado no Google Workspace Marketplace.

DICA

Teste sua escolha de saídas antes de designá-la como sua decisão final. Quando souber que a decisão é sólida, poderá começar a trabalhar de trás para a frente para determinar quais botões pressionar e quais alavancas puxar para fazer o trem sair da estação e seguir para o destino exato.

Análise hipotética em cenários no Excel

O recurso Cenário é uma das três ferramentas Teste de Hipóteses predefinidas no Excel e disponíveis também no Google Planilhas. Nessa ferramenta, você fornece informações do cenário, e ela calcula os resultados. No Excel, você a encontra na guia Dados da Faixa de Opções, em um menu suspenso sob Teste de Hipóteses, como mostrado na Figura 14-2 (no Google Planilhas, é preciso instalar o suplemento a partir do Google Workspace Marketplace).

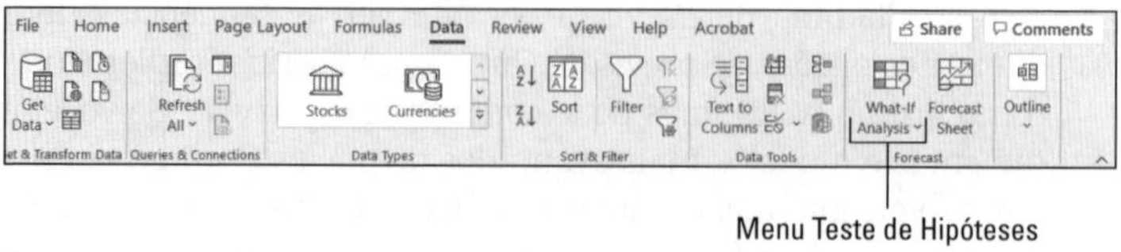

FIGURA 14-2: O início da hipótese na Faixa de Opções do Excel.

Os cenários podem calcular os resultados dos conjuntos de valores de entrada. Ele pode lidar com diversas variáveis, mas apenas até 32 valores para cada uma. O recurso Tabela de Dados funciona como os recursos de cenário no Excel e no Google Planilhas, no sentido de que calcula os resultados a partir das entradas colocadas na ferramenta. A diferença entre os dois é que as Tabelas de Dados funcionam apenas com algumas variáveis, cada uma podendo lidar com muitos valores. Resumindo, os recursos do cenário usam mais variáveis, porém menos valores; já as Tabelas de Dados usam menos variáveis, porém, mais valores.

DICA

Ao usar o Excel, insira e salve os valores nos cenários para que possa trocar entre eles com facilidade na planilha do Excel e exibir os diferentes resultados. Você também pode coletar informações de várias fontes em pastas de trabalho separadas e, depois, mesclar todos os cenários em uma pasta via comando Mesclar Cenários no Gerenciador de Cenários.

LEMBRE-SE

Se pretende mesclar os cenários de duas ou mais pastas de trabalho, verifique se as células de cada uma estão identificadas e têm o mesmo tipo de informação. Sem essa conformidade nas pastas de trabalho, a mescla será uma grande bagunça. Considere definir o exemplo para outras fontes que têm informações do cenário (contas a pagar, por exemplo) fornecendo seu cenário primeiro e pedindo para seguir com a estrutura de suas entradas.

Você também pode criar um relatório de resumo dos cenários para comparar todos eles em um lugar. Vá para a guia Dados no Excel, e então para o grupo Teste de Hipóteses para gerenciar os cenários com o Assistente do Gerenciador de Cenários (veja a Figura 14-3).

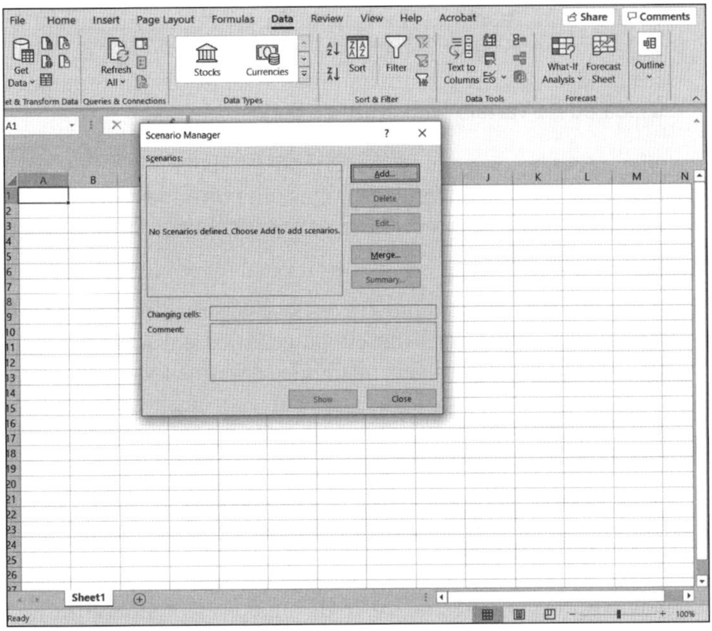

FIGURA 14-3: Assistente do Gerenciador de Cenários no Excel.

Análise hipotética usando o recurso Tabela de Dados

A Tabela de Dados é uma das três ferramentas do Teste de Hipóteses predefinidas no Excel e disponíveis também no Google Planilhas. Nessa ferramenta, você fornece as entradas do cenário, e ela calcula os resultados. No Excel, você a encontra na guia Dados da Faixa de Opções, no menu suspenso sob Teste de Hipóteses. No Google Planilhas, é o suplemento WhatIf, que você precisa baixar do Google Workspace Marketplace (veja a Figura 14-4).

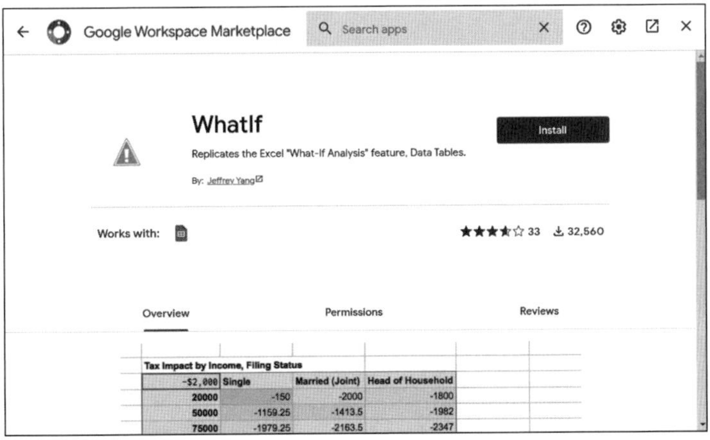

FIGURA 14-4: Suplemento WhatIf, como mostrado no Google Workspace Marketplace.

Para usar a Tabela de Dados, mude os valores de algumas células para refletir os diferentes cenários, e então espere e veja como a ação afeta os resultados. É uma técnica familiar e muito usada (embora a ferramenta usada possa variar) na análise de dados.

CUIDADO

Não adivinhe os valores inseridos na Tabela de Dados ou nos Cenários. Não é um jogo de adivinhação, mas uma fórmula matemática precisa. Você inutiliza toda essa precisão se os valores inseridos não são reais e não se baseiam em fatos.

A ferramenta Cenários mostra os possíveis resultados para um único cenário, a menos que você mescle os cenários em um relatório. A Tabela de Dados mostra os possíveis resultados em uma tabela ou uma planilha. Isso é possível porque você está usando apenas duas variáveis: uma para a linha e outra para a coluna. Um cenário pode ter até 32 valores diferentes.

Análise hipotética usando o recurso Atingir Meta

Das três ferramentas do Teste de Hipóteses predefinidas no Excel (Cenário, Atingir Meta e Tabela de Dados), Atingir Meta é a mais representativa de um processo de decisão inteligente no sentido de que você insere um resultado e ela calcula de trás para a frente para determinar os possíveis valores de entrada para produzir esse resultado.

Atingir Meta está predefinida no Excel e disponível no Google Planilhas também. Nessa ferramenta, você fornece o(s) resultado(s) desejado(s), e ela calcula os possíveis valores de entrada que podem apresentar esse resultado, como na Figura 14-5. No Excel, você encontra Atingir Meta na guia Dados da Faixa de Opções, em um menu suspenso sob Teste de Hipóteses.

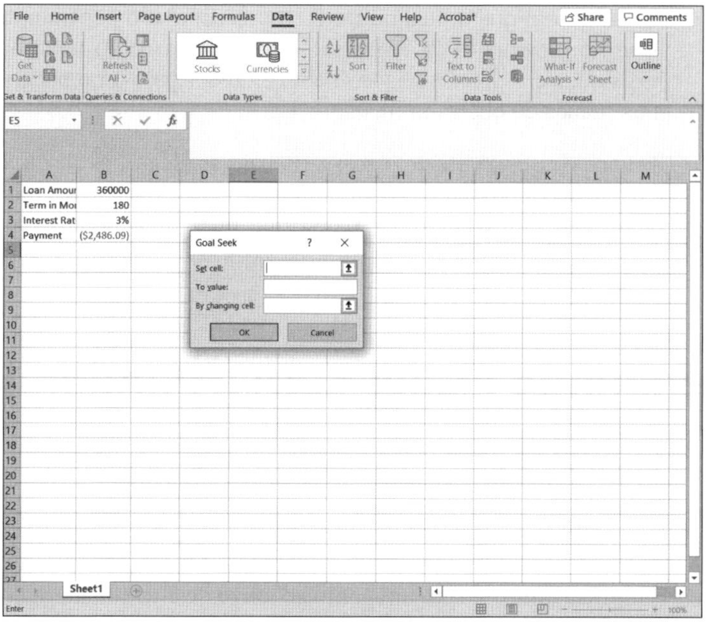

FIGURA 14-5: Recurso Atingir Meta do Excel.

No Google Planilhas, é preciso obter o suplemento WhatIf no Google Workspace Marketplace para usar Atingir Meta (veja a Figura 14-6.) Para usar a versão de Atingir Meta do Google Planilha, insira a referência com a fórmula que você deseja resolver na caixa Definir Célula. Digite o resultado da fórmula que deseja na caixa Para Valor. Insira a referência para a célula que deseja ajustar na caixa Alternando Células e clique em Ok. Atingir Meta fornecerá os valores de entrada corretos.

FIGURA 14-6: Suplemento Atingir Meta, como mostrado no Google Workspace Marketplace.

Por exemplo, você pode querer comprar uma impressora 3D comercial para sua fábrica, mas também ficar dentro do orçamento. Insira o valor do empréstimo que deseja pegar para pagar a impressora 3D, o prazo (número de meses em que deseja quitar o empréstimo) e o pagamento mensal que cabe no orçamento da empresa. Atingir Meta então mostraria a taxa de juros que você precisa negociar com o credor para ter o pagamento mensal e os prazos de que a empresa precisa.

LEMBRE-SE

Se você vir que a variável necessária para conseguir os resultados buscados é irreal ou impossível, precisará ajustar suas expectativas e inserir valores diferentes. É útil usar o recurso Atingir Meta para julgar todas as possíveis opções antes de decidir. Assim, as ações tomadas para chegar a esse fim serão viáveis e possíveis.

Aprendendo Lições com a Pandemia

Análise hipotética, previsão e analytics preditivo não são uma solução milagrosa. Embora possam ser valiosas ao calcular a probabilidade de algo acontecer, essas previsões giram em torno de uma suposição central: tudo continuará no caminho em que está agora. Em outras palavras, a previsão identifica uma ação em um ponto ao longo de uma trajetória definida. Pense nisso como ferramentas que podem identificar com rapidez e precisão aonde a flecha chegará, contanto que nada mude sua trajetória. Nenhum vento, chuva nem arco quebrado, nada interfere nem ajuda na trajetória da flecha.

Só tem um problema com essa suposição: a mudança, não a estabilidade, é a única constante.

Dizer que a falha nessa suposição impõe limites incríveis no analytics preditivo e na previsão é um pouco de eufemismo. Eis o osso duro de roer em relação aos dados: eles são sempre históricos e nunca vêm do futuro. Mesmo os dados de streaming em tempo real não são mais em tempo real quando você os vê. Podem estar fora da marca em alguns segundos, mas ainda são tecnicamente históricos nesse ponto.

Como os dados só podem narrar o que foi, e nunca o que será (pelo menos não com certeza), os dados em si ficam limitados em sua capacidade de alertá-lo para algo inesperado que possa estar chegando e aguardando para destruir suas previsões boas e organizadas (tudo bem, agora você sabe como se sente o meteorologista).

Essa lição é demonstrada com mais clareza e dramaticidade pela recente pandemia de COVID-19. Embora previsões de uma iminente pandemia existissem nos canais confidenciais dos epidemiologistas e das agências de saúde pública, nenhum dado nem previsão fazia parte dos armazenamentos de dados ou das informações em qualquer analytics, preditivo ou não, para a maioria das outras organizações. Toda a mineração de dados, analytics e IA trabalhando 24 horas e em setores cruzados não conseguiu impedir que quase toda organização no mundo inteiro fosse pega de surpresa por uma das maiores e piores destruições da natureza.

Não ver a destruição a caminho nem encontrar meios de se recuperar dela foi o golpe duplo que derrubou do pedestal para sempre o conceito de empresa orientada a dados. Não é que as empresas esperassem que o analytics e a IA fossem oniscientes; na verdade, essa ideia é muito temida. É que as organizações não acreditam mais nos dados como sendo a proteção blindada (ou blindada para a pandemia) que elas pensavam ser.

A decisão inteligente está ficando popular porque as pessoas novamente veem o valor do ser humano examinando seus analytics para saber o que mais está acontecendo no mundo real que ele pode precisar abordar. Um vírus minúsculo acabou com esse ponto na psique do negócio global.

LEMBRE-SE

Os dados não orientam mais. O homem está de novo no comando.

Recusando-se a tomar decisões no vácuo

A visão limitada é o motivo para tantas organizações não terem visto a pandemia se aproximando e não anteciparem a luta para ficar longe dela. Esse é o problema de adotar uma abordagem orientada a dados. Ninguém fica atento aos outros motoristas na estrada corporativa de alto risco. Pelo contrário, todos olhares foram bloqueados em seus dados, que é como ver a realidade pelo retrovisor. Pior, eles olharam apenas partes da visão que acreditavam pertencer à estrada adiante no caminho atual da empresa. Dessa perspectiva, foi fácil não ver a colisão de frente se aproximando.

Colocado de outro modo, as organizações estavam tomando decisões no vácuo. Elas operavam basicamente com a suposição de que um foco míope no negócio relacionado aos dados era sua principal tarefa. Acabou sendo quase um erro fatal de julgamento que muitas organizações não pretendem repetir, embora com certeza algumas, sim.

LEMBRE-SE

O segredo para não tomar decisões no vácuo está em adicionar mais dados e informações aos algoritmos. Conjuntos de dados maiores não têm necessariamente mais verdades e informação demais em um algoritmo pode complicar o processo como uma linha de pesca embolada. A resposta, pelo menos como definida na decisão inteligente, é aumentar o papel do ser humano ao tomar decisões e, ao fazer isso, aproveitar seus pontos fortes em percepções mais amplas, raciocínio associativo livre e liderança, entre outros.

Resumindo, o modo de parar de tomar decisões no vácuo é assegurar que as pessoas procurem em seu trabalho, observando o que mais pode estar acontecendo e considerando mais do que apenas os dados diante delas. Isso requer equipes de decisão diversificadas com tempo para refletir e perguntar, pensar e imaginar, em vez de passar seus dias com o trabalho repetitivo que possivelmente não ampliará a perspectiva de ninguém. Assim, o processo de tomada de decisão pode ser criado para fornecer um caminho realista para um resultado específico muito provavelmente para beneficiar a organização.

Vivendo com escassez de papel higiênico e problemas na cadeia de suprimentos

São inúmeros os exemplos na vida real de escassez na tomada de decisão orientada a dados. Muitos até um pouco sofridos. Por exemplo, algumas pessoas passaram pela pandemia de COVID-19 sem sentir ansiedade com a disponibilidade de fornecimentos de materiais. Um exemplo foi a escassez de papel higiênico nos EUA durante os primeiros meses da pandemia. O mais estranho com essa escassez foi que realmente não havia escassez.

Para entender como aconteceu uma escassez de papel higiênico, apesar de muito suprimento, é preciso considerar as decisões tomadas na época e as consequências que elas produziram.

Para melhorar as eficiências, as margens e os lucros, a maioria dos fabricantes de papel e varejistas contava com um sistema da cadeia de suprimentos JIT (just-in-time, ou na hora exata). O termo *JIT* se refere a mover a matéria-prima para onde ela é necessária um pouco antes de ela ser necessária. O material é entregue na hora exata para não ser cedo demais (e precise ser armazenado) nem tarde demais (interrompendo a produção). Esse método de suprimento reduz muito o armazenamento e outras despesas gerais. Mas observe que não há espaço para erro e pouca a nenhuma proteção se algo dá errado.

Na cadeia de suprimentos pré-produção, as matérias-primas são entregues continuamente ao fabricante quase que imediatamente antes de este alimentar o processo. Após a produção, a cadeia de suprimentos entrega produtos acabados suficientes aos varejistas e distribuidores para manter as prateleiras cheias. Em muitos casos, varejistas e distribuidores são apenas novos clientes que não ficam sem fornecimento para a semana.

E mais, as matérias-primas na primeira cadeia de suprimentos e os produtos acabados na segunda cadeia são embalados de modo a aumentar a eficiência do manuseio do material também.

No caso dos rolos de papel higiênico para o consumidor, os rolos são menores, mais curtos e macios, e eles têm mais folhas (camadas). Os rolos são fechados em pequenos pacotes montados para o movimento do tamanho da loja. Isso significa que um revendedor ou um distribuidor pode lidar com o pacote na loja com carrinhos de mão ou outro pequeno equipamento. Então alguns repositores só precisam abrir a embalagem para colocar os pequenos pacotes diretamente nas prateleiras. Os consumidores podem pegar com facilidade e carregar os pequenos pacotes para os caixas e para casa.

Mas, no caso do papel higiênico comercial para hospitais, escritórios, universidades e outros usos públicos, os rolos são muito maiores e mais longos, o papel é mais áspero, fino e geralmente com uma folha. Esses rolos são colocados em pacotes maiores e embalados em paletes de tamanho comercial. Assim, uma organização pode comprar produtos de papel em quantidade para economizar dinheiro, mas redistribuí-los por meio de suas próprias operações. Em geral, isso requer sistemas de distribuição de armazenamento, inclusive empilhadeiras e outro equipamento pesado. Definitivamente não é algo que você pode conduzir em um mercado, nem os pacotes podem ser divididos em unidades que um consumidor possa pegar e levar para casa.

Os suprimentos comerciais e do consumidor de papel higiênico são calculados precisamente para fornecer a quantidade exata necessária sem precisar armazená-lo ou ter medo de ficar sem. É uma imagem perfeita da eficiência até uma forma inesperada, como a pandemia, bater de frente.

A pandemia da COVID-19 causou uma migração em massa do trabalhador do espaço de trabalho para casa conforme países e cidades lutavam para conter a propagação da doença. Quando isso aconteceu, a demanda do papel higiênico do consumidor ficou muito acima do fornecimento de pronta entrega. Nunca na história da análise automatizada o consumidor consumiu papel higiênico em quantidades extremas.

Por outro lado, a demanda por papel higiênico comercial despencou porque dificilmente alguém estava no trabalho, em um escritório, no restaurante, no parque público ou qualquer outro lugar com banheiros públicos. Mas o fornecimento começou a acumular porque os fabricantes ainda produziam dentro do cronograma. A produção continuou porque todos esperavam que os trabalhadores voltassem logo para seus locais de trabalho, os compradores para os shoppings e as crianças para a escola. Mas isso não aconteceu.

Na época da escrita deste livro, a pandemia estava com dezoito meses e continuava. A maioria dos funcionários ainda trabalhava em casa. A demanda por papel higiênico para o consumidor ainda crescia. A demanda por papel higiênico para o comércio ainda estava lenta. Todos os negócios envolvidos na produção e na distribuição de papel higiênico ainda se recuperam, mesmo que um pouco.

A maioria das pessoas veria esse problema como sendo de fácil solução: basta redirecionar o papel higiênico de comércio para os varejistas e distribuidores do consumidor, certo? Se fosse tão simples. E sim, poderia ser simples se uma decisão tivesse sido tomada antes para facilitar o cruzamento de finalidade e distribuições para criar resiliência nas cadeias de suprimento.

Infelizmente a situação era orientada por dados, não pela decisão. Os dados diziam que cortar rente os suprimentos era o fino da inteligência. (Algo foi cortado, beleza.)

Para encurtar a história, a exata natureza dos sistemas JIT muitas vezes requer que as matérias-primas sejam terceirizadas para tempos de viagem menores, e fábricas e montadoras são estrategicamente localizadas para agilizar os produtos finais para os principais varejistas ou distribuidores. Isso significou que o papel higiênico comercial estava em um loop e o papel do consumidor em outro, e os dois não se cruzavam nem eram compatíveis, portanto, não havia intercâmbio.

De repente, um sistema eficiente falhou completa e totalmente. Os fabricantes de papel higiênico não tinham um modo fácil ou rápido de reorganizar para fabricar mais produtos para o consumidor nas fábricas especializadas na produção comercial. Nem havia um meio de reembalar o papel higiênico comercial para que as lojas pudessem lidar com ele sem um equipamento pesado e os consumidores pudessem colocá-lo em casa no dispenser de papel higiênico.

Resumindo, o desastre inteiro deixou todos presos.

Caso a decisão original tivesse sido para aumentar a resiliência e assegurar uma rentabilidade contínua da organização, em vez de como aumentar as eficiências para produzir lucros mais imediatos, fabricantes, varejistas, distribuidores e ecossistemas inteiros de cada cadeia de suprimentos e de todas as cadeias teriam prosperado na pandemia. E a sociedade teria se saído melhor também, pois esse cenário aconteceu não apenas com produtos de papel, mas também em muitos setores de suprimento.

Em suma, é por isso que você deve se afastar da empresa orientada a dados e passar a ser orientado à decisão o mais rápido possível.

Reformulando os negócios da noite para o dia

As lições da pandemia devem ser uma evidência suficiente de que deixar os dados orientarem a empresa não é uma grande ideia. Se você pensa que a pandemia e as lições aprendidas com ela são um acaso a ponto de fazer sua organização mudar de curso, considere as altas taxas de fracasso nos dados atuais e nos projetos de IA. De acordo com a maioria dos relatos, cerca de 80% dos projetos de IA nunca chegaram à produção. Dos que chegaram, cerca da metade falhou ao entregar o objetivo. Taxas de fracasso tão altas não são apenas indesejáveis, mas também geralmente consideradas como não valendo a pena investir.

Pense assim: se você tivesse um carro que quebra 80% das vezes antes de conseguir tirá-lo da garagem e 50% das vezes assim que chega ao final da rua, você continuaria tentando dirigi-lo? A maioria das pessoas não.

Mas é um erro descartar a IA nesse ponto. Não cometa esse erro: o aprendizado de máquina como o conhecemos provavelmente será substituído por outra forma de IA que funciona melhor no futuro. Mas no momento, o ML funciona melhor na maioria dos casos de uso do que qualquer outra coisa disponível. Só que todo mundo ainda está descobrindo como aperfeiçoá-lo agora.

A decisão inteligente pode ajudar a colocar os projetos de IA de volta nos trilhos de vários modos.

Primeiro, ela refina a seleção dos dados. Estabelecendo em primeiro lugar o impacto de negócio que você pretende criar, é possível definir melhor quais dados usar (e quais excluir) no conjunto de dados de treinamento para que o modelo de IA seja mais aprimorado para sua finalidade e mais instruído em sua missão.

Mas também é muito mais fácil identificar quais conjuntos de dados são pertinentes para o processo de decisão inteligente sendo construído quando você já sabe seu destino e quais hotéis existem entre onde você está agora e para onde irá. O mesmo ocorre ao identificar e escolher conjuntos de dados que o ajudarão em sua jornada para a decisão já tomada.

LEMBRE-SE

O importante é se afastar de uma organização orientada a dados e seguir com uma orientada a decisões.

O problema é que empresas e organizações são impacientes e buscam lucrar imediatamente com toda ação tomada. Sendo esse o caso, não fique surpreso se os tomadores de decisão à sua volta acenam solenemente com a cabeça e fazem comentários irrelevantes conforme você explica minuciosamente a decisão inteligente. Dez minutos depois de saírem da reunião, eles estarão procurando resultados ou voltarão para o *status quo*.

Não é uma crítica aos tomadores de decisão. Os líderes corporativos precisam dar explicações a muitas pessoas e manter as empresas nos trilhos também. Grande parte da impaciência deles vem dessa necessidade; contudo, é claro que parte não é. Mas tudo bem, pois você pode mudar rápido para o modelo de decisão inteligente. O segredo é começar pequeno e com as decisões automáticas já em andamento. Você pode ver sua decisão nesse ponto e trabalhar de trás para a frente para descobrir meios de conseguir melhorar como apresenta de modo rápido, direto e preciso essa decisão em grande escala. Ou você muda a decisão em si para algo que entregue um impacto de negócio mais favorável.

Por exemplo, se você representa um banco ou é um agente financeiro usando IA para aprovar ou recusar pedidos de hipoteca, veja com mais atenção a decisão de máquina em ação lá. Como você pode mudar esse modelo de sua fixação em classificar as pontuações de crédito e renda para uma nova decisão, por exemplo, "Encontre qualquer dado que se correlaciona com uma forte tendência de pagamento em dia" ou algo da natureza que expanda sua capacidade de identificar automaticamente bons candidatos a empréstimo para que você possa capturar uma fatia de mercado maior.

Nesse caso, sua decisão seria "aumentar a fatia de mercado identificando mais candidatos qualificados além dos mecanismos padrão de pontuação", ao passo que sua abordagem anterior orientada a dados era "marcar qualquer cliente aprovado que atenda a esses critérios apenas".

Na época da escrita deste livro, os EUA passavam por uma escassez de habitação disponível, e os compradores lutavam para fazer um lance maior que os outros, mesmo para casas abaixo do padrão. Os credores hipotecários sofriam para celebrar mais uma ação. Devido a taxas de juros baixas, o alto volume importa mais do que o usual nesse setor. A tendência é jogar com os números sendo negligente na pré-qualificação dos candidatos a empréstimo e apostando que uma porcentagem significativa passará no processo de aprovação para que a perda resultante não o prejudique. Ou, lidando com números diferentes, você trabalharia pré-qualificando os candidatos obviamente com alta qualificação e focaria exclusivamente em atender essas contas.

É mais inteligente encontrar um modo de ficar à frente de seus concorrentes identificando sinais de qualidade do empréstimo além dos padrões tradicionais para poder produzir mais empréstimos para um número maior de candidatos qualificados e mais rápido. Crie seu próprio tempero, por assim dizer, com o qual fazer uma refeição mais lucrativa.

No caso do problema da escassez de papel higiênico induzida pela pandemia (de uma perspectiva comercial), a decisão mais inteligente seria mudar o modelo JIT "aumentar lucros/margens aumentando as eficiências" com um modelo que busca "encontrar vantagem e aumentar as eficiências para maximizar os lucros *e* a resiliência comercial".

A propósito, é como trabalham os disruptores; eles descobrem o que pode destruir ou substituir nos modelos padrão para criar um novo modelo capaz de engolir a concorrência. A Uber, por exemplo, retirou a locação de veículos e a propriedade, os modelos certos licenciados, a folha de pagamento, outros ativos e passivos dispendiosos no modelo tradicional de táxis, criando uma empresa de viagens compartilhadas. O que essas empresas realmente fazem é refinar o setor de táxis em sua essência mais lucrativa, abandonando todo o resto. Há um app precisamente para isso porque alguém reduziu um modelo do setor a uma aplicação para celular.

Nem todos esses exemplos podem ser conseguidos da noite para o dia, embora alguns parecem que foram. Mas os passos para criar esses eventos podem ser dados imediatamente e com máximo aproveitamento se a decisão é conhecida de antemão.

LEMBRE-SE

A impaciência não é o inimigo da decisão inteligente, a inércia sim.

Vendo como as decisões impactam mais do que o Agora

É fácil ficar seduzido pelas velocidades da IA em grande escala. Basta se lembrar de que duas coisas antes de ficar totalmente apaixonado:

- Em geral, a IA engatinha antes de correr.
- Você precisa pensar mais sobre o que está acontecendo agora ao julgar o impacto da IA.

As empresas nos EUA, em particular, mas as empresas em outros países também, tendem a ficar hiperfocadas nos lucros e nos resultados imediatos. Não é uma abordagem saudável para os negócios em geral, embora seja perfeitamente compreensível devido ao ritmo rápido da mudança e à cacofonia dos acionistas, dos clientes e de outros esperando mais coisas e mais rápido, sem mencionar as forças contrárias dos disruptores e dos concorrentes invadindo seu território.

Você não precisa perder de vista os benefícios imediatos na decisão inteligente, e provavelmente seria irresponsável ser negligente assim. Mas é igualmente negligente ou mais não terminar o cálculo para incluir a avaliação do impacto em médio e longo prazos.

Assim como tomar uma decisão no vácuo é uma má ideia, também o é acreditar que um impacto fica parado em um ponto arbitrário designado. Não é assim que funciona. Na verdade, esse tipo de pensamento é onde as consequências não pretendidas se originam, e a maioria é uma má notícia para seu negócio.

Na maioria dos casos, olhar para o futuro será mais fácil com ferramentas de previsão, como as incorporadas no Microsoft Excel ou no Google Planilhas, mas há muitas outras categorias de ferramentas também, como os apps de business intelligence (BI).

Não importa a ferramenta usada, veja algumas áreas que você precisa considerar avaliar em termos de futuro impacto:

- » O efeito nos recursos.
- » Oportunidade e custos da oportunidade perdida.
- » Imagem e impacto da marca.
- » Retorno no investimento (ROI).
- » Valor esperado (VE).
- » Efeitos do orçamento de capital.
- » Análise diferencial.
- » Custos relevantes (os custos evitáveis gerados apenas ao tomar decisões comerciais específicas).
- » Fatores qualitativos (os resultados da decisão que não podem ser medidos com facilidade, como o impacto na moral do funcionário).
- » Receita diferencial (a diferença nas receitas ou nas despesas entre duas alternativas).
- » Custos evitáveis versus inevitáveis.

- Impactos da diversificação, como em seu portfólio de investimento em termos de sua diversificação como estratégia de redução de riscos e/ ou em termos de impacto em comunidades minoritárias, clientes ou funcionários.
- Impactos da expansão comercial.
- Impactos da fusão e da aquisição.
- Impactos da linha de produtos.
- Outros fatores relevantes para a ação ou o impacto.

Outra boa tática é decidir sobre um impacto de longo prazo que você deseja gerar para a empresa, criar esse processo de trás para a frente no modo da decisão inteligente usual e usar isso como uma referência para projetos de DI de menor prazo. Assim, você tem algo com o que medir os impactos de curto prazo e assegurar que suas metas comerciais de longo prazo também sejam atendidas.

Reconstruindo na Velocidade da Disrupção

A pandemia da COVID-19 mudou para sempre o mundo como nós, os seres humanos, o conhecemos. As novas regras ainda não estão definidas, um novo normal ainda não está estabelecido, e a maioria dos dados com os quais os negócios contaram por anos agora é quase sem valor em termos de previsão. Há pouco motivo para examinar os dados históricos se você não acha que pode minerar alguma verdade deles que se aplica hoje, o que dirá nos próximos um, cinco ou dez anos no futuro!

Talvez o caminho mais prudente a seguir agora seja reconstruir, em vez de simplesmente recriar ou reutilizar seus antigos processos de mineração de dados. O passado já era. Não é possível reconstruí-lo e esperar que tudo volte a ser exatamente como era.

Ao contrário, você precisa reconstruir seu negócio como algo capaz de competir em um estado de fluxo elevado, ou seja, precisa reconstruir as partes afetadas do negócio na velocidade da disrupção. O ideal é que você faça a disrupção de sua própria empresa repetidamente, porque é o que é necessário para sair dessa mudança radical e dominar o mercado no próximo pedaço de terra seca.

LEMBRE-SE

A decisão inteligente é olhar para o futuro. Ser orientado a dados é olhar para o passado.

Na decisão inteligente, você olha para a frente e decide sobre o impacto de negócio que deseja criar *no futuro*. Esse futuro pode ser uma hora a partir de agora, cem anos ou algo intermediário. Mas ainda está à frente de onde está seu negócio agora.

Por outro lado, uma empresa orientada a dados espera vislumbrar o futuro olhando para trás, vendo o que aconteceu antes em circunstâncias parecidas. Mas as circunstâncias parecidas não existem mais, uma cortesia de um pequeno vírus com uma meta letal e longo alcance.

Essa situação requer uma liderança comercial mais forte. Também aumenta a demanda por funcionários e parceiros que são inovadores, pensadores críticos que podem responder à mudança rápido e imaginar novos cenários comerciais nos quais a organização pode ter sucesso com clareza.

Resumindo, o talento humano é agora a essência do sucesso comercial como fonte de disrupção construtiva.

A regra número um é que nada sobre seu negócio é sagrado. Seja mudar seu modelo comercial, produtos e serviços, como e onde ele opera. Agora, absolutamente qualquer coisa sobre o negócio deve estar sujeita à mudança. A liderança comercial, assim como os operários, precisam estar bem com tudo isso.

A era das empresas de cem anos está chegando ao fim. Os negócios que duram longos períodos serão aqueles cujos líderes querem fazer grandes mudanças quando necessárias ao longo do tempo. Essa é a realidade dos tempos que nós, seres humanos, vivemos; a era da disrupção contínua, em que estamos constantemente avaliando e mudando como o negócio é feito, em vez de apenas comprar tecnologias para fazer melhor os mesmos processos. Embora a definição pareça simples, a realidade não é.

Inovação contínua é melhoria contínua do mesmo produto ou processo. *Disrupção* contínua resulta em ofertas, processos e modelos completamente diferentes. E é sempre assim, rompendo com o que veio antes e com o setor em torno. É um ato intencional e quase inteiramente baseado na decisão.

Adotar a agilidade e a flexibilidade nesse nível requer uma mentalidade totalmente diferente e uma nova geração de líderes empresariais. Enquanto as empresas organizam tudo, pesquisam o novo talento de que elas precisam em todo nível e fazem com que entendam a diferença entre inovação contínua e disrupção contínua, sua empresa pode iniciar simplesmente começando com alguns projetos de decisão inteligente. Escolha um destino, dedique-se a um resultado e vá em frente.

DICA

Em vez de perguntar "Como posso fazer isso melhor?", pergunte "Por que estou fazendo isso?" Se você sabe o motivo, encontrará com mais facilidade um modo melhor ou uma rota diferente.

Redefinindo os Setores

A *convergência do setor*, ou seja, o processo pelo qual novas conexões são formadas entre empresas com tecnologia não relacionada e focos do modelo comercial conforme evoluem, já estava a caminho antes de a pandemia chegar e mudar tudo. Por exemplo, uma empresa de telefonia evolui para também atender como provedor de serviço da internet (ISP) e provedor de TV a cabo, enquanto uma empresa de serviços a cabo estende suas ofertas para incluir o serviço de telefonia e conexões de internet. Agora as duas empresas são concorrentes diretos que convergiram de origens separadas. A maioria dos consumidores acharia difícil identificar uma dessas empresas como pertencendo a um único setor.

A convergência do setor é uma força maior na inovação e na disrupção contínua. Alguns setores estão acabando ou já acabaram. Outros estão sendo engolidos. E novos setores estão surgindo também. Conforme mais organizações e setores ficam totalmente digitais, as linhas entre eles continuam a ficar tênue até nada dos antigos rótulos do setor bem definido se aplicar.

Acrescente a isso os transtornos das mudanças climáticas e uma pandemia, e será fácil ver que não há tempo para descansar sobre os louros dos dados. A boa notícia é que as organizações digitais são muitíssimo flexíveis e adequadas para sobreviver e prosperar diante da mudança constante, caso aproveitem os benefícios que a decisão inteligente pode oferecer.

Assim como as organizações individuais usarão a decisão inteligente para escolher e realizar muitos eventos futuros buscados, as associações de setores, lobistas e outros grupos organizados também a usarão. A maioria logo descobrirá que, em vez de perder o senso de finalidade, agora tem uma nova missão.

De qualquer modo, os setores e os grupos organizados já estudam a convergência do setor e as forças da mudança em seus horizontes. Não é novidade para eles. Mas a decisão inteligente oferece uma metodologia forte para apoiar suas decisões no caminho a seguir para seus membros e causas.

Além desse escopo, estão as forças crescentes das empresas usando métodos de decisão inteligente para entregar impactos de negócios sentidos muito além de seu alcance. Individual ou coletivamente, isso afetará o setor de origem, assim como qualquer setor com o qual interagem, convertem ou competem.

NESTE CAPÍTULO

» Determinando se os fluxos da decisão são lineares ou circulares

» Vendo por que o pensamento sistêmico leva a melhores decisões

» Examinando como os disruptores determinam como fazer a disrupção

» Reconhecendo os perigos das singularidades da decisão

Capítulo **15**

Decisão na Base e no Topo

Por tradição, acreditava-se que as maiores decisões comerciais ocorriam de cima para baixo (upstream), indo das altas funções corporativas (C-suite) e descendo na organização. Qualquer decisão fluindo de baixo para cima (downstream), ou seja, decisões tomadas pelos operários, era considerada como simples ajustes no comando a partir do topo.

Os termos *upstream* e *downstream* têm muitas conotações, significando que, em termos emocionais, um termo é percebido como superior, e o outro, como inferior; um está na frente, e o outro, atrás; um está no topo, e outro, na base. É da natureza humana dar a tudo no negócio uma posição e uma classificação na hierarquia.

Mas esse não é o único modo de ver os fluxos da decisão. Também ocorrem fluxos bidirecionais. O pensamento sistêmico, em que uma visão global leva em consideração a totalidade dos fatores e das interações que podem contribuir com um possível resultado, se afasta mais dos fluxos de decisão lineares. É comum que ambos os modelos circulares superem as imposições unidirecionais.

Por isso, habilidades estratégicas da tomada de decisão são necessárias em quase todo nível do negócio. Se decisões adequadas e lógicas não ocorrem na organização, a empresa falha de vários modos; "por falta de um prego", como diz o provérbio:

Por Falta de um Prego

Por falta de um prego, perdeu-se a ferradura.

Por falta de uma ferradura, perdeu-se o cavalo.

Por falta de um cavalo, perdeu-se o cavaleiro.

Por falta de um cavaleiro, perdeu-se a mensagem.

Por falta de uma mensagem, perdeu-se a batalha.

Por falta de batalha, perdeu-se o reino.

E tudo por falta de um prego na ferradura.

As pessoas na base precisam de autoridade e meios de decidir se o famoso prego é necessário e, então, pegar o prego e colocá-lo onde e como é necessário. Ao fazer isso, a menor decisão cria um grande efeito.

As decisões no topo e na base são importantes, e os impactos de cada uma podem fluir na posição oposta com igual força. Ou seja, os impactos das decisões comerciais podem ir para baixo ou para cima. A direção tem menos importância que o impacto no negócio.

A conclusão é a de que toda decisão conta, portanto, toda decisão *deve ser* estratégica ou relacionada diretamente a uma estratégia maior. Nenhuma decisão ocorre no vácuo. Leve em conta seu impacto desde o início para direcionar a ação e controlar o resultado.

Entendendo Quem, O que, Onde e Por que na Tomada de Decisão

As decisões no *topo* (*upstream*) geralmente são definidas como tomadas antes que os requisitos sejam definidos e a execução comece. Por essa definição, todas as decisões na decisão inteligente são no topo, porque você toma a decisão primeiro e trabalha de trás para a frente para determinar os processos, as ferramentas e as equipes necessárias para apoiar a decisão.

Mas na prática, a decisão inteligente pode ser usada para uma tomada de decisão no topo, na base e sistêmica.

Sem dúvidas, a base não costuma ser considerada em termos de tomada de decisão, mas onde a decisão é executada ou gera impactos. Assim, as decisões tomadas na base são mais propensas a serem decisões de mudança, ou seja, mudanças feitas em uma decisão no topo existente para melhorar os resultados ou ficar no curso.

Por exemplo, considere as decisões de gestão do produto. Como os lançamentos do produto e a disponibilidade são muito sujeitos às condições do mercado, a gestão do produto na base envolve reforçar e proteger de acordo as vendas dos produtos primário e secundário. Isso significa que fazer qualquer mudança na decisão do topo a partir de algum ponto na base pode ser necessário para dar aos produtos em queda um vigor, retirar de linha os produtos com falha, fornecer alternativas para os itens esgotados ou ressuscitar produtos testados para melhorar qualquer deslize de vendas, entre outras atividades necessárias quando forçadas a se adaptar às forças do mercado e às demandas do cliente.

O mesmo acontece no processo de IA, em que um cientista de dados ou um cientista IA toma uma decisão no topo, e então define a IA para melhorar de forma autônoma e contínua o modelo de decisão na base. Nesse caso, é a máquina que toma as decisões de mudança no fim da linha. Essas mudanças são feitas nos parâmetros da decisão no topo, mas requerem testar para assegurar que seus impactos sejam aceitáveis.

Diante desse cenário, é decepcionante considerar apenas as decisões no topo como estratégicas ou importantes. Todas as decisões têm valor e impacto. Levando em conta esse fato, você pode precisar repensar como as decisões são gerenciadas. Também pode achar que mudar do pensamento no topo/base para o pensamento sistêmico funciona melhor em alguns casos de uso.

LEMBRE-SE

O pensamento sistêmico requer uma visão global da totalidade dos fatores e das interações que podem contribuir com um possível resultado.

A decisão inteligente funciona bem com o pensamento sistêmico, podendo lhe dar uma boa vantagem ao tomar uma decisão. Mas os fluxos lineares no topo e na base ainda terão lugar em muitos casos, e a decisão inteligente funciona bem nesses tipos de decisão também.

Veja quem realmente toma as decisões no topo. Em geral, elas são tomadas em um nível relativamente alto em uma organização, podendo ser um chefe nas altas funções corporativas (C-suite), o cientista de IA chefe, um desenvolvedor de softwares top de linha ou um gerente de linha. Por exemplo, no marketing, a conceitualização de um produto, o preço e o posicionamento competitivo ocorrem na tomada de decisão upstream. O mesmo tipo de atividade ocorre no topo para a nova gestão do produto e na pesquisa e desenvolvimento (P&D). Idem no desenvolvimento de software. Os cientistas de IA ou pesquisadores e cientistas de dados trabalham no topo conceitualizando, desenvolvendo e definindo as regras de negócio para os modelos de

IA, a automação ou o advanced analytics. Por fim, o CEO e a diretoria focam tomar decisões estratégicas de alto nível para orientar a organização inteira no futuro.

Resumindo, as decisões no topo tendem a ser demoradas no conceito e rápidas na minúcia. Cabe às pessoas na base encontrar o melhor modo de implementar a decisão dentro de seu alcance.

LEMBRE-SE

Por vezes, a pessoa que toma a decisão no topo também a toma na base. Como é o caso frequente em que há limitação de equipe IA ou TI, em empresas de pequeno e médio portes, ou quando uma única pessoa decide e executa sozinha.

Em suma, existem tantos modos de tomar decisões quanto decisões a tomar. O importante na decisão inteligente é assegurar que as decisões comerciais tomadas sejam lógicas, baseadas solidamente na realidade e executadas com um resultado específico em mente.

Descendo Suas Decisões no Topo

Como menciono no começo do capítulo, as decisões no topo costumam ser determinações de alto nível e estratégicas tomadas antes de os requisitos serem definidos e a execução iniciar. Por oposição, as decisões na base consistem em grande parte nas *decisões de mudança*, ou seja, mudanças em uma decisão no topo existente. As decisões de mudança são tomadas em resposta às condições do mercado, aos resultados de teste dos resultados automatizados, às mudanças climáticas, aos problemas da cadeia de suprimentos e outros fatores que contribuem.

Embora a decisão inteligente funcione bem na tomada de decisão em um contexto no topo e na base, também funciona bem com o pensamento sistêmico, que leva em conta a totalidade dos fatores e das interações que podem contribuir com um possível resultado. As decisões na base e do pensamento sistêmico são abordadas nas seções posteriores. Nesta seção, vemos apenas as decisões no topo.

As decisões upstream muitas vezes são tomadas por pessoas em posições de liderança, como diretores, membros de altas funções corporativas, gerentes de linha, de projeto, cientistas de IA e de dados e principais desenvolvedores de software.

As estratégias por trás das decisões no topo podem variar muito em importância, lógica, estilo e finalidade. Assim como seus resultados. Em outras palavras, só usar a metodologia de DI sozinha não tornará suas decisões sólidas. Uma abordagem de DI pode ajudar muito a mantê-lo nos trilhos quanto a realizar o resultado ou o impacto visado, mas cabe a você assegurar que o resultado visado seja adequado, obtido e eficiente para sua causa ou missão.

Por exemplo, em setores de petróleo e gás, em que as empresas tendem a adotar novas tecnologias mais rápido do que os novos modelos comerciais, as decisões no topo tendem a focar a melhoria das eficiências, isto é, a intenção é manter o modelo comercial existente e grande parte dos processos comerciais intactos, focando também extrair mais eficiência dos ditos modelos e processos.

A IA é uma ferramenta geral altamente capaz de melhorar as eficiências, tornando-a a ferramenta de escolha entre os caçadores de eficiência. Além do apelo de colher os ganhos com eficiências extras, esse grupo também aproveita a consistência da IA na tomada de decisão, sobretudo em relação à conformidade e à governança.

Essa abordagem também funciona bem para as empresas e os setores atrasados na digitalização total e querem se apressar para recuperar o tempo perdido.

Os ganhos podem ser assegurados na abordagem da eficiência, mas até certo ponto. Se um processo comercial é considerado sagrado, significando que nunca pode ser alterado, então há um limite para quanta eficiência você pode tirar dele. Por fim, ele se tornará tão bom quanto pode ser.

O mesmo ocorre nos modelos comerciais. Se os modelos nunca são alterados, por fim eles sucumbem às forças do mercado. Considere como os melhores fabricantes de charretes do mundo fracassaram após a carroça sem cavalos aparecer e passar por cima deles, por assim dizer. O mundo está repleto de modelos comerciais que não sobreviverão igualmente à disrupção. Contudo, decisões comerciais no topo são tomadas todos os dias com a suposição de que o negócio é eterno.

No outro extremo estão as empresas de nuvem nativas, empresas muitíssimo ágeis e capazes de causar disrupção em negócios e setores estabelecidos. Esse grupo nasceu digital e é ousado o bastante para abandonar um modelo comercial tradicional sem sequer dizer "vejo você e não quero ser como você". As decisões no topo para esse grupo são sobre inovação e disrupção. São os Ubers e os Amazons da vida que eliminaram sem medo muitas necessidades antes consideradas, revelando um modelo mais puro, mais enxuto e que, muitas vezes, acaba com o setor.

Esse grupo tende a focar a identificação das partes de um negócio tradicional que realmente está lucrando, ou seja, entregando lucro. Eles não têm problemas para rotular partes do modelo comercial como imprestáveis, ou seja, a coisa inútil que não entra na geração de receita. Eles também não têm problemas para descartar sem cerimônias o que consideram inútil. É como um app de compartilhamento de caronas se livrou com sucesso e lucro dos táxis na indústria de táxis.

A maioria das empresas de todos os setores está em algum ponto entre os extremos dos fomentadores de eficiência e os disruptores do sistema. Muitos só estão tentando descobrir onde começar e em que focar suas estratégias. A maioria fez grandes avanços em se tornar uma empresa orientada a dados só para descobrir que grande parte de seus projetos de mineração de dados entregava pouquíssimo valor. A questão é o que fazer a seguir.

Essas empresas estão cansadas de perder recursos preciosos e agora testam novas tecnologias, como a IA, para colher ganhos mensuráveis e lucrativos. Infelizmente, muitos desses projetos nunca entraram em produção. A grande maioria simplesmente fracassa mais tarde. Esse grupo está entre os principais fatores por trás da mudança dos modelos corporativos de orientação a dados para a orientação à decisão. Essa demanda reprimida se tornou o incentivo por trás do desenvolvimento da decisão inteligente.

Também existe outro grupo que consiste em discrepâncias extremas. Eles estão muito focados em manipular os resultados. São os líderes do culto, os propagadores da desinformação, os propagandistas, os grupos da teoria da conspiração e outros inconformados que tomam decisões para o ganho pessoal. A lição aprendida com esse grupo é a de que, não importa a inteligência, a ideologia ou a intenção, se o tomador de decisão humano não for lógico, será possível que o resultado não seja benéfico para mais do que uns poucos privilegiados, e os processos podem não o ser também.

Infelizmente, as decisões sem lógica ou mal intencionadas não são incompatíveis com a decisão inteligente. Se a decisão é dominar o mundo e o tomador de decisão é inteligente e lúcido, a metodologia pode ajudar a montar os processos e as ferramentas para chegar a esse resultado.

Por isso as empresas devem ser diligentes ao escolher os indivíduos e as equipes encarregadas da tomada de decisão no topo ou de alto nível, estando ou não usando métodos de decisão inteligente.

Vendo os Modelos de Tomada de Decisão no Topo

Quatro modelos de tomada de decisão estruturados (usando os princípios da gestão) se aplicam à tomada de decisão no topo para o ser humano: racional, ligado à racionalidade, intuitivo e criativo. Eles diferem muito, como a Tabela 15-1 deixa claro, mas requerem mentalidades experientes e racionais.

TABELA 15-1: Quatro Modelos de Tomada de Decisão Estruturados

Modelo de Tomada de Decisão	Visão Geral
Racional	A decisão é classificada como importante. Opções alternativas são identificadas. As informações são reunidas e quantificadas. A meta é apresentar a melhor decisão possível. É necessário raciocínio crítico e racional.
Ligado à racionalidade	Tempo ou dinheiro para investir na decisão é curto. Critérios mínimos ou expectativas são claros. O objetivo é uma decisão veloz, em vez de um resultado maximizado. Visa apresentar uma decisão "boa o bastante".
Intuitivo	Em geral, a intuição é um gatilho para explorar opções. Existe pressão de tempo ou da concorrência. Você tem grande experiência no tópico ou com o problema. Uma decisão intuitiva é, na realidade, um processo subconsciente altamente desenvolvido. Requer uma descoberta de padrões na situação e comparações com experiências semelhantes, seguida de avaliações rápidas das alternativas em sequência.
Criativo	Existe um problema, mas pode não estar claro ou mudar. Não existem soluções ou elas são insatisfatórias. São necessárias abordagens ou soluções novas e altamente originais. Existe abertura a mudanças. Você tem experiência, além de habilidades criativas para a solução de problemas e o pensamento crítico.

Em contrapartida, os modelos de tomada de decisão estruturados no topo para as máquinas usam regras de negócio estabelecidas pelos líderes na empresa e modelos predefinidos por programadores, desenvolvedores e especialistas em IA.

Por outro lado, a importância dos tomadores de decisão no topo entregando os resultados visados explica por que os profissionais de cibersegurança devem estar cientes dos traços e das intenções dos tomadores de decisão no lado oposto. Entender os tomadores de decisão que conduzem esses grupos abomináveis é ter vantagem em como a situação se desenrola e saber quais medidas de defesa são requeridas.

O importante a lembrar é que todas as decisões na decisão inteligente são upstream (no topo) se você pensar bem: você toma primeiro a decisão e trabalha de trás para a frente para determinar os processos, as ferramentas e as equipes necessários para apoiar a decisão. Basta se lembrar de que a metodologia da decisão inteligente é ágil e flexível. Ela é capaz de mapear os participantes comerciais ofensivos e defensivos com resultados visados. Também é muito capaz quanto à decisão na base (downstream) e com raciocínio sistêmico.

Tomando Decisões na Base

Os profissionais na base executam o plano recebido dos tomadores de decisão no topo. A função dos profissionais que trabalham na base é gerenciar os detalhes e fazer a decisão dar frutos. Muitas vezes isso envolve tomar decisões de mudança para realinhar com o resultado visado.

Por exemplo, os desenvolvedores de software na base podem encontrar bugs em um projeto simples ou bugs cruzados em vários projetos com interdependências. Ao encontrar tais problemas, eles costumam propor soluções rápidas e úteis. Então, notificam os tomadores de decisão no topo sobre o bug e continuam a lidar com ele com soluções até uma correção permanente ser tomada upstream, fluindo de volta para a base.

O mesmo cenário ocorre para os projetos de IA. Cientistas de IA no topo, pesquisadores e cientistas de dados trabalham com modelos de IA, automação ou advanced analytics para resolver problemas ou criar novas vantagens para a empresa. Por vezes, eles fazem o trabalho na base também, mas em geral são as plataformas automatizadas ou outros profissionais que cuidam das implementações da decisão na base.

Por exemplo, a IA pode participar de uma melhoria contínua e automatizada de seu próprio modelo. Se isso acontece, ela trabalha sob os auspícios das regras de negócio que são definidas no topo. Se um teste posterior acha que o modelo de IA se afastou muito dos dados, deteriorou ou o resultado está pouco satisfatório, os profissionais no topo costumam criar um projeto substituto que corrige esses problemas; as correções podem ou não requerer uma mudança nas regras de negócio aplicáveis. Em alguns casos, os profissionais na base ou as plataformas automatizadas podem criar soluções ou melhorias para manter o projeto no curso.

Embora decisões de mudança como essas sejam a norma, decisões estratégicas podem ser tomadas na base também. Normalmente, a tomada de decisão estratégica na base vem de pessoas com memória institucional, que é uma combinação de memórias pessoais e experiências no trabalho. Esses insights pessoais nas questões profissionais fornecem uma compreensão única do histórico da empresa e da cultura envolvidos na tomada de decisão e na construção do processo. Infelizmente, empresas demais perderam esse recurso essencial com demissões, aposentadorias, mudanças de emprego e outros tipos de atrito.

É uma pena, porque é muitíssimo difícil substituir esse recurso. A memória institucional consiste principalmente em insights não documentados, experiência, habilidades aprimoradas pessoal e institucionalmente e uma base de conhecimento acumulada com o tempo, ou seja, existe em formas difíceis de capturar digitalmente. O ser humano passa o conhecimento entre seus pares em encontros naturais, variando desde reuniões e sessões de treinamento a conversas perto do bebedouro.

Repor a memória institucional como uma fonte de conhecimento na forma digital tem resultados limitados. Rastrear e minerar experiências do cliente e do funcionário não apresenta a mesma visão, nem rastrear o histórico de regras de decisão documentadas ou evoluções do processo.

A melhor alternativa digital para reter a memória institucional parece ser uma biblioteca central de conhecimento com ferramentas como sistemas de gestão de conteúdo e programas de notas, como Evernote, Microsoft OneNote e Coda, em que os funcionários podem contribuir facilmente com suas memórias dos eventos. Pense nisso como um tipo de diário coletivo.

LEMBRE-SE

Onde existe memória institucional, as decisões estratégicas tendem a surgir quase sem esforço na hora certa. Se a necessidade é a mãe da invenção, a memória institucional é a mãe das ações oportunas.

De qualquer fonte na base, a essência da importância das decisões estratégicas nesse nível é definida pela oportunidade e pela adequação das ações tomadas. Algumas decisões serão equivalentes a encontrar e substituir o prego perdido na ferradura que custou uma batalha ao reino no antigo provérbio. Outras serão soluções intuitivas e criativas levantadas por perspectivas não disponíveis na visão superior dos tomadores de decisão no topo.

Em qualquer caso, tomar uma decisão não é um fluxo de eventos linear que a maioria das pessoas espera. Ao contrário, é um caminho circular em que uma decisão no topo é tomada upstream e desce até onde outras decisões são tomadas e fluem para o topo.

CUIDADO

Decisões ruins, fatalmente erradas ou incorretas tomadas no topo não podem ser corrigidas, salvas ou revertidas na base. Veja se suas decisões no topo são sólidas antes de enviá-las para a base, para a implementação. Se você descobre que sua decisão inicial será falha, encerre-a antes da implementação e crie um novo projeto de decisão inteligente em uma decisão diferente.

Aprenda a reconhecer as opções e a importância nesse fluxo circular e utilize-o com sabedoria, ao tomar a decisão inicial na decisão inteligente e nas decisões que se seguirão conforme você trabalha de trás para a frente montando as ferramentas e os processos necessários para manifestar a decisão original.

Pensando em Sistemas

Embora a tomada de decisão no topo e na base continue sendo usada, e acertadamente, em muitos casos, o pensamento sistêmico pode revelar importantes insights que não estão disponíveis de imediato a partir dessas duas perspectivas. *Pensamento sistêmico*, para aqueles não familiarizados com o termo, é um método no design organizacional que considera as diferenças nos contextos entre as várias partes de um sistema e o impacto das mudanças feitas em uma parte nas outras.

Por exemplo, usar o pensamento sistêmico no marketing pode significar que as decisões seriam avaliadas com base, em parte, em como elas impactam os diferentes participantes no ecossistema. No caso do marketing, esse ecossistema pode incluir todas as entidades envolvidas no processo de criação e implementação de uma campanha de publicidade digital ou física. O motivo para considerar o impacto de sua decisão nos outros participantes no ecossistema não é necessariamente orientado pela empatia, mas para ter uma leitura verdadeira e mais conclusiva do impacto total na organização.

Do mesmo modo, o pensamento sistêmico na tecnologia exigiria uma boa consideração das interdependências do software antes de qualquer alteração ser feita que possa causar uma disrupção nas conexões e no equilíbrio do sistema.

LEMBRE-SE

Sistema é qualquer grupo de elementos ou entidades interdependente, mas separado. É um grupo definido pelas relações entre os membros. Qualquer organização é um sistema, como é o corpo ou a vida de qualquer pessoa. No nível individual, uma decisão pode ser ótima para aumentar a segurança financeira (por exemplo, aceitar um novo trabalho), mas realmente terrível para outra parte do sistema de vida da pessoa, como intromissões indesejadas nos momentos em família.

Nos projetos de decisão inteligente, faça questão de usar o pensamento sistêmico para gerenciar melhor os impactos que não são normalmente previsíveis nos contextos do topo/base mais lineares. Um exemplo recente seria a escassez de produtos que começou a ocorrer durante a pandemia. Grande parte foi causada por modelos de produção JIT que não disponibilizavam opções para responder a uma catástrofe generalizada. Caso as empresas tivessem armazenado mais matéria-prima ou produtos, elas teriam mais opções ao mudar seus modelos de produção e distribuição para se adaptarem aos requisitos provocados pela pandemia.

O transporte de materiais e produtos também sofreu disrupção por causa da falta de chips, o que atrasou os reparos dos caminhões e a substituição, causando mais disrupção nas cadeias de suprimento. A maioria das transportadoras de curta e longa distância tem pouco ou nenhum caminhão ou peças em reserva para tal emergência, nem um plano de contingência para assegurar a resiliência do negócio. O fato é, caso os fabricantes, os varejistas e as transportadoras realmente tivessem dado os passos necessários antes da pandemia, os lucros provavelmente teriam caído, os preços poderiam ter aumentado e os acionistas poderiam ter ficado irritados muito antes de a pandemia acontecer.

Mesmo assim, o curso mais inteligente é considerar os sistemas inteiros, como cadeias de suprimento, produção e distribuição, para criar uma solução híbrida no sistema que seja capaz de equilibrar os custos e adicionar resiliência para todos. Contudo, o pensamento sistêmico cooperado na tomada de decisão não é a norma no momento.

Aproveitando as Ferramentas dos Sistemas

Quando você está usando o pensamento sistêmico na tomada de decisão, ele envolve quatro objetivos:

- Mapear todas as partes e as dependências no sistema.
- Entender a dinâmica do sistema.
- Entender a hierarquia do sistema.
- Desenvolver e testar as soluções para vários pontos de impacto no sistema antes da implantação.

Os sistemas podem ser bem grandes, como as galáxias, uma coleção de coisas afetadas pela mudança climática ou pequenas cidades. Também podem ser bem pequenos, como microbiomas intestinais ou um sistema elétrico em um smartwatch. Mas o pensamento sistêmico tem apenas quatro padrões para tomar decisões para qualquer tipo ou tamanho de sistema: distinções, sistemas, relações e perspectivas (junte todos e você terá o DSRP).

As ferramentas do pensamento sistêmico também são colocadas em quatro categorias amplas: brainstorm, pensamento dinâmico, pensamento estrutural e modelagem/simulação por computador. A maioria dessas ferramentas está disponível em versões gratuitas e/ou premium. Por exemplo, algumas ferramentas de brainstorm são IdeaBoardz, Coggle, WiseMapping, FreePlane e Mindomo. A Figura 15-1 mostra como funciona a ferramenta de brainstorm Coggle.

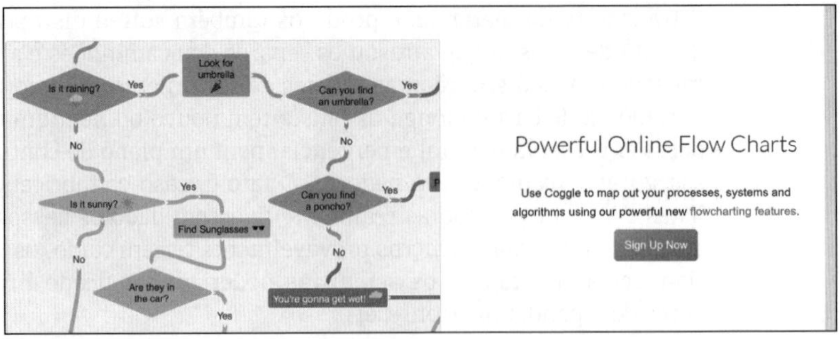

FIGURA 15-1: Ferramenta de brainstorm Coggle.

As ferramentas de pensamento dinâmico incluem comportamentos do passado, do presente e do futuro. Basicamente, mapeiam causa e efeito e ajudam a descobrir quais processos aumentam a mudança e quais a neutralizam ou equilibram. Exemplos dessas ferramentas para o pensamento sistêmico incluem comportamento ao longo do tempo (BOT), diagrama de loop causal (CLD) e arquétipo do sistema (SA) [todas siglas em inglês]. A Figura 15-2 mostra como funcionam os diagramas de loop causal do Brainpartner.

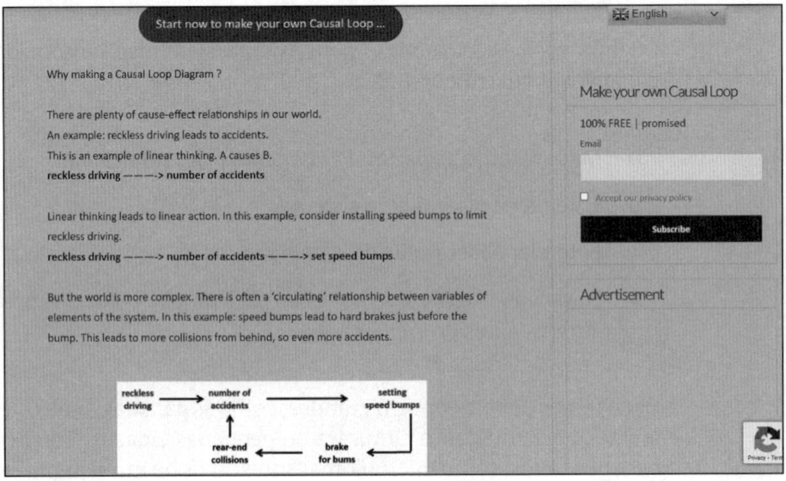

FIGURA 15-2: Ferramenta de loop causal do Brain partner.

As ferramentas de pensamento estrutural representam como uma variável afeta outra em um intervalo completo de valores relevantes. São particularmente úteis ao esclarecer as relações não lineares entre variáveis. Resumindo, essas ferramentas ajudam a gerar, reunir e organizar informações sobre um sistema, não importa a complexidade dele.

Exemplos de ferramentas de pensamento estrutural são Visme, Miro, LucidChart e SmartDraw. A Figura 15-3 mostra a ferramenta de pensamento estrutural do Visme.

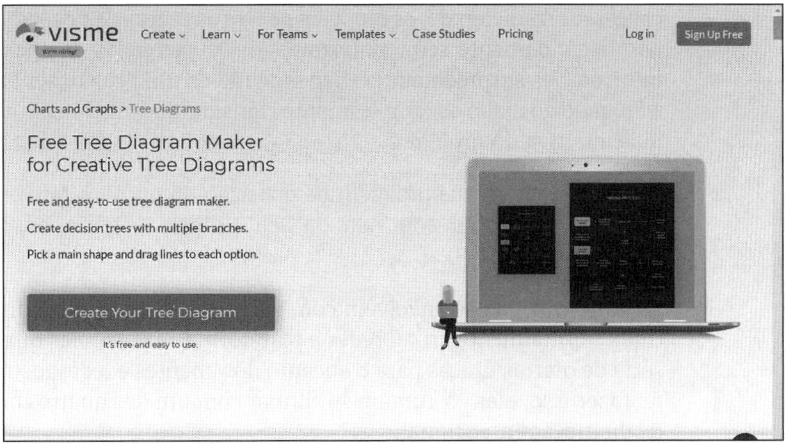

FIGURA 15-3: Ferramenta de pensamento estrutural do Visme.

Uma grande variedade distinta de ferramentas de modelagem e simulação por computador está disponível, com a maioria adaptada a assuntos, setores ou sistemas específicos. Exemplos incluem duas categorias que se destacam: modelagem com design assistido por computador (CAD) e simulações com engenharia assistida por computador (CAE).

Exemplos nas opções CAD: SolidWorks, KeyShot, CAD Civil 3D e SkyCiv Structural 3D.

Exemplos em CAE: MATLAB, Fusion 360, Solid Edge, Simulink, SimScale, GNU Octave, Altair OptiStruct e MoldFlow.

LEMBRE-SE

Seu objetivo nos projetos de decisão inteligente é mirar e atingir uma meta específica: o impacto de negócio que deseja produzir. Teste esse impacto antes de implementar o processo de DI para garantir que sabe o máximo possível sobre qual será o impacto no mundo real e qualquer outra coisa que ele possa afetar. O pensamento sistêmico é uma ótima maneira de conseguir uma perspectiva maior do impacto proposto e quaisquer repercussões ou consequências não pretendidas.

Conformidade e Criação ao Mesmo Tempo

Nos negócios e na vida, ninguém o força a tomar uma decisão por vez. Na verdade, é um procedimento operacional padrão para muitas pessoas em uma organização tomar decisões simultaneamente, ora separadas, ora em conjunto, em paralelo ou em série.

Portanto, não só é possível, mas muitas vezes é desejável colocar dois projetos de decisão inteligente diferentes ou opostos em jogo, com um buscando criar um impacto de negócio de acordo com os limites existentes, como os processos tradicionais, os modelos de IA e as regras de negócio, e outro projeto decididamente sem conformidade. Os exercícios de oposição revelam informações surpreendentes, dependendo de um projeto ser basicamente o advogado do diabo ou simplesmente transgredindo as coisas para uma visão mais criativa do problema.

Se você adota essa abordagem de oposição ou outra, o fato é que há valor em uma disrupção contínua de seu próprio negócio buscando inovar constantemente.

As empresas que se envolvem com sucesso em práticas de disrupção contínua normalmente criam redes e plataformas a partir das quais surge uma série de ofertas únicas para o encanto dos clientes e o desgosto dos setores. Ao fazer isso, elas costumam se alinhar com um dos quatro tipos principais de disrupção intencional:

- **Ofensiva:** Crie sua própria disrupção: produto, processo, serviço ou modelo.
- **Defensiva:** Reaja ao ato disruptivo de um concorrente ou produto.
- **Mudança:** Basta ter uma ideia oportuna e inovadora.
- **Autodisruptiva:** Torne seu produto ou serviço anterior de menor valor introduzindo uma inovação que o substitui.

Pense nisso tudo como gabaritar o teste de F. Scott Fitzgerald. Fitzgerald disse que a capacidade de manter duas ideias opostas na mente e ainda funcionar é o teste definitivo de uma inteligência acima da média. Em outras palavras, ele defendia o uso de muitos modelos considerados simultaneamente, em vez de tentar criar um modelo de mundo perfeito. Embora Fitzgerald tenha dado essa opinião em 1936, ainda é uma abordagem inteligente para tomar decisões fundamentadas e sólidas hoje.

DICA

À medida que você escolher com quais decisões criar um projeto de decisão inteligente, veja se também pode criar outro projeto oposto ou discordante para expandir seu entendimento das possibilidades.

Direcionando os Impactos de Negócios para um Objetivo em Comum

Na decisão inteligente, você primeiro toma a decisão, que equivale a um impacto de negócio específico que procura ter. Mas, antes de começar a mapear o processo e as ferramentas necessários para ter esse impacto, verifique também a direção em que ele irá.

É possível que você saiba no momento que as decisões muitas vezes impactam mais de um alvo, tendo você vários ou não em sua visão. Mas o que você pode não ter descoberto ainda é que esses alvos podem estar em inúmeras direções diferentes, ou seja, eles existem em diferentes espaços.

LEMBRE-SE

Ao verificar as consequências não pretendidas, os danos colaterais ou outros resultados negativos que podem diminuir o impacto buscado, procure os possíveis efeitos em várias direções.

As ferramentas do pensamento sistêmico mencionadas antes neste capítulo ajudam a identificar e visualizar as reverberações de sua decisão em um sistema interno ou externo. Os sistemas externos podem incluir cadeias de suprimento, ecossistemas do produto, produção e sistemas de distribuição. Os sistemas internos incluem compra, armazenamento, seleção dos produtos, envio, devoluções, sistemas de pagamento e sistemas de classificação de redes sociais/apps.

DICA

A propagação do sistema não é o único lugar onde você deve procurar efeitos colaterais em potencial para sua decisão. Veja também na base e no topo. Por exemplo, em direção à base, alguns trabalhadores podem sentir disrupções ou atrasos em seus fluxos de trabalho. Isso pode fazer com que eles busquem soluções alternativas, podendo resultar na formação de uma TI invisível (shadow IT, em inglês, que significa o uso inadequado de tecnologias e dados da empresa), que pode então ser um problema para o negócio. Os atrasos e as frustrações nos fluxos de trabalho podem levar a quedas drásticas no recrutamento de talento e nos esforços de retenção.

Por outro lado, em direção ao topo, um impacto pode constranger a liderança, causando uma reação pública ou um impacto em desacordo com a missão da empresa. Ou você pode estar entregando um impacto que, se alguém nas altas funções corporativas (C-suite) tivesse um prazo suficiente, poderia utilizar o efeito positivo adicional para o negócio, mas agora existe apenas como uma oportunidade perdida.

CUIDADO

Fique atento à paralisia da análise, em que pensar demais nas alternativas leva ao congelamento da decisão. O importante aqui não é pensar demais na decisão, mas buscar aproveitá-la ativamente mitigando os riscos de muitas maneiras possíveis. Isso torna os projetos de decisão inteligente, que são altamente direcionados por natureza, ainda mais eficientes para a organização.

Uma direção óbvia que normalmente requer verificar os impactos da decisão são os orçamentos da empresa ou dos departamentos. Veja se você não está fazendo suposições sobre esses impactos garantindo que as estimativas sejam precisas e substituídas rapidamente por custos reais (na verdade, é melhor monitorar os custos em tempo real, se possível). Veja se as avaliações do progresso do projeto são realistas e precisas, e se a análise da sensibilidade, normalmente conhecida como análise hipotética, e os modelos preditivos estão rastreando com consistência os eventos reais.

DICA

Não apenas repita as decisões com os modelos atualizados. Observe que a mudança é a única constante. Procure o que mais você pode querer ou precisar adicionar como considerações na decisão. Um exemplo é a privacidade dos dados e a governança ética da IA, que podem ser necessárias para estar de acordo com as mudanças nas regulações ou por motivos morais; por exemplo, a necessidade de não causar sem querer danos aos funcionários, aos clientes ou ao público.

Uma direção menos óbvia a verificar os impactos futuros é o impacto na comunidade. Procure coisas como potenciais violações na economia local ou sobrecargas no ambiente, na escola pública e nas creches se você move mais funcionários para uma área do que podem ser acomodados. Estudos de impacto na comunidade ou em questões ambientais podem fazer parte de suas considerações ao determinar as consequências de suas decisões comerciais.

LEMBRE-SE

Seja conciso, mas minucioso. Faça poucas suposições e, quando as fizer, verifique com frequência à relevância e à utilidade. Veja com o que e quem sua decisão pode colidir, e se o resultado é positivo, negativo ou neutro para sua organização e partes afetadas.

Lidando com as Singularidades da Decisão

Decisões são ações. Sem uma ação comprometida, não há decisão. Contudo, não tomar uma decisão também é uma ação. Na decisão inteligente, como é o caso com qualquer veredito, as decisões se resumem a uma escolha: a decisão de agir ou não; embora a decisão de agir possa também ter várias escolhas no tipo de ação a ser tomada.

Quando uma organização fica presa em uma mentalidade ou tão encantada com seu modelo comercial que resiste em mudar e foca apenas melhorar as eficiências, ela já tomou a principal decisão de não agir de outro modo. Qualquer outra decisão tomada pela organização ou dentro dela preserva o *status quo*. A dedicação ao *status quo* cria uma singularidade da decisão, ou seja, uma única decisão principal que tem prioridade sobre tudo mais, tão fortemente defendida que nenhuma decisão subsequente pode anulá-la.

Em uma linguagem menos floreada, essa teimosia é uma evidência do viés de confirmação em toda a organização. Todas as decisões são tomadas com a suposição central de que nada sobre o negócio mudará e, mais, que não é preciso mudar o negócio, jamais.

Em tais cenários, a disrupção interna, também conhecida como *inovação*, não pode acontecer em nenhum grau razoável. A herança supera a mudança, e a tolerância ao risco normalmente é muito baixa. Se a organização não for cuidadosa, não sobreviverá aos novos desafios do mercado provocados, em geral, por concorrentes disruptivos.

Quando as empresas têm tal coerência com uma única decisão (singularidade da decisão) e acham que elas devem fazer, pelo menos, uma mudança simbólica para se manterem competitivos, em geral fazem isso via aquisição. Nesse contexto, essa é outra forma de decidir não agir porque a empresa apenas adicionou outra que faz algo diferente, mas não mudou de modo algum em si.

A época em que empresas de cem anos ou mais reinavam supremas acabou. A experiência com modos antiquados de fazer as coisas não dá em nada. Hoje, uma empresa é tão lucrativa e segura quanto sua capacidade de inovar, fazer disrupção, mudar e tomar decisões difíceis, mas corretas.

LEMBRE-SE

Agilidade e fluidez no modelo comercial agora são um requisito. O mercado atual foi redefinido por disruptores que variam desde uma pandemia até empresas que jogam com regras muitos diferentes. Não são as chamadas empresas irresponsáveis, significando que estão sempre mudando, mas com modelos comerciais de má reputação. Esses novos disruptores, qualificados por estarem em rápida adaptação às forças do mercado, lembram mais marinheiros experientes no mar que sentem a mudança dos ventos com habilidade para chegar ao seu destino preferido.

Para não ficar preso na singularidade da decisão, não veja nada em sua organização como sendo sagrado, exceto sua missão (mas até isso deve ser questionado). Entre nos projetos de decisão inteligente com finalidade e intenção, mas não devoção a um produto, um serviço ou um modelo comercial. Entenda que você não pode proteger o negócio da mudança, mas deve encontrar meios de aceitá-la.

As decisões trazem mudança, melhorando as circunstâncias da organização com uma ação sábia ou sucumbindo às forças externas por meio da falta de ação ou com decisões ruins.

LEMBRE-SE

Decisões são ações que trazem mudança. Decisão inteligente é uma mudança inteligente desencadeada por uma ação intencional com um objetivo definido.

Revendo o V Invertido

Usar a decisão inteligente move sua organização de ser orientada a dados para ser orientada à decisão. Basicamente, isso significa que você não está mais à procura de ideias práticas nos dados usando o analytics. Pelo contrário, visa uma ação que é apoiada por dados e pelo analytics.

Não importa se os conjuntos de dados usados são volumes enormes de informações digitais ou uma série de fatos armazenados em sua cabeça. Nem importa se você faz a análise com algoritmos avançados no software ou nos processos milagrosos usados pela mente humana. O fato é que analisar a informação pode ser hipnotizante, interessante, divertido, alarmante e, às vezes, útil. Infelizmente, há muito desperdício, atraso e distração nesse método para as empresas terem ganhos comerciais mensuráveis confiáveis e consistentes.

Para eliminar o desperdício e a distração e assegurar que o negócio ganhe algo com cada decisão, é preciso focar a decisão e o resultado apresentado. Por isso, a decisão inteligente começa no final e termina no começo.

O melhor modo de visualizar essa metodologia é considerar o V invertido. É a forma que resulta de trabalhar da consulta até a saída a partir da análise, e então voltar. Em geral, você pega um caminho diferente e mais direto assim que o destino é definido, em relação ao que faz se começa com as informações e tenta descobrir o destino. A decisão inteligente é uma metodologia, não um processo exato, portanto, os passos são flexíveis e personalizáveis para caber em cada decisão.

Em qualquer caso, logo você perceberá que é mais importante manter a decisão fixa do que as consultas ou o caminho. É essa flexibilidade recém-descoberta no caminho que lhe dá espaço para descobrir e implantar esforços mais pontuais e eficientes que entregam com consistência um valor de negócio predeterminado.

LEMBRE-SE

A decisão inteligente é uma abordagem multidisciplinar. Entre os recursos variados que você pode usar, estão as informações e a direção de empresários e chefes de departamento, assim como das ciências da decisão.

O V invertido funciona ao determinar caminhos melhores para sua decisão, mesmo quando dados digitais não são usados no cálculo. Se você toma uma decisão em um guardanapo, pode comparar como normalmente chegaria a uma decisão, então trabalha de trás para a frente a partir da decisão para verificar um modo melhor de chegar lá.

Outra maneira de considerar isso é mapear uma rota de sua casa para qualquer lugar. Então ignore-a e, a partir do lugar, mapeie uma rota de volta para casa. Há boas chances de que as duas serão diferentes, pelo menos, em alguns pontos. Você pode ter visto esse fenômeno ao usar um sistema GPS que mapeia um caminho até seu destino, mas outro de volta para casa.

Esse fenômeno ocorre nessa situação, em parte, porque você está familiarizado com a disposição do terreno perto de casa e configura sua rota para aceitar seus recursos. Mas, quando começa a mapear seu caminho de volta a partir do destino, está considerando um conjunto de fatores diferentes que pertencem a esse lugar, e, assim, suas duas rotas diferem muito.

A decisão inteligente permite espaço para inserir criatividade e outros fatores de influência no processo de decisão. Cada passo será dado no contexto e dentro dos parâmetros da decisão final. Só fique de olho nas armadilhas do caminho. Sua tendência natural será a de se basear no conhecimento que você já tem, inclusive as saídas das consultas de dados anteriores.

Essas saídas, mesmo (talvez principalmente) as apresentadas como ideias práticas, não são realmente decisões e não costumam ser ações também, a menos que ligadas à automação. Portanto, não era o lugar ao qual você estava tentando ir. Você não deve procurar validar nem recriar os insights de dados anteriores, nem deve usar essas saídas como seu ponto de partida. Se estiver usando, pare. Sua missão é procurar um modo melhor de chegar na decisão certa, não um novo caminho para recriar uma decisão anterior.

Outra armadilha está em ignorar ou falhar em incorporar as ciências da decisão em adição (ou mesmo a ausência) aos dados e à data science. Os dados não são uma solução milagrosa, e o analytics não é onipotente. Respeite-os e use-os como ferramentas, não como a palavra final nas respostas.

As ciências da decisão incluem uma combinação de disciplinas, como psicologia, economia, filosofia, estatística e ciência da gestão. A teoria da decisão, um conjunto de métodos quantitativos em estatística para tomar decisões ideais, pode ser uma grande ajuda também. Cada uma das disciplinas comumente agrupadas como ciências da decisão apresenta métodos quantitativos para otimizar as decisões.

Não quero que você fique com a noção de que o V invertido é um tipo de fórmula mágica. Ocorrerão falhas, mesmo depois da aplicação mais cuidadosa da abordagem dele. Poderia citar inúmeras causas, mas as mais comuns incluem:

- O impacto de negócio desejado ou a decisão em si é muito ampla ou vaga.
- Você está espelhando os resultados da mineração de dados tradicional (viés de confirmação).
- Você está pressupondo que os dados importam mais que qualquer outra coisa no processo.
- Você estragou as implementações.
- Você trabalha com suposições, em vez de estimativas precisas.
- Falta vontade na empresa ou comprometimento da liderança.
- Você sofre com a singularidade da decisão (decisão de manter o status quo).

Reveja o modelo do V invertido para assegurar que seus processos não estejam se afastando de seu objetivo ou que qualquer um desses problemas comuns não esteja prejudicando seus esforços.

NESTE CAPÍTULO

» Vendo mudanças na carreira com DI

» Vendo por que adicionar sua visão importa

» Interagindo com os superpoderes da DI

» Encontrando parceiros

» Lidando com o risco

» Verificando se a hiperautomação não o faz hiperventilar

Capítulo **16**

Desenvolvedores de Carreira e Fatores Decisivos

O movimento para as empresas orientadas a dados deu algumas garantias e certa cobertura para os tomadores de decisão. É difícil defender a ideia de que o tomador de decisão é responsável por uma má decisão quando ela foi baseada em informações úteis produzidas pelo analytics que provou ser insuficiente ou incorreta.

Embora a decisão inteligente (DI) remova essa proteção e restaure a total responsabilidade para os tomadores de decisão humanos, ela é bem-vinda para os empresários que procuram deixar uma marca maior em suas organizações, setores e carreiras. Se você prestar atenção, com certeza conseguirá escutar o coro silencioso do "Sim!", em particular nas altas funções corporativas (C-suite) e em outros lugares (talvez acompanhado de um punho levantado?).

Trocar a orientação a dados por orientação à decisão retorna o controle para as mãos dos empresários. Mas eles ainda usam dados e analytics para melhorar seu raciocínio. Assim, dados e analytics se tornam seus parceiros, não seus senhores.

Espere que os *assistentes de IA*, os chatbots preditivos e os assistentes digitais, como Alexa, Google Assistant, Siri e correspondentes no nível corporativo, adotem esse novo papel na empresa, assim como nos cenários pessoais. Não só suas respectivas IAs aprendem constantemente como seus criadores também adicionam recursos que seguem mais ou menos os métodos de DI. Em breve, eles chegarão direto ao ponto em relação ao que você deseja no momento, em vez de apresentar apenas fatos a partir dos quais você decide.

Por exemplo, a Alexa pode sugerir uma praia diferente daquela à qual você normalmente vai com base em suas preferências em número de pessoas, facilidade de acesso e disponibilidade de serviços específicos nela. Em vez de apresentar uma lista de "Praias próximas", o assistente recomendará uma praia específica e perguntará se você deseja reservar cadeiras e pedir comida e bebida antes de chegar.

Sim, a IA é um parceiro impressionante cada vez mais com cada iteração. E assim como a Alexa de sua adorada praia, os apps de análise de dados alimentarão informações diretamente para os tomadores de decisão conforme eles participam de reuniões ou consultam as principais decisões.

No momento, os tomadores de decisão provavelmente farão seu trabalho decidindo quais dados e ferramentas eles usarão para assegurar que uma decisão resulte em um impacto de negócio específico. Por isso a decisão inteligente é essencial: toda decisão deve produzir um benefício comercial. O melhor modo de fazer isso é ficar de olho; nesse caso, ficar de olho no resultado da decisão.

A IA também continuará a ter um papel importante à medida que automatiza as decisões. É uma excelente ferramenta para implementar e melhorar continuamente as decisões em grande escala. Quase nenhuma organização de bom tamanho pode operar sem esse valioso auxílio da máquina.

Quanto aos tomadores de decisão humanos, sua visão de negócios, seu pensamento crítico e sua criatividade para a solução de problemas agora estão novamente na moda. Está na hora de assumir a posição e continuar.

Aceitando o Conselho da Máquina

Se você não tem certeza sobre o que fazer quando a IA ou o analytics faz uma recomendação, não é o único. Mas acredite: é possível descobrir. Basta seguir o ditado "Confie, mas verifique". Você verifica testando as saídas dos algoritmos regularmente. Faça primeiro seu trabalho de casa para que saiba como concluir corretamente seu projeto.

Mas, em geral, quando tudo for dito e feito, aceite o conselho da máquina.

A hesitação é compreensível, mas não muito útil. A análise do setor estima que 85% de todos os projetos de IA falham. Uma alta taxa de fracasso é esperada até o final de 2022, e possivelmente além. Mas há uma conversa sobre a IA sendo confiável, e isso é o suficiente para fazer qualquer homem de negócios normal questionar se deve apostar o negócio em decisões baseadas ou implementadas pela IA.

As empresas que veem altas taxas de fracasso podem ver os números como significando que a tecnologia é falha. Contudo, seria um erro. Como é comum nas novas tecnologias, a falha está quase unicamente no operador.

Mas se você sabe onde estão as armadilhas, fica mais fácil evitá-las. Veja uma listinha do que você deve procurar

» **Os dados não são um ML pronto.** Limpar os dados para o aprendizado de máquina não significa só remover as inconsistências e deixar todos os campos em conformidade. Por exemplo, se você deseja que todos os campos de data sejam consistentes, então todas as datas devem ser registradas do mesmo modo (como dia/mês/ano, mês/dia/ano, em texto, números ou uma combinação). Também significa fornecer dados realmente representativos e verificar as corrupções de dados que possam distorcer esses conjuntos de dados. Por exemplo, você sabe quais dados seus sensores 24/7 estão selecionando agora? Bem, sabe mesmo? Pode ser algo que parece inofensivo, mas coloca seus dados representativos em descrédito.

» **Os dados não "entram e representam".** Os dados devem ser representativos para o aprendizado de máquina funcionar. Isso significa que você precisa evitar o uso de poucos dados, dados muito limitados ou distorcidos, para dar à máquina uma visão total do problema ou da situação. Por exemplo, fornecer apenas dados com acidentes de helicóptero pode fazer a IA pressupor por engano que todos os acidentes de helicóptero ou todas as condições presentes nos helicópteros acidentados contribuíram para o acidente.

» **Seu sistema novinho não sincroniza com sucesso com os sistemas de herança.** Os sistemas de herança são antigos e pesados, mas se ainda são a base da empresa, veja se seus projetos ML podem lidar bem com eles quando chegam na produção. Se não, esse projeto ML pode se tornar só um brinquedo bonito que acaba no lixo quando não funciona na empresa.

» **O novo nem sempre é melhor.** A nova IA é como ter seu primeiro Porsche: você tem orgulho, está empolgado e logo pula atrás da direção sem nenhum destino real em mente. Embora possa parecer uma experiência divertida em um Porsche, possivelmente parece mais com um trem desgovernado na IA. A conclusão aqui é a de que a IA não é boa em tudo. Eu sei, você ouviu algo diferente. Burburinhos animados à parte, a IA é péssima em certas tarefas e arrasa em outras. Alguns projetos são mais bem lidados pelo analytics tradicional do que pela IA. Escolha projetos nos quais a IA é boa e que tenham um retorno no investimento (ROI) que pode ser percebido e medido.

» **Você é vítima do complexo de Super-homem.** A IA é democratizada devido a estar incorporada em quase todo software atualmente. As ferramentas de IA estão ficando mais fáceis de usar, e mais pessoas agora as utilizam para criar sua própria IA. Infelizmente, muitas dessas pessoas acreditam que a chegada de ferramentas amistosas significa que elas podem ter êxito em novos projetos de IA próprios ou com uma equipe mínima. Não, péssima ideia; não marginalize os profissionais. Não é um trabalho para o Super-homem. É um projeto de operações completo que requer uma equipe inteira de especialistas diversificados marcando vitórias.

» **Projetos zumbis assumem o controle.** Projetos ML zumbis são projetos desatualizados, mas ainda circulando pelo negócio. Há muitas causas para a existência de projetos de IA decadentes que se recusam a morrer; por exemplo, desvio do modelo, mudar a demanda do usuário, dificuldades em atualizar os projetos ML ou mudanças nas necessidades comerciais. A tentação é deixar os zumbis como estão, mas você sempre deve se lembrar: embora a automação seja boa, colocar o ML no piloto automático normalmente leva a resultados ruins. Acabe com os zumbis.

» **Você não tem a adesão do executivo.** Se os líderes da empresa não têm vontade, não tem como você ter sucesso. Consiga e retenha o apoio para o projeto desde o primeiro dia ou seu projeto morrerá bem antes de você dar vida a ele.

Um analytics mais tradicional também ficou aquém de sua promessa. Muitos produtos anunciados como entregando informações úteis realmente apresentam fatos que as empresas ainda precisam descobrir como utilizar.

É um dos motivos para o Dr. Antony Fauci, principal médico assessor do presidente dos Estados Unidos, dizer para a nação o que acontecia durante os primeiros dias da pandemia de COVID-19, mas não necessariamente o que as pessoas deveriam fazer sobre isso. Essa situação levou à confusão em questões como máscaras para os vacinados e se era seguro reabrir as escolas.

Aqui também as falhas muitas vezes são causadas mais pelos operadores do que por problemas com as tecnologias.

Esta lista descreve algumas armadilhas comuns a evitar nos projetos de analytics:

- **Repensar os resultados:** O ser humano tende a confiar em suas impressões, não nos dados. Mas a verdade é que as impressões humanas raramente são leituras precisas da situação (a memória humana também é problemática). Quase sempre os dados acabam estando certos, e o homem, errado. Mesmo assim, essa falta de confiança persiste. Teste ou compare suas saídas em relação a outras saídas de dados, em vez da opinião de um usuário ou a sua. Lembre-se de que há um motivo para os tribunais valorizarem os dados acima dos relatos das testemunhas, e você deveria agir assim também.
- **Recolha o lixo:** O velho ditado "lixo que entra, lixo que sai" ainda se aplica. A lista dos possíveis problemas com os dados é longa, mas todos requerem sua atenção cuidadosa. Segundo a maioria dos relatos, os cientistas de dados passam cerca de 80% do tempo limpando dados. Esse número deve lhe dar uma ideia de como essa tarefa é importante e como é grande a perda de tempo.
- **Rastreando dados errados:** Mesmo que você faça a pergunta certa dos dados, com certeza receberá uma resposta errada se os dados usados são irrelevantes, mal gerenciados, incorretos, desatualizados ou sem sincronia. Pense bem sobre o que você rastreia, por que rastreia e como lidar com isso, pois essas informações são essenciais para produzir os resultados necessários.
- **Rótulos lamentáveis:** A linguagem importa mais na utilidade dos dados do que a maioria das pessoas pensa. As palavras são muitas vezes ambíguas, tornando a pesquisa, a consulta e outras funções propensas a erros. O problema está não apenas nas palavras com múltiplos significados (por exemplo, a palavra laranja pode se referir à fruta ou à cor), mas também nas inconsistências em como os dados são rotulados. Grande parte da data science equivale a rotular os itens, e com razão. Sem os devidos identificadores, seu analytics não ajuda e prejudica você.
- **Angústia da ferramenta:** Sua organização investiu nas últimas ferramentas, mas ninguém sabe como usá-las. Ou você tem ferramentas antigas e ninguém gosta de usá-las. De qualquer modo, você não obtém aquilo de que precisa de seus dados usando tais ferramentas. Corrija os desafios da ferramenta indefensável com aulas de treinamento, comprando novas ferramentas ou ambos.

Se você teve êxito ao evitar essas armadilhas e fez seu trabalho com atenção, a IA e o desempenho do analytics não o deixarão afundar. Acima de tudo, confie nos resultados, porque, assim, o que você realmente está fazendo é confiar em seu trabalho ou no trabalho de sua equipe. A máquina só fez o que foi informada ou treinada para fazer.

LEMBRE-SE

Sua carreira consiste em fazer os movimentos certos. Usar o analytics e/ou a IA é o movimento certo.

Adicionando Sua Própria Visão

Ter o analytics ou a IA na decisão inteligente é só uma parte da história de sucesso de sua carreira. A outra se resume a seu talento, visão dos negócios, habilidades de pensamento crítico, habilidades para uma solução criativa de problemas e empatia, ou seja, todas as habilidades sociais difíceis de automatizar e, assim, as características exatas que protegem seu trabalho de ser assumido pelas máquinas. Meu conselho? Seja *bom* usando suas habilidades sociais.

Na decisão inteligente, você começa com uma decisão. Use toda a sabedoria e a matemática disponíveis nas ciências da decisão para orientá-lo ao tomar uma decisão que entregará um impacto de negócio desejável com um retorno no investimento (ROI). E com certeza você deve ter tudo isso para apoiar, pelo menos ao tomar decisões importantes, ou até ao tomar *todas* as decisões.

Mas mesmo assim, saiba que, no fundo, a decisão está nas suas mãos e será a aplicação de suas habilidades sociais que pesará entre ser comum e excepcional, interessante e útil, salvando seu emprego e desenvolvendo sua carreira. Nesse sentido, a DI é uma forma de adivinhação, semelhante de muitos modos às capacidades de adivinhação da análise preditiva.

Por mais semelhantes que sejam, ainda têm algumas diferenças importantes. Na análise preditiva, os dados históricos (passados) são minerados e uma trajetória de eventos é planejada com base na direção do caminho agora. É uma previsão precisa do futuro se, e somente se, nada acontece para mudar o curso desse caminho. A decisão inteligente, por outro lado, prevê o futuro criando-o. Você começa com uma decisão sobre o impacto que deseja causar, então trabalha para que o evento aconteça. Conforme trabalha de trás para a frente a partir da decisão, você foca deliberadamente fazer todos os movimentos necessários para criar esse impacto. Se tiver sucesso, você modelará o futuro (ou, pelo menos, uma pequena parte dele) no que deseja que ele seja.

LEMBRE-SE

Com o método da DI, é possível usar os dados e todas suas armadilhas, ou não usar nenhum conjunto de dados digitalizado. Dados, ferramentas de dados e data science são apenas alguns dos muitos elementos à sua disposição.

O que não é opcional é *você*. Você não está limitado pelos dados que tem. Está limitado apenas por sua própria mente. Seu sucesso nessa estratégia ajudará a empresa a realizar suas metas, mas também levará sua carreira a novas alturas. Veja, são essas habilidades exatas que você adiciona ao processo de DI que as empresas mais buscam nos funcionários e nos líderes. Todo o resto os empregadores podem simplesmente automatizar.

A decisão inteligente une as habilidades humanas e as capacidades da máquina para formar conclusões mais inteligentes. Também é um método para orientar as decisões apenas humanas para que elas tenham os resultados desejados. Em qualquer caso, suas contribuições importam muito.

CUIDADO

Nem tudo com o que você contribui tem valor igual. Faça sua opinião contar, em vez de se desviar do processo de DI. Adicionar ruído para parecer um colaborador provavelmente levará à sua derrocada.

Dominando seus superpoderes da decisão inteligente

Ser um excelente tomador de decisão é tanto arte quanto ciência. Os líderes comerciais e políticos que se destacam em conseguir esse delicado equilíbrio tendem a deixar uma marca distinta na história ou em suas áreas. Até certo ponto, a DI imita os processos que os principais empreendedores do passado provavelmente usaram por intuição.

Em termos simples, a decisão inteligente é uma fórmula para desenvolver um superpoder exclusivamente seu.

Como seu talento inato o posiciona para tomar decisões aprimoradas por dados, várias ciências, equações matemáticas e novas tecnologias incríveis, ele chega ao nível de um superpoder. Como são sua *visão*, suas habilidades e seus talentos que estão sendo aumentados, esse superpoder é tão único quanto você.

Resumindo, a decisão inteligente é uma ferramenta para desenvolver a carreira se você a coloca a seu favor e a favor da empresa.

Mas a DI não é uma fórmula no verdadeiro sentido da palavra, porque ela não é uma metodologia repleta de infinitos passos repetidos. Trabalhar de trás para a frente a partir da decisão requer modelar uma composição de passos únicos usando uma seleção personalizada de ferramentas e conjuntos de dados. Para os tomadores de decisão conhecedores de qualquer uma ou muitas dessas ações, o processo parecerá mais fácil, embora não necessariamente. Para aqueles que desenvolvem e aprimoram suas habilidades, o processo pode parecer um desafio maior complicado por inúmeros obstáculos. Mas normalmente é assim mesmo ao vestir e usar um superpoder, não é?

A boa notícia é que você não precisa ser um herói sozinho. É possível montar e liderar uma equipe de heróis e parceiros que apresentarão resultados dignos de todos.

LEMBRE-SE

O processo de DI pode ser difícil. Às vezes também pode ser fácil. Mas quando feito do jeito certo, sempre vale a pena, porque o impacto é tão certo e real quanto tudo mais nos negócios. E quem não quer um recorde recorrente de sucessos se tais realizações acabam em seu currículo?

Assegurando que você tenha ótimos parceiros de dados

A maioria dos projetos de DI incorporará ou girará em torno da *decisão digital*, ou seja, eles incorporarão a IA (que, com toda a honestidade, são só decisões automatizadas). Mas nem todos os projetos de DI serão centrados na IA ou no analytics. Alguns envolverão outras ciências da decisão, ferramentas e tipos de dados. Qualquer que seja o foco, muitos projetos de DI requererão uma equipe de profissionais para planejar, implementar e gerenciá-los, para que deem frutos.

Os tipos de profissionais que você precisa adicionar à sua equipe dependem da natureza do projeto. Mas seja como for, não tente seguir com menos membros da equipe do que você precisa. Sempre se lembre de que as habilidades superam os títulos, portanto, tenha uma compreensão clara dos níveis de habilidade de todos os membros da equipe. Por exemplo, pesquisadores e tomadores de decisão aprenderam durante a pandemia que a IA não estava à altura da tarefa de descobrir tratamentos e vacinas para o vírus. A tecnologia que deu resultados em relação à vacina e ao desenvolvimento de tratamentos foi a *bioinformática*, um campo interdisciplinar e um conjunto de tecnologias especializadas designadas a coletar e analisar dados biológicos complexos. As equipes de bioinformática diferem das equipes de IA na combinação de especialistas em suas respectivas misturas interdisciplinares.

Se você assumisse um projeto de DI destinado a curar uma doença, poderia querer usar as equipes de bioinformática da pandemia como um tipo de modelo. Personalize qualquer modelo ou exemplo de equipe escolhido para emular, para ajustar o suporte da decisão buscado em seu projeto de DI.

Mas além de considerar os projetos pandêmicos individuais, você também pode querer ver o pensamento sistêmico em projetos afins. Isso pode lhe dar insights valiosos para a dinâmica e a composição de esforços entre os projetos.

Por exemplo, o Transformational Bioinformatics Group publicou um novo software para dar suporte aos pesquisadores em sua luta para escolher a cepa de COVID certa para os modelos pré-clínicos e teste da vacina. O trabalho incorporado no software foi conduzido pelo principal consultor de pesquisa da CSIRO, S. S. Vasan, e financiado pela CEPI (Coalizão para Inovações em Preparação para Epidemias). Ela faz parte do ACDP (Australian Centre for Disease Preparedness), que é um participante fundamental nos esforços de detecção e preparação para futuras ameaças de biossegurança na Austrália. CSIRO significa Commonwealth Scientific and Industrial Research Organisation, que é o órgão do governo australiano responsável pela pesquisa científica.

Disponibilizando amplamente o software para o ecossistema de defesa da COVID no mundo, todos os projetos podem se beneficiar com o trabalho da CSIRO e acelerar seus objetivos. Entender a importância de qualquer sucesso no mundo para o objetivo da Austrália de salvar as pessoas levou a uma abordagem mais inteligente ao perceber esse impacto.

Ainda que os únicos projetos de IA tenham falhado em lidar adequadamente com a ameaça da COVID-19, o aprendizado de máquina teve um papel central nos bastidores ao acelerar o desenvolvimento da vacina. Apenas seis meses após o coronavírus que causou a doença ser identificado, as vacinas já passavam por testes clínicos.

O trabalho de vários dos principais virologistas e imunologistas usou a imunologia computacional para identificar os alvos da vacina e desenvolver possíveis vacinas em uma questão de horas. O aprendizado de máquina assumiu a liderança ao entender quantidades enormes de dados de rápida mudança do paciente e de laboratório para dar suporte a essa causa. As contribuições feitas por IA foram resultado da análise de enormes quantidades de dados do paciente adicionados a velocidades incríveis, desde determinar a sequência genética do vírus até desenvolver candidatos à vacina e administrar as vacinais finais no braço das pessoas.

Mas não se engane, os especialistas envolvidos nesses cálculos e no desenvolvimento das ferramentas computacionais foram igualmente fundamentais, e é a soma de décadas de trabalho em suas áreas que tornou essa corrida maluca possível e bem-sucedida.

Os modelos matemáticos usados começaram como equações diferenciais comuns que descreviam e previam como os sistemas mudavam ao longo do tempo e do espaço. Eles foram mais desenvolvidos por imunologistas dedicados a combater doenças, mesmo que no início eles tenham tido problemas para encontrar apoio e financiamento para suas ideias de computação especializada. (Foi bom eles terem pressionado!)

Imunologistas, virologistas, epidemiologistas, profissionais de saúde pública, geneticistas e outros especialistas de várias disciplinas podem não ser considerados parceiros pela definição da revista em quadrinhos, mas seu desejo de ser o herói às vezes (e parceiro às vezes) levou a uma das realizações mais brilhantes da humanidade. Cada um deles tomou a decisão de trocar as posições quando necessário para gerar o impacto buscado; nesse caso, vacinas da COVID.

Seja qual for a decisão tomada e com a qual você cria seu processo de DI, adicione à sua equipe os parceiros necessários que possam também entrar e atuar como heróis quando preciso. Quanto mais forte a equipe, mais assertivos os processos, e quanto mais definida sua decisão, melhor e mais rápido o resultado.

LEMBRE-SE

Os algoritmos e os dados são bons em dizer o que pode ser observado com os dados, mas não são bons ao dizer qual decisão é necessária. Primeiro defina qual decisão precisa ser tomada, então confie nos algoritmos e nos dados para dar apoio com o que era conhecido ou previsto anteriormente.

Novos Influenciadores: Mestres da Decisão

O mundo sempre precisará de cientistas de dados e outros profissionais de data science. É ótimo para eles, e para o resto de nós, que grande parte do trabalho agora seja automatizada. Mas a totalidade do trabalho deles não foi automatizada, e provavelmente não será em um futuro próximo. Afinal, os computadores são ruins em muitas das decisões mais básicas, como interpretação com nuances usando contexto quando necessário para decifrar se, por exemplo, a palavra *laranja* em uma célula na planilha se refere à fruta ou à cor. Os computadores também são ruins ao dizer às pessoas quais decisões tomar.

Os cientistas de dados também podem não conseguir dizer qual decisão tomar, mas são bons em outras decisões, como determinar quais dados são relevantes ou não em relação a certo problema comercial e quais consultas fazem sentido para atender as metas comerciais. Os cientistas de dados também são bons em definir regras de negócio para manter a IA nos trilhos e impedir que o negócio se queime com a regulação.

Cientistas de dados e profissionais de data science não perderam o brilho nem a importância. Mas isso não significa que não há necessidade de novos tipos de talento para tomar ótimas decisões comerciais.

Que entrem os mestres da decisão. Essa área em evolução de profissionais é hábil em tomar decisões usando ferramentas, métodos, fórmulas matemáticas e táticas de vários campos da ciência de decisão. Em geral, essas pessoas não são fortes na prática de data science, mas estão muito cientes da utilidade e das capacidades do analytics e do aprendizado de máquina.

Embora seu título oficial ainda não tenha sido padronizado, as posições do cientista ou do mestre da decisão estão subindo do mesmo modo como o papel do diretor de dados (CDO) no passado. Os paralelos entre as posições estão se tocando. O diretor de dados se tornou uma posição oficial quando os líderes das organizações começaram a entender que os dados são um ativo valioso e precisam ser gerenciados como tais. A descrição oficial do trabalho é esta:

> *Diretor de dados* é um diretor corporativo responsável pela governança, pelo uso e pela proteção dos dados na empresa. O CDO supervisiona muitas funções relacionadas aos dados para assegurar que a organização utilize totalmente e capitalize com um de seus ativos mais valiosos: os dados.

Conforme a IA amadureceu, o analytics e a automação ficaram ainda mais avançados. E conforme mais negócios se voltaram para a DI para garantir que os projetos entreguem um valor de negócio consistente, a necessidade dos mestres da decisão ficou cada vez mais aparente.

Novamente, o título final pode ser diferente, mas para as finalidades deste capítulo, chamo essa nova posição de *mestre da decisão*. As responsabilidades do cargo provavelmente incluirão supervisionar as "receitas" da DI, gerenciar modelos e recursos de IA como ativos e gerenciar as decisões como ativos.

LEMBRE-SE

Como é o caso nos modelos de IA, muitas decisões (e seus processos afins) são repetidas e compartilhadas, impedindo que vários esforços de decisão e novos processos de DI reinventem a roda ou repitam uma decisão já esgotada.

Como essa velocidade e inovação são, e continuarão a ser, duas das principais necessidades para os negócios permanecerem competitivos, não se pode perder tempo com ideias desgastadas ou desatualizadas, ou começando todo projeto do zero. Gerenciar as decisões será o melhor modo de assegurar que as decisões sejam tomadas, compartilhadas e aproveitadas para a melhor vantagem da organização, a exemplo do CDO, que gerencia os dados do mesmo modo.

Assim, os papéis do diretor de dados e do mestre da decisão serão complementares, não substituirão um ao outro, e os sucessos de cada um definirão o nível de competitividade e sucesso que a empresa atingiu.

Em outro desenvolvimento provavelmente paralelo, as decisões declinam com o tempo, assim como os modelos de IA, e se desviam dos dados nos quais se baseiam. Ou seja, conforme os dados e as circunstâncias comerciais mudam, as decisões perdem relevância e impacto. É possível que surjam plataformas para ajudar a gerenciar centenas de milhares (se não mais) de decisões em uma única empresa. E mais: como os projetos de DI podem abranger sistemas inteiros, a gestão dessas decisões deve igualmente se estender por projetos e entidades no sistema.

Os mestres da decisão que realmente se destacam se tornarão os maiores influenciadores de seu tempo. Isso porque eles serão provedores altamente eficientes de disruptores e incubadoras de ideias em suas próprias empresas, setores e sistemas inteiros. Seu status subirá conforme as decisões começam a ser consideradas uma propriedade intelectual valiosa e um ativo da empresa.

Resta saber se o mestre da decisão será uma posição nas altas funções corporativas (C-suite) desde o início ou se começará como uma posição mais próxima do cientista IA ou das posições do desenvolver IA na hierarquia. Isso também é uma decisão estratégica para cada empresa tomar. A maioria não lidará com a questão até a adoção da DI atingir o ponto crítico internamente.

Definir as habilidades de que os mestres da decisão precisarão será um desafio também. Essas habilidades serão diferentes ou irão além das habilidades que os pesquisadores de IA ou os cientistas de dados têm, simplesmente porque o foco de cada um é diferente. O foco dos mestres da decisão estará nas receitas da tomada de decisão, não na mecânica digital.

LEMBRE-SE

Empresas como Google já apontaram pessoas como cientista-chefe da decisão ou diretor da decisão, portanto, está claro que essas posições não são ocorrências previstas no futuro, mas posições reais que existem *agora*. E mais, as ciências da decisão, a teoria da decisão e as habilidades afins já estão sendo ensinadas em muitas universidades e cursos online. As pessoas que buscam a próxima função incrível seriam inteligentes se adicionassem ou aprimorassem essas habilidades agora.

Evitando que Influências Erradas Afetem as Decisões

As decisões podem ser influenciadas negativamente por vários fatores. Fique atento a algumas armadilhas para não tomar a decisão errada, buscar o impacto de negócio errado ou ser vítima de um esquema de manipulação.

Influências ruins na IA e no analytics

A IA e o analytics são ferramentas importantes e úteis, mas não são infalíveis. Qualquer pessoa que tenha trabalhado com dados e estatística conhece as muitas armadilhas e imprevistos que podem envolver os modelos e entregar resultados ruins. Algumas dessas mesmas questões se transferem para a IA e o analytics.

Os erros estatísticos incluem o Tipo 1 (falso positivo), o Tipo 2 (falso negativo), erros padrão e erros de amostragem. E mais, as parcialidades podem ser um problema, inclusive viés de amostragem, de não resposta, de resposta e de ordem. A lista a seguir descreve as maiores características dessas parcialidades:

- **Viés de amostragem** ocorre quando o método de coleção da amostragem, por sua natureza, exclui algumas áreas demográficas ou grupos da resposta e, assim, representam em excesso os outros grupos. Por exemplo, concluir uma pesquisa online pode capturar uma quantidade desproporcional de pessoas experientes em computador e excluir as que têm um acesso limitado ou nenhum a dispositivos e serviços de computação.
- **Viés de não resposta** se refere às pessoas que não querem ou não conseguem responder a uma pesquisa, diferindo muito dos entrevistados de algum modo. Isso torna o estudo tendencioso em relação aos entrevistados. Por exemplo, se uma pesquisa por e-mail fosse enviada para os eleitores e uma parte respondesse em grandes números, mas os outros não ficassem interessados e não respondessem, a pesquisa seria tendenciosa em favor das partes que responderam.
- **Viés de resposta** vem das distrações ou das pressões sobre o entrevistado durante a pesquisa, fazendo ele dar uma resposta falsa ou incorreta. Por exemplo, perguntar sobre o histórico sexual ou escolhas de reprodução na presença do cônjuge ou dos pais, ou fazer a pesquisa em uma área barulhenta ou movimentada.
- **Viés de ordem** é criado quando a ordem das questões em uma pesquisa influencia o entrevistado a perceber algumas respostas como melhores que outras.

Qualquer erro e parcialidade também pode se transferir para o software de analytics se não forem dados passos para se proteger. Por quê? Esses são erros humanos, e os humanos programam o software, portanto, os erros humanos entram aqui também.

Os erros de dados podem ser variados, desde não ser representativos até registrar e identificar os erros, e desde a corrupção até a deterioração. Veja alguns problemas que causam erros de dados e outros no analytics:

- Quantidades de dados insuficientes.
- Dados irrelevantes.
- Dados desatualizados.
- Dados em tempo real corrompidos (mau funcionamento do sensor ou leituras erradas).

- Dados de baixa qualidade.
- Dados inacessíveis (dados em *silo*).
- Escassez de habilidades.
- Problemas de escalabilidade (a incapacidade de lidar com grandes tamanhos de dados ou números enormes das respostas automatizadas, por exemplo).
- Falta de orçamento.
- Falta de suporte para projetos.
- Pressão para chegar a uma conclusão preferida.
- Falta de compreensão da estatística.

Mas, além desses problemas, há vários outros que podem influenciar negativamente as decisões, não apenas na DI, mas também em toda implementação relacionada ou entre os projetos. Isso inclui um conjunto de parcialidades totalmente diferente. As decisões tendenciosas podem ser imorais ou não, mas, de qualquer modo, são nocivas e caras para a organização, inclusive:

- Viés de informação (as principais variáveis são medidas ou classificadas incorretamente).
- Viés de seleção (erro ao selecionar os participantes, resultando na falha em tornar a amostra aleatória).
- Viés de confusão (aponta para uma associação que é verdadeira, mas equivocada em certo uso ou contexto).
- Viés de confirmação (pesquisar ou usar apenas informações de acordo ou que dão suporte a uma opinião, crença ou valor específico).
- Aversão à perda (medo da perda que pode levar uma pessoa a tomar uma má decisão em um esforço de evitar uma perda ou uma chance de perda).
- Falácia do apostador (a crença incorreta de que um futuro evento é provável ou improvável com base em um evento do passado, quando, na verdade, ambos os eventos são independentes).
- Cascata de disponibilidade (um processo de autorreforço que adiciona plausibilidade a uma inverdade: "Repita algo o suficiente, e as pessoas aceitarão isso como verdade").

- Efeito framing (o modo como as informações são apresentadas, ou seja, "estruturadas", afeta a decisão para melhor ou pior, em geral para pior).
- Efeito de manada (a tendência de adotar uma crença ou uma opinião porque os outros a consideram como verdade).
- Efeito Dunning-Kruger (um viés cognitivo em que pessoas incompetentes superestimam muito seu conhecimento ou suas habilidades).

Mas minha lista está longe de ser completa; você pode encontrar literalmente centenas de outras parcialidades. O fato é que o pensamento falho ou os métodos de pesquisa podem distorcer gravemente os resultados ou torná-los totalmente inúteis.

Talvez o maior elefante na sala seja a desinformação, a divulgação intencional de inverdades. A desinformação sobre a COVID-19 está custando vidas humanas em muitos países diferentes, pois teorias da conspiração encorajam as pessoas a não tomarem nenhuma vacina, que salva vidas, nem confiar na equipe médica para tratá-las quando adoecem. Apesar dos esforços contínuos do governo, da saúde pública e dos profissionais de saúde privados para combater a desinformação, o número de mortes causadas pela pandemia após a vacina ultrapassou as mortes de COVID antes da vacina, inicialmente.

A desinformação, isto é, informações falsas de propósito, apresenta outro grande perigo na tomada de decisão. Em termos de dados, a desinformação pode equivaler a alimentar dados errados nos armazenamentos de dados de uma organização ou manipular os dados dentro dela. Isso pode levar a inúmeros perigos reais, como morte em potencial por doses prescritas incorretas enviadas digitalmente para uma farmácia, barragens abertas com base em gatilhos de dados falsos e cidades inundadas na parte baixa, e redes elétricas que esquentam demais e criam um blackout, por exemplo.

LEMBRE-SE

A informação errada e a desinformação podem influenciar mal a IA e o analytics, se ela existe nos dados, ou colocar um tomador de decisão muito fora da marca, caso a informação errada ou a desinformação influencie as crenças, as opiniões ou os métodos de pesquisa deste. Muitas carreiras em outros campos foram arruinadas pela informação errada e pela desinformação. Tome medidas para assegurar que você não esteja operando com falsas suposições e que os dados usados não tenham sido corrompidos.

O jogo de empurra

Bode expiatório, ou colocar a culpa em outra pessoa, é uma tática antiga usada para movimentos defensivo e ofensivo nos negócios. Na tomada de decisão, a transferência da culpa busca afastar a pessoa responsável de qualquer repercussão negativa. Também pode ser uma decisão tomada como parte de uma estratégia de longo prazo para causar a queda ou a ruína de um adversário comercial ou concorrente na constante disputa por posições de poder.

Portanto, o jogo de empurra pode ser um movimento defensivo após uma decisão ruim, ou um jogo ofensivo, como uma decisão de retirar uma pessoa vista como obstáculo para a subida ao poder do tomador de decisão.

De qualquer modo, não é um bom desenvolvimento. Verifique os sinais de aviso a seguir de que esse comportamento pode estar afetando seus projetos de DI:

- **Exclusão:** Um esforço deliberado de excluir uma ou mais pessoas na equipe para não participar do trabalho ou das principais discussões. Seja quem for o excluído (pode ser mais de uma pessoa), provavelmente é o bode expiatório visado. Porém é mais comum quando os membros da equipe são excluídos devido a um mau planejamento, uma omissão de convite ou a falsa crença de que o líder da equipe ou outro membro sabe tudo que a(s) pessoa(s) excluída(s) saberia(m).
- **Dedo apontado:** Encontrar falhas normalmente é uma ocorrência habitual, em geral com uma ou mais pessoas na equipe fazendo tudo para apontar o dedo, pelo menos inicialmente. Porém, a detecção de falhas pode se espalhar pela equipe se todos os membros ficam desconfiados e se sentem ameaçados.
- **Esquemas de negação plausível:** Isso envolve esforços para criar uma distância convincente dos processos essenciais, das principais decisões e das consequências do impacto para escapar da culpa mais tarde. Isso é mais comum nos projetos de decisão em que o impacto já é conhecido por ser negativo por natureza.

Para assegurar que seu projeto de DI não seja vítima do jogo de empurra, considere estas diretrizes:

- Atribua a responsabilidade de cada ação a um papel específico.
- Introduza medidas de responsabilidade.
- Faça um registro de auditoria para o projeto e garanta que todas as alterações e tarefas sejam documentadas e monitoradas. Esse conceito é fundamental para a melhoria da qualidade e a DI, mas lembre-se de que, nos dois casos, o foco está em auditar o processo, não em colocar a culpa em uma pessoa.
- Valorize e encoraje abertamente a inteligência emocional e a empatia.
- Crie uma atmosfera de abertura e insista na transparência.
- Substitua qualquer membro da equipe que cria um ambiente tóxico para os outros.

Política feia e influenciadores felizes

A política existe em camadas. Fora da organização, estão as camadas da geopolítica, da política nacional, das políticas do Estado e locais. Dentro de uma organização, estão as camadas da política também, em geral e coletivamente referidas como política organizacional, política corporativa ou política do ambiente de trabalho.

Segundo um estudo da Universidade de Harvard, *política organizacional* se refere a qualquer atividade visada para criar ou aumentar a influência, melhorando os interesses pessoais ou organizacionais. São as habilidades sociais, desempenhadas com brilhantismo para alinhar outras pessoas e fatores com as metas que podem não ser óbvias para aqueles que são afetados.

A política não é ruim por natureza, apenas a política disfuncional o é. Mas até a política funcional pode afetar as decisões de modos que parecem disfuncionais para os observadores casuais. Por exemplo, se a política funcional parece afetar negativamente as decisões na base, pode não haver realmente um problema, pois os resultados alimentam uma estratégia maior com um impacto desejado que requer uma decisão mais na base para tomar um rumo inesperado.

A política pode ser usada para melhorar as situações da organização e de seus membros. Isso requer uma boa compreensão do capital e do terreno políticos. Terreno político é tradicionalmente descrito com metáforas representando quatro domínios: ervas daninhas, rochas, terreno alto e bosques. Cada domínio tem duas dimensões: níveis individual e organizacional. A lista a seguir dá os detalhes:

» **A seção Ervas Daninhas na política organizacional** se forma quase organicamente via influência pessoal e regras informais. Essa área pode ser uma fonte de resistência a mudar na organização. Procure influenciadores aqui que normalmente trabalham em campanhas difamatórias, memes de redes sociais e outros meios para alinhar as opiniões dos outros com as deles. Claro, os influenciadores nesse domínio podem influenciar as pessoas de modos positivos e leves, mas é bem incomum. Depende apenas de quais pessoas são os principais atores aqui e o que elas visam conseguir.

» **A seção Rochas** é preenchida com autoridades formais, regras rígidas e capital político suficiente para influenciar o movimento entre os outros. Essa área pode servir como uma força estabilizadora para a organização porque muitas vezes é regida por líderes e gerentes que normalmente são pró-organização. Mas também pode ser o lugar que destrói suas decisões e seus planos se você não obteve apoio e adesão.

- **O Terreno Alto** combina autoridade formal com o peso dos sistemas organizacionais, como regras, políticas, procedimentos, processos e diretrizes formais. Essas pessoas atuam como barreiras de proteção para as figuras de autoridade na organização que podem ficar insubordinadas. Porém, também podem acabar com a ideia e a inovação em seu zelo para proteger o status quo. Sim, é outra área que provavelmente resiste à mudança, mas também tem um arsenal impressionante com o qual derrubar por completo uma iniciativa de mudança.
- **O domínio Bosques** é onde reside tudo que não é falado, mas aplicado com força: cultura, normas, suposições ocultas, rotinas implícitas e hierarquias. Também é um local político onde divisões pesadas na liderança podem ficar escondidas. Politicamente falando, é sábio desenvolver uma compreensão do oculto e das nuances para que suas decisões não entrem em conflito com isso sem querer. Se você toma decisões intencionalmente que entram em conflito com esses segmentos na organização, é melhor fazer isso sabendo o que esperar e, talvez, com aliados para apoiar sua decisão.

Há modos de usar a política corporativa ao formar sua decisão ou implementá-la. Veja alguns a considerar:

- **Mapeie o terreno político no gráfico da organização.** Você procura os influenciadores que driblam a estrutura formal e ainda exercem um considerável poder sobre ela.
- **Rastreie a rede informal de sua organização**: Você deseja descobrir quais fluxos de influência pode aproveitar, quais exaltados e valentões precisa evitar e quais relações interpessoais podem se mostrar vantajosas para sua causa.
- **Faça conexões para ajudá-lo a aprender e navegar no terreno político.**
  Se você é externo à rede informal que já existe, pode confundir facilmente as pistas e não ver os sinais sutis. Fazer conexões com pessoas que conhecem bem a rede lhe dará a orientação necessária para superar esses problemas.

A decisão inteligente é bem útil em tais esforços porque pode ajudar as organizações a mapearem quem (individualmente e em grupos) influenciar e em qual direção levá-los para criar o impacto de que a organização precisa para ter sucesso. Mas lembre-se de que, na política, como em todas as fases do negócio, o momento certo é tudo. Portanto, incorporar ordem de influência e intervalos de tempo nos quais as ações devem ocorrer provavelmente será uma parte integral de seu processo de DI.

LEMBRE-SE

Se uma política disfuncional influencia as decisões, a organização pode estar em curso de colisão. Mas ações corretivas podem ser quase impossíveis de tomar. Nesse caso, não importa como o projeto de DI é bem planejado e executado, ele falhará se não puder superar ou driblar as ações ou as imposições políticas hostis.

Fatores de Risco na Decisão Inteligente

Muitas vezes, a decisão inteligente é usada para melhorar a aplicação comercial da IA ao orientar lucro e crescimento. Mas também pode ser usada, e é, para tomar outras decisões, com ou sem a ajuda da IA ou dos dados, dependendo do escopo da decisão, das habilidades e das preferências do tomador de decisão.

Em todas suas aplicações, a meta na decisão inteligente é tomar primeiro a decisão para que o resto do esforço seja altamente visado para produzir um impacto de certo valor de negócio. Por mais sólido que esse processo possa ser, não significa que ele elimina o risco.

Alguns riscos, bem naturais, são compartilhados com o uso da IA em geral porque ela é usada em alguns projetos de DI, inclusive:

- Trabalhos perdidos para a automação.
- Violações de privacidade.
- Viés algorítmico.
- Volatilidade do mercado.
- Manipulação de dados por IA da outra IA.
- Aumento das desigualdades.

As Nações Unidas deram o alarme sobre questões dos direitos humanos associadas à IA e recentemente encorajaram uma suspensão da venda da IA até medidas de segurança poderem ser desenvolvidas e instaladas. Os problemas com os direitos humanos citados incluem:

- Vigilância de pessoas por Estados-nação e interesses privados.
- Invasão de privacidade.
- Exposição de dados biométricos.
- Aumento de discriminação.
- Rastreamento humano para fins de opressão.

LEMBRE-SE

Verifique seus projetos de DI quanto a ferramentas como a IA que podem cruzar esses e outros limites, criando problemas legais, reação pública e outras penalidades e repercussões para ações nunca pretendidas como parte do processo. Você deve ter certeza de que qualquer uso da IA atenda a exigências éticas rigorosas.

É uma versão simples da regra de ouro: se você não deseja que alguém, outra organização ou um governo use a IA assim com você, não faça isso com os outros.

LEMBRE-SE

Nenhuma decisão que uma empresa pode tomar é tão importante que justifique o risco de vidas humanas.

Existem outros riscos para vários projetos de DI com ou sem um componente IA. Eles podem acompanhar de perto o domínio dentro da decisão ou na qual se baseia. Por exemplo, uma decisão financeira implicará nos riscos normais associados às decisões financeiras parecidas. Em geral, esses riscos pertencem a uma das quatro categorias:

- **Risco do mercado:** O risco da perda devido às condições gerais do mercado. Por exemplo, a queda do valor das ações de uma empresa por causa das preocupações do investidor com o futuro do setor ao qual ela pertence. Ou um aumento no valor de certa marca de calçado porque, de repente, ele ficou muito popular entre os adolescentes.
- **Risco do crédito:** A possibilidade de perda devido a uma falha do mutuário ou à incapacidade de quitar.
- **Risco da liquidez:** O risco envolvido quando uma pessoa, um negócio ou uma instituição financeira não pode cumprir seus compromissos de débito em curto prazo.
- **Risco operacional:** Os riscos envolvidos durante as operações diárias de uma empresa.

O mesmo acontece em qualquer decisão que lembra as decisões tomadas em outros domínios, por exemplo, desenvolvimento de produtos ou marketing. Os riscos associados ao domínio são riscos também para os projetos de DI que saem desses domínios.

Certos riscos organizacionais, como listados aqui, também acompanham os mesmos tipos de decisões tomadas por outros processos:

- » Danos à reputação.
- » Falhas de comunicação.
- » Interrupção da cadeia de suprimentos.
- » Questões de conformidade.
- » Vulnerabilidades da segurança.

Embora seja prudente estar ciente dos riscos, é importante entender que a metodologia de DI não costuma conter mais riscos do que as mesmas decisões tomadas por outros processos. Também pode reduzir os riscos assegurando que as decisões resultem no valor de negócio, em vez de incorrer em uma perda em recursos ou despesas.

DI e Hiperautomação

Hiperautomação é o ato de automatizar rapidamente em grande escala o máximo possível de processos comerciais e de TI. É uma estrutura que envolve o uso de várias tecnologias avançadas, inclusive automação de processos robóticos (RPA), aprendizado de máquina e IA. Por vezes se chama automação de processo inteligente, a próxima fase da transformação digital ou automação do processo digital. Mas não importa o nome, significa mais máquinas fazendo mais coisas.

Algumas coisas que as máquinas fazem mais são um pouco inesperadas para o leigo, como IA criando mais IA sozinha ou o ato de a automação sendo automatizado também.

Veja algumas ferramentas comumente usadas nesses esforços:

- » Ferramentas de mineração do processo.
- » Ferramentas de mineração de tarefas.
- » Automação do processo robótico.
- » Ferramentas de desenvolvimento sem/pouco código.
- » Armazenamentos de recursos da IA.
- » Integração — Plataforma como Serviço (iPaaS).
- » Ferramentas de automação da carga de trabalho.
- » Gerenciamento do processo comercial.

- » Gerenciamento da decisão.
- » Gerenciamento das regras de negócio.
- » Processamento da linguagem natural (NLP).
- » Reconhecimento do caractere ótico.
- » Visão da máquina.
- » Agentes virtuais.
- » Chatbots.
- » IA/ML.

Hiperautomação é a área nobre de uso da IA para assegurar que todas as decisões automatizadas atendam aos requisitos da empresa e às metas corporativas. Ou seja, embora mais máquinas estejam fazendo mais coisas, a DI garante que estejam fazendo isso de uma maneira lucrativa — o tempo todo e de todos os modos.

Algumas decisões são apontadas ao aumentar as eficiências nos processos existentes ou desenvolvendo novos para substituir os antigos. Outras decisões são tomadas para adicionar fluxos de receita, detectar e reagir às oportunidades de lucros adicionais e encontrar áreas no negócio que estão maduras para a expansão e o crescimento.

O último desses esforços é o advento da análise do trabalhador digital (DWA). Essa classe de análise busca descobrir e classificar as oportunidades de automação. A teoria diz que, quanto mais processos podem ser automatizados, melhores trabalhadores humanos podem ser aumentados. Quanto mais os trabalhadores são aumentados, melhor fica o desempenho deles.

Sim, voltamos a valorizar as habilidades sociais nas quais os seres humanos são bons e que são quase impossíveis de automatizar, daí a necessidade de combinar os dois, aumentando o número de trabalhadores humanos com as capacidades da máquina. Isso ocorre na decisão inteligente, na hiperautomação e na decisão digital.

Que entrem os trabalhadores digitais ou os funcionários virtuais. Eles são robôs de software que reúnem vários processos difíceis de integrar e, assim, imitam como uma pessoa trabalha com as coisas manualmente. Por isso se chamam trabalhadores *digitais*; eles trabalham usando interfaces do usuário como os trabalhadores humanos. É incrível quando eles fazem as coisas chatas necessárias para trabalhar com os sistemas de herança ou separam os erros e os corrigem, movem os dados daqui para lá e geralmente fazem as coisas que os trabalhadores humanos não gostam de fazer.

Sim, é a Automação de Processos Robóticos (RPA) automatizando as tarefas que não podem ser lidadas em integrações de API típicas. Por isso, RPA é o software de automação na superfície (um robô software), significando que usa outro software como um ser humano usaria, a partir da interface do usuário. Uma Interface de Programação de Aplicativos (API) é um código de computador universal, ou seja, é padronizado para que as aplicações possam se conectar e interagir. As RPAs tornam os trabalhadores humanos mais produtivos, porque eles podem passar mais tempo usando seu talento, ao invés de desperdiçá-lo em coisas corriqueiras. Os trabalhadores digitais normalmente se encontram nas finanças e nos trabalhos de TI, atuando como processos financeiros ou de aquisição na retaguarda. Mas eles estão começando rapidamente a se espalhar para outros departamentos e funções também.

Entretanto, a análise do trabalhador digital está ocupada encontrando novos modos de os trabalhadores digitais fazerem mais coisas.

Embora a DI seja uma abordagem inteligente para implantar essas tecnologias de modos significativos, há um lado que você precisa considerar também. Se você desconhece os avanços tecnológicos e novos casos de uso como esses, seus projetos de DI podem estar obsoletos antes mesmo de começar.

Lembre-se de que o principal benefício que as pessoas trazem para a mesa de decisão é a capacidade de observar as mudanças no ambiente comercial e de se adaptar rapidamente a elas. E mais, a marca do gênio está em ligar os pontos que não estavam conectados antes, ou seja, conseguir discernir rápido os padrões entre os itens não relacionados e descobrir como usá-los.

Pesquise e procure com frequência. Forme equipes diversificadas e interdisciplinares. Busque mestres da decisão com habilidades únicas para encontrar soluções para as perguntas que existem e para as que ainda serão feitas.

Tome decisões em, sobre e para a tecnologia. Tome decisões para sua própria vida e o sucesso de sua organização.

Essa nova era requer novo pensamento e melhores métodos de fazer as coisas. A decisão inteligente é uma estrutura importante para ajudá-lo a conseguir tudo isso.

Mais uma observação (essencial): você precisa continuar relevante e bem à frente das máquinas para se manter empregado e no negócio. Afinal, esse era o impacto que você mais queria ver suas decisões criarem, não era?

5

A Parte dos Dez

NESTA PARTE...

Dez passos para um plano de decisão inteligente incrível.

Dez armadilhas a evitar.

NESTE CAPÍTULO

» Desafiando suas suposições

» Rastreando a linhagem dos dados

» Examinando ferramentas de teste gratuitas

» Vendo como as visualizações podem mentir sobre seus dados

Capítulo 17

Dez Passos para Montar uma Decisão Inteligente

A decisão inteligente é uma estrutura flexível que mantém nos trilhos as implementações da IA e da decisão ao produzir valor de negócio mantendo o trabalho voltado diretamente para o alvo. Pensada para ajudar a resolver altas taxas de fracassos na IA e nos projetos de mineração de dados e baseados em analytics, a decisão inteligente também se aplica a qualquer decisão comercial, com grandes conjuntos de dados fazendo parte ou não do processo.

A conclusão aqui é a de que a decisão inteligente muda o modelo corporativo de orientado a dados para orientado à decisão.

Sua milhagem pode variar, dependendo de como seu processo de decisão inteligente está planejado e implantado. Neste capítulo, mostro dez ações para ajudar a assegurar que seu processo de DI seja bem-sucedido.

Verifique Sua Fonte de Dados

Dados precisos e confiáveis são essenciais para qualquer processo de tomada de decisão. Verifique se os dados vêm de uma fonte confiável.

Se a fonte é uma pessoa, um grupo ou uma organização, pergunte de quais fontes os dados foram coletados. Você procura indicadores de confiabilidade, como compromisso com a ética, desejo de fornecer transparência, histórico e reputação do setor por fornecer dados de qualidade.

Se sua fonte é uma máquina (em geral um sensor), não pressuponha que a fonte seja confiável. A corrupção dos dados pode ocorrer por meios simples, como deixar um sensor ligado, mas com a lente tampada, um inseto passando pelo microfone do sensor ou termômetro, ou simplesmente um mau funcionamento. Cerca de 40% dos dados do sensor são inúteis porque não têm valor, porém mais dados podem ser corrompidos por leituras falsas e sensores danificados e sujos.

Rastreie a Linhagem dos Dados

A linhagem dos dados rastreia os dados a partir de sua origem, o que acontece com eles depois e para onde se movem ao longo do tempo. Verifique se os métodos de rastreio usados são totalmente automáticos e fornecem um registro de auditoria. É o único modo de assegurar que os dados usados sejam de confiança.

Com ferramentas da linhagem de dados, você pode rastrear um erro até sua causa, traçar uma mudança dos dados até a pessoa que a fez e determinar quem teve acesso aos dados durante sua vida útil. Tais ferramentas também são valiosas em relação aos esforços de governança dos dados e conformidade.

As aplicações de business intelligence (BI) mais modernas vêm com ferramentas de linhagem dos dados incorporadas, mas é possível encontrar outras ferramentas fora dos apps BI também. A maioria das ferramentas não BI usa uma das três técnicas para estabelecer e rastrear a linhagem:

- **Rastreamento baseado em padrões:** Essa abordagem, ao estabelecer a linhagem dos dados, busca padrões nos metadados em tabelas, colunas e relatórios comerciais. As vantagens de usar esse método incluem seu foco nos dados e não nas tecnologias nas quais se baseiam para tornar as coisas um pouco mais simples, sua utilidade em identificar fluxos de dados manuais e para os dados quando é impossível ler a lógica no código, que é típico dos códigos de computador patenteados. As desvantagens incluem a perda dos dados na lógica da transformação (aponta quando e onde os dados são modificados) e ignorar a aplicação (e, assim, o contexto e o uso dos dados).

- **Marcação dos dados:** Essa abordagem determina a linhagem dos dados rastreando a tag fornecida por uma ferramenta criada para esse fim. Então, a tag é rastreada pela mesma ferramenta do início ao fim do ciclo de vida dos dados. Uma desvantagem dessa abordagem é que seu uso está limitado aos dados tagueados pela ferramenta, portanto, não é possível rastrear a linhagem não tagueada por essa mesma ferramenta.
- **Rastreamento da linhagem dos dados independente:** Essa tática rastreia todo movimento dos dados e transformação em um ambiente autossuficiente, inclusive a lógica do processamento dos dados, o gerenciamento de dados mestres e outros elementos, para revelar detalhes no ciclo de vida completo dos dados. Não é necessária nenhuma ferramenta externa para rastrear a linhagem dos dados. As vantagens aqui vêm do fato de que você pode encontrar e rastrear os erros nos processos de dados, reduzir o risco ao implementar mudanças no processo, migrar os sistemas sem perda de dados e criar uma estrutura de mapeamento de dados. A maior desvantagem é parecida com a da marcação dos dados, no sentido de que não é possível rastrear a linhagem de nenhum dado que existe fora desse ambiente isolado.
- **Linhagem por análise:** A tática mais avançada no rastreamento de linhagem dos dados, a linhagem por análise envolve leituras automáticas da lógica usada no processamento dos dados. Considere como um tipo de engenharia reversa. As vantagens são sua precisão e velocidade. As desvantagens incluem sua complexidade e dificuldades subsequentes.

Vários exemplos de ferramentas que lidarão com a linhagem de dados (em inglês):

- Ovaledge: `www.ovaledge.com`
- Octopai: `www.octopai.com`
- Collibra: `www.collibra.com`
- CloverDX: `www.cloverdx.com`
- Datameer: `www.datameer.com`
- Trifacta: `www.trifacta.com`
- Atlan: `https://atlan.com`

A maioria desses produtos oferece avaliações gratuitas, portanto, você pode experimentar e ver qual é melhor para suas necessidades. Em qualquer caso, saiba onde estavam seus dados. Do contrário, um grande problema está a caminho.

Embora o trabalho da linhagem de dados seja realizado pelo canal, ele basicamente ocorre no consumo dos dados, durante o processamento deles, no histórico de consulta e ao rastrear o acesso do usuário aos objetos e aos campos em data lakes.

Conheça Suas Ferramentas

O segredo de usar informações para tomar decisões e separar as alternativas é usar a ferramenta certa para as tarefas no processo escolhido. De quais ferramentas específicas você precisa depende do processo no qual baseou a estrutura da decisão inteligente. Uma lista de todas as possibilidades seria muito longa para incluir aqui.

Embora a maioria dos revendedores tente criar ferramentas realmente simples, os usuários preferem uma ou outra porque ela se ajusta ao seu modo de pensar. Fique à vontade para fazer o mesmo.

Reserve um tempo para aprender suas ferramentas, pelo menos a partir de uma visualização de alto nível. Então, escolha as ferramentas com base em como elas fazem o trabalho e pela facilidade de uso.

Use Visualizações Automatizadas

A menos que você seja um estatístico ou fera nas complexidades de criar visualizações, pule os menus de seleção e os modelos e use o app de business intelligence (BI) ou a recomendação do app de visualização.

Os vários tipos de visualização são para passar informações específicas, e se você escolher a errada, poderá interpretar os dados incorretamente, o que poderá levar a uma decisão errada. Se você está curioso sobre qual visualização é adequada a qual finalidade, a lista a seguir pode servir como um guia inicial simples para os vários tipos (mas lembre-se de que há literalmente centenas, se não milhares, de visualizações, portanto, não é uma visão geral completa):

- **Visualizações de comparação:** Gráficos de barras e colunas, tabelas e pirâmides populacionais.
- **Visualizações de padrão:** Gráficos de linhas, plotagens de dispersão e densidade.

- **Visualizações de mudança de preço:** Gráficos de velas, gráficos Kagi e gráficos de pontos e figuras.
- **Visualizações de relações e conexões:** Mapas de calor, diagramas de Venn, tabelas SWOT (FOFA) e diagramas de árvore.
- **Visualizações de proporções:** Gráficos de bolhas, gráficos circulares e barras de progresso.
- **Visualizações de intervalos:** Gráfico de marcadores, gráficos de Gantt e gráficos de intervalo.
- **Visualizações geográficas:** Mapas de trânsito, mapas de pontos e mapas coropléticos.
- **Visualizações conceituais:** Fluxogramas, mapas cerebrais e ilustrações de funil.
- **Visualizações de eventos ao longo do tempo:** Calendários, linhas do tempo e plotagens espirais.

Mesmo que você seja mestre em visualização, é possível economizar tempo usando a versão automatizada. Se você é novo nas visualizações, deixe o recurso automatizado ou a IA guiá-lo no labirinto de gráficos, fluxogramas e outros rabiscos artísticos, porque não é sobre estética, mas sobre consumir as informações corretamente.

Impacto = Decisão

Por vezes, é difícil tomar uma decisão, e você acaba com uma vaga noção ou direção geral do que deseja buscar. Talvez a decisão no topo de seu processo de decisão inteligente agora seja algo como "Venda mais!" Bem, é uma meta elevada, mas não é uma que possa guiá-lo em uma ação específica que o permitirá fazer exatamente isso.

Ao contrário, pense na decisão como um impacto de negócio específico. Isso ajudará a elaborar uma decisão com especificidade e sensibilidade suficientes para definir as etapas específicas que levarão à ação precisa que cria o impacto desejado.

Assim, em vez de errar a meta para uma decisão, agora você pensa em termos de uma ação específica, então decide tomar essa ação.

Por exemplo, se você representa um banco e deseja aumentar o número de hipotecas fechadas, não torne essa meta sua decisão, pois ela poderia levar a um risco maior, pior desempenho e pouco a nenhum valor real para o negócio. Apenas abaixar o nível para que mais pedidos de hipoteca sejam aprovados é improvável que melhore a fatia de mercado de empréstimos de qualidade do negócio.

Em troca, busque um impacto que tenha valor de negócio. Nesse cenário, pode ser adicionar outros qualificadores como entradas em seu algoritmo e como novas regras de negócio. Você procura qualificadores fora das fórmulas tradicionais que possam ajudar a identificar mutuários de alta qualidade que podem estar abaixo do radar. Agora você tem uma rota menos competitiva para assegurar mais acordos hipotecários de alta qualidade sem aumentar o risco de seu negócio. Impacto é igual a decisão; são os dois lados da mesma moeda.

Se precisar de ajuda para deixar bem clara sua decisão, contate um cientista de dados para orientá-lo. É mais difícil do que você pode pensar, portanto, é inteligente ter ajuda.

Faça Testes de Verificação

Todo gerente de vendas por aí tem muita esperança e sempre aumenta as metas de vendas de cada representante de vendas sob seu comando. Infelizmente, o aumento pode ser baseado em nada mais do que um número inventado do nada (que significa sem base em fatos ou realidade).

O mesmo acontece ao criar regras de negócio para decisões automatizadas (a saber, IA), em que as regras não são fundamentadas na realidade comercial. Exemplos incluem vestígios de um tempo anterior sem nenhum significado ou regras que pareciam boas para quem as estabeleceu na época.

Usar palpites ao invés de estimativas calculadas também é arriscado.

Crie com vários testes de verificação durante o processo de DI para assegurar que tenha o impacto e não está apenas brincando com sonhos impossíveis.

Limite Suas Suposições

Não é possível eliminar todas as suposições de uma decisão, por isso, ter algumas suposições evita que uma decisão seja caótica demais para ser funcional.

Por exemplo, o modelo de uma decisão racional pressupõe que o tomador de decisão tem informações completas e precisas sobre várias alternativas e tem inteligência, habilidades, tempo e recursos para tomar uma decisão racional.

Realmente deseja ignorar suposições como essas e provar para si mesmo que você é racional antes mesmo de começar a considerar uma decisão? Você pode ficar um pouco estressado ou maluco às vezes, como todos no planeta, mas em geral fazer a suposição de que é capaz de tomar uma decisão racional é seu melhor plano.

A meta não é remover todas as suposições, mas limitá-las às mais úteis e também ancoradas na realidade. Se uma pessoa não é racional ou não tem as habilidades necessárias e capacidade cognitiva, você não deve colocá-la em sua equipe de decisão. Ou seja, não use amplamente as suposições; ao contrário, use suposições que se apliquem à decisão específica ou ao tomador de decisão.

Pense Como um Professor de Ciências

Você pode não conhecer toda ciência e matemática usadas ao tomar certa decisão, mas tudo bem, pois o software faz essa parte. Algo que você precisa saber fazer é descrever a decisão, os processos, os dados e as ferramentas usados para dar apoio e explicar como desafiou as suposições e testou os resultados, e por que está criando o impacto de negócio visado.

Também é preciso conseguir fazer tudo isso em uma linguagem perfeitamente compreensível para as outras pessoas que podem não compartilhar seu nível de expertise ou entendimento do problema.

Para tanto, pense como um professor de ciências. Aprenda a comunicar ideias complexas em termos que qualquer pessoa possa entender. Você não está supersimplificando, está compartilhando conhecimento e gerando interesse em seu projeto e resultado.

É o segredo para muitas tarefas que você precisa realizar, desde um plano de negócios até assegurar financiamento em orçamentos ou doações. Aja como um professor de ciências e encoraje que as pessoas apoiem seu esforço e compartilhem sua paixão pelo projeto, e gere entusiasmo para aumentar as taxas de adoção da estrutura DI, assim como o resultado do seu projeto de DI.

A comunicação é essencial, e os bons professores de ciências são ótimos nisso.

LEMBRE-SE

Um bom motivo para que os projetos de IA nunca entrem em produção é a falta de adesão do executivo, que também, muitas vezes, é uma falha de comunicação. Trabalhe para tornar seu projeto de DI transparente do início ao fim e explique-o bem para as pessoas que precisam entendê-lo ou apoiá-lo. Mas fique avisado de que se os líderes da empresa não têm vontade de ver certa decisão criada ou tomada, não há meios de você ou sua equipe fazê-lo.

DICA

Tropeços nas decisões são comuns quando o tomador de decisão opera alheio às mudanças de direção no topo da organização. Verificar com os principais líderes da empresa (formais e informais) no início ajudará a ter insights importantes e novos e a reter o apoio inicial.

Não descanse sobre os louros. Torne ativamente o apoio mais intenso enquanto há entusiasmo e calor. Se não fizer isso, é improvável que consiga um apoio morno das cinzas mais tarde.

Encontre os Dados que Faltam

Uma decisão inteligente requer grande foco ao entregar o valor de negócio de cada decisão. Com muita frequência, o processo envolve dados e analytics, e a suposição é a de que, quando envolve, a decisão é quase à prova de falhas. Mas é mesmo verdade?

Dados parciais *versus* incompletos

Os dados sempre serão incompletos, e por vários motivos. Algumas partes da informação serão perdidas no tempo e no espaço. Outras nunca serão registradas nem digitalizadas. Ainda há informações difíceis de capturar com precisão ou no devido contexto. As mídias de armazenamento se deterioram ou ficam obsoletas, tornando-se impossíveis de serem lidas pelas tecnologias mais recentes. E assim vai.

Por alguma razão, os dados que você tem são, no máximo, representativos, mas nunca completos, pois nenhum conjunto incluirá dados completos sobre todo membro ou elemento em certo universo.

Outros problemas de dados ausentes vêm dos dados incompletos, como valores perdidos, inconsistências da entrada, respostas que faltam para perguntas, variáveis sem observações e afins em tabelas, pesquisas, planilhas e outros conjuntos.

Como esses perigos nos dados persistem, até a temida singularidade da IA, se um dia for possível, estaria mais de um zilhão de pontos de dados aquém de um conjunto de dados completo. Pode ser preciso um trabalhador digital, um trabalhador automatizado operando como ser humano, para limpar sua singularidade.

Dicas e respostas incompletas

É fato que todos os projetos provavelmente estão sujeitos a dados ausentes, então por que operar com a suposição errada de que a máquina sabe mais que os humanos? Somos mais capazes de resolver os problemas e, contanto que os devidos passos sejam dados, podemos contar com análises. Por exemplo, sabemos limpar os dados antes de usá-los em qualquer análise e sabemos como prepará-los com cuidado para o aprendizado de máquina antes de usá-los nessas aplicações.

LEMBRE-SE

Preparar os dados é uma etapa tão importante na análise, que cientistas de dados passam cerca de 80% do tempo só trabalhando para colocar os dados em forma.

Quanto aos dados sendo analisados que faltam no resto do universo, isso pode ser lidado por inferência. *Inferir* é chegar à conclusão com base em evidência e razão. Que seu mantra seja inferir, inferir, inferir!

Pegue Duas Perspectivas e Me Ligue Amanhã

A tendência será recuar e admirar seu próprio trabalho ao chegar à decisão de buscar um projeto de DI. Mas antes de se deixar levar por seu orgulho e entusiasmo, adicione pelo menos outra perspectiva a seus testes de verificação. Isso mostrará rapidamente qualquer equívoco, pontos prováveis de resistência, erros de julgamento e outros problemas que podem não estar visíveis com sua perspectiva.

Ao assegurar outra perspectiva, durma com a decisão e a veja mais tarde. Refrescando sua visão, é provável que verá lugares em seu pensamento que precisam de ajuste, fatos ou dados negligenciados, e riscos sob uma luz mais criteriosa.

Essas dicas o ajudam a ficar no curso e produzir o verdadeiro valor de negócio para cada decisão. Conforme trabalhar mais com a estrutura de DI, irá melhorá-la, pois a prática faz isso. No caminho, é possível que você elabore sua própria lista de dicas e atalhos para ensinar outras pessoas a fazerem isso também.

NESTE CAPÍTULO

» **Reconhecendo como a IA aprende a ser tendenciosa**

» **Evitando as armadilhas comuns na decisão inteligente**

» **Vendo onde os perigos mentem e onde as mentiras se repetem**

Capítulo 18

Parcialidades (e Outras Armadilhas)

Embora a decisão inteligente seja uma metodologia de decisão multiuso, é muitas vezes usada para conseguir mais valor da IA. Apesar de não ser responsável pelos erros na IA, as duas compartilham algumas armadilhas.

Como a IA são decisões automatizadas, e a decisão inteligente é uma estrutura para tomar decisões, não é nenhuma surpresa que esses dois elementos também compartilhem problemas com as decisões tomadas usando outros métodos.

Visão Geral das Armadilhas

As armadilhas compartilhadas incluem, mas não se limitam a:

- Parcialidades.
- Suposições erradas ou falhas.
- Adivinhar, ao invés de estimar com precisão.
- Falhar no consenso.
- Falhar em considerar alternativas.
- Perder a visão do propósito.
- Ter uma visão limitada.
- Cortar o debate.
- Contar com poucas (ou limitar) informações/dados.

Tudo isso significa que não há um modo infalível de tomar uma boa decisão.

O curso mais inteligente é ser diligente e sempre estar em alerta para as falhas comuns e as armadilhas para evitá-las ou eliminá-las da tomada de decisão. Falhar nisso inevitavelmente o desviará do caminho, não importa a estrutura, a fórmula matemática, o método ou a tecnologia usada.

As próximas seções examinam alguns exemplos reais de como as armadilhas de decisão da IA podem resultar em um perigo real.

Contando com Algoritmos Racistas

Um algoritmo de assistência médica usado por hospitais nos EUA para prever quais das 200 milhões de pessoas provavelmente precisariam de cuidados médicos adicionais acabou sendo tendencioso a favor de pessoas brancas. O interessante é que a raça não era uma das variáveis, mas foi uma variável correlacionada com a raça que distorceu os resultados. Essa variável era o histórico de custos da assistência médica. Outras variáveis correlacionadas com a raça, como renda ou endereços, poderiam causar um preconceito racial também, mas não eram variáveis nesse caso.

À primeira vista, você pode pressupor que o histórico de custos da assistência média não teria parcialidade, mas comparar base, média ou custos totais da assistência em um período carece de nuance e contexto. Por vários motivos, inclusive falta de confiança, transporte e acesso, as pessoas não brancas incorriam em custos menores com assistência do que as pessoas brancas com as mesmas condições de saúde. O algoritmo previu pessoas negras como sendo mais saudáveis do que eram, e as pessoas brancas como mais doentes, de modo que mais recursos de assistência médica foram para o grupo de brancos.

Embora esse erro não intencional, mas chocante, tenha sido cometido por um algoritmo, ele poderia facilmente ter sido cometido em uma planilha padrão. Verifique seu trabalho para assegurar que eventos como esses não distorçam seus resultados.

Seguindo um Modelo Falho para Repetir os Infratores

Conheça uma IA chamada COMPAS, que significa Perfil de Gerenciamento de Infratores Correcional para Sanções Alternativas, usado pelos tribunais dos EUA. A COMPAS previu que os infratores provavelmente cometeriam um crime de novo. A IA mostrou duas vezes mais falsos positivos para os infratores negros em relação aos brancos.

Avaliações de risco são o caso de uso primário da IA, e os tribunais simplesmente tentaram seguir um caminho prudente ao gerenciar os riscos; nesse caso, a reincidência. Pesquisadores descobriram falhas nos dados, no modelo e no processo COMPAS ao fazer o algoritmo. Um problema importante estava na pesquisa dos prisioneiros, uma população com uma concentração maior de infratores negros. Mas aqui, de novo, a raça não era uma variável. O problema era um viés de amostragem porque a pesquisa não era representativa de todos os infratores.

Usando um Algoritmo de Contratação Sexista

Em 2015, a Amazon descobriu que seu algoritmo de contratação era tendencioso contra mulheres. Essa IA foi treinada com dados consistindo em currículos enviados para a Amazon por candidatos a empregos nos dez anos anteriores.

Acabou que a maioria dos currículos foi enviada por homens. A IA "aprendeu" a favorecer os termos usados nos currículos dos homens e a desqualificar as palavras-chave do gênero feminino, como *mulheres* ou o nome de universidades apenas para mulheres. A Amazon encontrou o problema e fez repetidas tentativas de corrigi-lo antes de, mais ou menos, abandonar o projeto.

Corrigindo os Empréstimos

Redlining é uma prática que determina o risco por bairro com base em raça apenas. Políticos e funcionários públicos responsáveis pelas políticas municipais, estaduais e federais, em parceria com credores financeiros que concedem empréstimos para várias necessidades, têm usado historicamente mapas criados pelo governo para fazer uma linha vermelha em torno dos bairros "indesejados" e de "alto risco" com base na concentração de moradores não brancos.

Embora muitos credores públicos e privados estejam tentando eliminar a prática, os sistemas de aprovação de empréstimos baseados em IA escolheram a prática apenas por serem treinados nos pedidos de empréstimo dos anos anteriores.

LEMBRE-SE

Nem todos os projetos de decisão inteligente envolvem IA, mas isso não significa que não tenham problemas. Mesmo que você tome uma decisão relativamente fácil ou use ferramentas mais simples, como planilhas e tabelas SWOT (FOFA), é preciso ter atenção com os obstáculos que podem levá-lo a uma conclusão errada.

As próximas seções examinam as armadilhas comuns em qualquer decisão.

Apoiando-se em Informações Irrelevantes

Ter mais variáveis e mais dados nem sempre é bom. Veja se os dados que você está ponderando em seu processo de tomada de decisão são diretamente relevantes para o problema e descarte qualquer outra coisa.

Sendo Vítima da Mania de Estruturação

Como você estrutura o problema, a pergunta ou o cenário sobre o qual está tentando tomar uma decisão influencia muito sua abordagem e suas interpretações. Verifique se o medo da perda, o desejo de ganhar ou o envolvimento emocional no projeto não modela como você estrutura a decisão a ser tomada ou o leva a defender o indefensável. Sempre reavalie as decisões conforme o tempo e os eventos progridem, e fique neutro emocionalmente.

Excesso de Confiança

Ter excesso de confiança é uma armadilha do viés de confirmação. A maioria das pessoas supervaloriza o que sabe e descarta o que não sabe. Para apoiar as duas suposições, elas procuram qualquer coisa no processo de tomada de decisão para confirmar sua posição. Deixe o ego e o excesso de confiança na porta. Esse exercício não testa o que você sabe, mas mapeia um mundo de incertezas. Se você sai do caminho buscando outra coisa, estragou a finalidade de usar a decisão inteligente.

Tranquilizado pelas Porcentagens

A maioria das pessoas assumirá mais riscos quando eles são apresentados em termos de porcentagens. Por isso, muitas delas falham em fazer cálculos. O que parece pouco pode ser muito: 1% pode significar 10 milhões de pessoas ou 5 sacos de milho. É relativo. Termine os cálculos para entender melhor o que está em jogo antes de tomar uma decisão.

Descartando o Preconceito

A tendência humana é descartar as coisas que parecem extremas, mesmo quando não são. Proteja-se de descartar a informação que você sente ser extrema ou não atende às suas experiências imediatas (mas bem ultrapassadas) e ao conhecimento da situação. Não descarte a informação sem verificar de novo suas próprias parcialidades e memórias primeiro. Sempre se lembre de que os fatos mudam. Você precisa operar (e não descartar) com novos fatos.

Ajuda ter uma equipe trabalhando ao tomar decisões para a empresa, auxiliando na proteção contra essas questões. E mais, você precisa ter uma política para que todos na organização saibam quais passos dar para garantir melhores condições no futuro.

Índice

Este livro foi impresso nas oficinas gráficas da Editora Vozes Ltda.,
Rua Frei Luís, 100 – Petrópolis, RJ.